TIERRA FÉRTIL:

Desarrollando la Agroecología de Abajo hacia Arriba

TIERRA FÉRTIL:

Desarrollando la Agroecología de Abajo hacia Arriba

STEVE BRESCIA

Groundswell International, Editor

Publicado por Food First/ Instituto para Políticas de Alimentación y Desarrollo

Publicado en colaboración con Groundswell International,
www. groundswellinternational.org

Food First Books
Institute for Food and Development Policy
398 60th Street, Oakland, CA 94618 USA
Tel (510) 654-4400
foodfirst@foodfirst.org
www.foodfirst.org

Diseño de carátula e interior por *Marites D. Bautista*
Coordinación de traducción y edición: *Leonor Hurtado*
Equipo de traducción y edición: *Clara Desmery, Gustavo Diéguez, Mónica R. Goya, Leonor Hurtado, María de los Ángeles Rivera, Tamara Wattnem.*
Diagramación: *María Murrieta*

Los libros de Food First son distribuidos por:
Ingram Publisher Services - Perseus Distribution
210 American Drive
Jackson, TN 38301
1-800-343-4499
www.perseusdistribution.com

United States Library of Congress Cataloging-in-Publication Data

Names: Brescia, Steve (Steven Michael), 1961- editor.
Title: Tierra fértil : desarrollando la agroecológaia de abajo hacia arriba
  / Steve Brescia, Groundswell International, editor.
Other titles: Fertile ground. Spanish
Description: Oakland, CA : Food First Books, Institute for Food and
  Development Policy, [2017] | Includes bibliographical references.
Identifiers: LCCN 2017034164 (print) | LCCN 2017039848 (ebook) | ISBN
  9780935028492 (ebook) | ISBN 9780935028485 (paperback)
Subjects: LCSH: Agricultural ecology.
Classification: LCC S589.7 (ebook) | LCC S589.7 .F4718 2017 (print) | DDC
  577.5/5--dc23
LC record available at https://lccn.loc.gov/2017034164

TABLA DE CONTENIDO

AGRADECIMIENTO

El proceso para la creación de este libro inició en la meseta central de Haití durante una conferencia global de Groundswell International en septiembre 2014. Les solicitamos a las ONGs internacionales con las que trabajamos que presentaran sus esfuerzos dedicados a expandir la agroecología para transformar la agricultura y los sistemas alimentarios. Participaron EkoRural de Ecuador, Partenariat pour le Développement Local (PDL) de Haití, Vecinos Honduras de Honduras, Association Nourrir Sans Detruire (ANSD) de Burkina Faso, Center for Indigenous Knowledge and Organizational Development (CIKOD) de Ghana, y Sahel Eco de Mali — junto con personal y miembros de la mesa directiva de Groundswell International y otras personas claves como Roland Bunch y Janneke Bruil.

Compartimos estrategias de trabajo, nos retroalimentamos, aprendimos de nuestras experiencias y discutimos cómo se podría fortalecer este trabajo. El informe que se elaboró después de la conferencia hace dos años evolucionó y se convirtió en este libro (con la contribución adicional de Assessoria e Serviços a Projetos em Agricultura Alternativa (AS-PTA) de Brasil; Steve Gliessman de los Estados Unidos; y de Leonardo van den Berk, Henk Kieft y Attje Meekma de Holanda). Este proceso ha alimentado nuestro aprendizaje, y esperamos que contribuya a las estrategias de las organizaciones campesinas, ONGs, organizaciones filantrópicas, agencias de desarrollo, y funcionarios gubernamentales que comparten la meta de crear sistemas agrícolas y de alimentación más sanos para la gente y el planeta.

En primer lugar queremos agradecer a todas las mujeres y hombres rurales alrededor del mundo con quienes trabajamos. Los campesinos son quienes dirigen la creación de soluciones agroecológicas y quienes a diario construyen un mejor presente y futuro. Ellas y ellos son nuestra inspiración y motivación, y este libro está dedicado a ellos.

También reconocemos el aporte de las y los autores principales de cada capítulo. Les agradecemos por su creatividad y esfuerzo incansable al intentar generar cambios positivos en el terreno, y por documentar su trabajo y compartirlo en este libro.

Queremos darle un reconocimiento especial a ILIEA/AgriCultures Network, en particular a Edith Van Walsum, Janneke Bruil, y Jessica

Milgroom. Ellas fueron aliadas clave y compañeras analíticas a lo largo del proceso, y nos beneficiamos enormemente de sus ideas y trabajo de edición. También nos ayudaron a identificar y editar las contribuciones de Holanda, así como la de AS-PTA de Brasil.

Dentro de Groundswell International, Peter Gubbels jugó un papel protagónico en desarrollar los capítulos de África Occidental, como también en definir la estructura general, los mensajes y las lecciones del libro. La coordinación de producción de Cristina Hall fue vital. Agradecemos a Eric Holt-Giménez y Justine MacKesson Williams de Food First por su trabajo de dirección y edición que permitieron la publicación del libro.

Finalmente queremos agradecer a las fundaciones y agencias que apoyaron nuestra conferencia inicial en Haití y muchos otros esfuerzos desde entonces: Swift Foundation, the McKnight Foundation, Vista Hermosa Foundation, the W.K. Kellogg Foundation, MISEREOR y Ansara Family Fund.

- Steve Brescia y Groundswell International

PREFACIO

Miguel A. Altieri
Profesor de Agroecología
Universidad de California, Berkeley
Sociedad Científica Latino Americana de Agroecología (SOCLA)

E ste libro es un testimonio del crecimiento de la agroecología a nivel
mundial. La experiencia que aquí se comparte demuestra que los principios intrínsecos de la agroecología—utilizados para diseñar sistemas
de producción diversificados, resilientes y productivos—están fuertemente
basados tanto en la ciencia como en el conocimiento y las prácticas de los
pequeños productores. Pero el libro va más allá de simplemente catalogar las
técnicas; trasciende el enfoque tecnológico al situar a la agroecología en el
corazón de los movimientos sociales progresistas. El libro destaca cómo estos
movimientos están utilizando la agroecología para forjar nuevos caminos
para alcanzar la soberanía alimentaria, la autonomía local y el control comunitario de la tierra, el agua y la agrobiodiversidad.

Esto es fundamental porque a veces se vacía el contenido político de
la agroecología y se le define únicamente como una ciencia y práctica que
aplica principios ecológicos para diseñar y manejar fincas sustentables. Esta
simplificación le abre la puerta a narrativas alternas, como lo son las narrativas de manejo integrado de plagas, agricultura orgánica, agricultura sustentable, agricultura regenerativa, intensificación ecológica y agricultura cli-
máticamente inteligente. Todas estas narrativas descentran la agroecología
a nivel estructural y, finalmente, ofrecen cambios menores a la agricultura
industrial.

Para muchos agroecólogos, incluyendo los autores de este libro, los sistemas desarrollados por los pequeños productores tradicionales a lo largo de
los siglos son un punto de partida para desarrollar nuevos sistemas agrícolas.
Estos sistemas agrícolas complejos adaptados a las condiciones locales, les
han ayudado a los pequeños productores a cultivar de manera sustentable
en condiciones ambientales difíciles, logrando satisfacer sus necesidades de
subsistencia sin depender de la mecanización, los fertilizantes químicos, los

pesticidas, ni otras tecnologías de la agricultura moderna. Guiados por un conocimiento profundo de la naturaleza, los campesinos tradicionales han creado sistemas de producción robustos y resilientes con diversidad biológica y genética. Estas características son esenciales para que la agricultura se adapte al rápido cambio climático, a las pestes y las enfermedades. Así mismo, les ayuda a los campesinos a sobrellevar los mercados globales volátiles, el monopolio de la tecnología y la concentración corporativa.

Una característica predominante de los sistemas tradicionales de producción es su alto nivel de biodiversidad debido al uso de policultivos, la agroforestería y otros sistemas complejos de producción. A partir de una observación detallada de la naturaleza, muchos campesinos tradicionales han imitado intuitivamente la estructura de los sistemas naturales al momento organizar sus cultivos. En la agroecología abundan los ejemplos de "bio-imitación". Los estudios sobre los sistemas agrícolas de pequeña producción muestran que a través de condiciones biofísicas y socioeconómicas diversas, existe un amplio rango de sistemas agrícolas biodiversos (pluricultivos, agroforestería, sistemas de integración agropecuaria, etc.) que son la base de una serie de servicios al ecosistema importantes—como la regulación de pestes, la salud del suelo y la conservación del agua—y que estimulan tanto la productividad como la resiliencia climática. Los campesinos no añaden especies al azar; la mayoría de las asociaciones de plantas han sido evaluadas durante décadas e incluso durante cientos de años. Los campesinos las mantienen porque crean un balance entre la productividad agrícola, la resiliencia, la salud del agro-ecosistema y las necesidades de subsistencia.

Los agro-ecosistemas modernos requieren un cambio sistémico. Los sistemas agrícolas nuevos y rediseñados surgirán únicamente a través de la aplicación de principios agro-ecológicos bien definidos. Estos principios pueden ser aplicados a través de diferentes prácticas y estrategias, y cada uno tendrá diferentes efectos en la producción, estabilidad y resiliencia de cada sistema agrícola. El manejo agroecológico lleva a una administración óptima del reciclaje de nutrientes y de la producción de materia orgánica, a un flujo cerrado de energía, a la conservación de agua y suelo, y al control natural de pestes – todos procesos claves para mantener la productividad y la capacidad de auto-sustentación del agro-ecosistema.

El reto de lograr alinear los sistemas agrícolas modernos con los principios ecológicos es enorme, especialmente en el contexto actual de desarrollo agrícola, en el cual la especialización, la productividad a corto plazo, y la eficiencia económica son las fuerzas dominantes. Al destacar ejemplos locales de recuperación e innovación agroecológica exitosas, Tierra Fértil evidencia que las alternativas se pueden alcanzar.

PREFACIO

Million Belay
Director, Alianza para la Soberanía Alimentaria en África
(Alliance for Food Sovereignty in Africa)

Durante siglos, África ha sido un campo de batalla de intereses, iniciativas e ideas originarias de países del Norte. La "Nueva Revolución Verde" impulsada actualmente por compañías internacionales para transformar la agricultura africana en un modelo que requiera grandes cantidades de insumos externos, podría ser la más devastadora. La agroindustria, los gobiernos occidentales poderosos, y los filantro-capitalistas – con la ayuda de académicos agresivos y burócratas locales mal informados – han creado un discurso poderoso pero simple de "ciencia" y "tecnología".

Su discurso va más o menos así: *"A pesar del progreso, una de cada cuatro personas africanas sufre hambre y uno de cada tres niños está raquítico. La demanda alimentaria a nivel global en los próximos 15 años aumentará al menos 20%. El mayor aumento previsto será en África Sub-Sahariana. Las tecnologías agro-industriales son la solución. La necesidad principal es promover estas tecnologías entre los campesinos y pequeños productores en todo el continente".*[i]

Estuve en una reunión en la que participó un oficial de alto rango del Mercado Común de África Oriental y Austral (COMESA siglas en inglés). Él dijo, "En África la venta de semillas certificadas alcanza sólo el 5% del total, mientras que en Europa la cifra es mayor al 80%. En Europa hay suficiente comida, mientras que en África no la hay. El mercado de semillas juega un papel importante en esto". Su declaración buscaba generar una sensación de incredulidad en los gobiernos africanos y promover leyes de semillas que beneficien a las corporaciones como precursoras para la transformación de la agricultura. Yo le pregunté, "¿Su cálculo incluye todas la semillas que se comercializan en las decenas de miles de ventas rurales? ¿No es acaso ese comercio de semillas? ¿O tienen que ser vendidas por una compañía para

---

[i] Descrito en: The World Bank. "Boosting African Agriculture: New AGRA-World Bank Agreement to Support Farming-Led Transformation." Press Release, April 20, 2016.

que se considere comercio?" Quise resaltar que el mejoramiento y comercio de semillas en África están vivos y activos, y lo han estado durante siglos. El funcionario no respondió.

Habiendo pintado un panorama de subdesarrollo en África mediante esta narrativa, pronto siguen recomendaciones para una agricultura dirigida por el mercado con más agroquímicos, semillas híbridas y genéticamente modificadas, y una serie de ideas complicadas para manejar la información relacionada a la agricultura. La intención es sustituir el conocimiento campesino africano sobre los sistemas alimentarios con nuevas formas comerciales de conocimiento.

En una reunión concluída al momento de escritura organizada por el Foro para la Revolución Verde en África (AGRF, siglas en inglés) – el cual es dirigido por la Alianza para la Revolución Verde en África (AGRA, siglas en inglés) – un grupo de compañías, filantro-capitalistas y bancos se comprometieron a aportar $70 mil millones de dólares para transformar la agricultura africana. ¿En qué la quieren transformar? ¿Por qué invierten esa enorme cantidad de dinero? La respuesta es simple: quieren convertir la agricultura africana en un sector favorable para los negocios de las compañías extranjeras. Pero ¿por qué se están priorizando los intereses de las empresas de agroquímicos y semillas en las soluciones propuestas a expensas de los intereses de los campesinos africanos?

La Alianza para la Soberanía Alimentaria en África (AFSA, siglas en inglés) es una red en la cual participan 25 redes de organizaciones campesinas africanas, ONGs y grupos de consumidores que trabajan en 40 países. Representamos a cientos de iniciativas prácticas en todo el continente para fortalecer y defender la agricultura africana. Nosotros buscamos otro tipo de transformación: una para alcanzar la soberanía alimentaria aplicando la agroecología.

Muchos países de África se han adherido a la agricultura industrial dependiente de un gran número de insumos. Las zonas del sur y el oeste de África, donde muchos productores dependen de semillas híbridas y agroquímicos para producir alimentos, son las más afectadas. Una vez comprometidos con este modelo es un reto para muchos agricultores hacer la transición hacia prácticas más agroecológicas. El suelo se hace dependiente de los agroquímicos, las semillas no funcionan sin fertilizantes, y el sistema necesita mucha agua. Como resultado, los campesinos están profundamente endeudados. Aunque es relativamente fácil empezar a aplicar los paquetes tecnológicos de la agricultura industrial—y nadie quiere que la vida de los campesinos sea más difícil—esta supuesta facilidad dura poco tiempo. Muchos campesinos se están quejando por el aumento de precio de las semillas y los fertilizantes, por la muerte del suelo a causa de los fertilizantes, y por la gran cantidad de agua que necesitan. Si hay una sequía, la cosecha es mala y la deuda aumenta. En muchos casos, los campesinos pierden control tanto de la semilla como de su tierra.

Para demostrar que el conocimiento agroecológico es el futuro de cómo afrontar el crecimiento poblacional, la inseguridad alimentaria, la erosión cultural, la urbanización, la degradación ambiental y el cambio climático, AFSA ha reunido experiencias exitosas de producción agroecológica en toda África. Los estudios de caso, como los que se presentan en este libro, narran una historia muy interesante: la agroecología aumenta la productividad al mismo tiempo que mejora el suelo. Además aumenta el presupuesto del campesino/a porque con la agroecología no se tiene que invertir dinero en agroquímicos. La diversidad de cultivos es alta, lo cual disminuye el riesgo y aumenta la resiliencia. También mejora la nutrición y la salud. A diferencia de la agricultura industrial, la agroecología integra la producción animal y la agrícola, mejorando la nutrición y protegiendo a los productores si falla la cosecha. El estiércol se agrega al suelo y ello mejora la producción. Más que nada, los estudios de caso demuestran que podemos cumplir con la función de la agricultura, la cual es alimentar a la población y promover el bienestar de la gente y la tierra, trabajando con el conocimiento campesino en vez de intentar cambiarlo.

Este libro, Tierra Fértil, resalta estrategias vitales para que la agroecología sea una realidad generalizada en África y más allá, y además para salvarnos a nosotros mismos y a nuestro planeta. Debemos apoyar el conocimiento y la innovación indígena. Necesitamos integrar la agroecología en todos los espacios políticos. Necesitamos elevar la consciencia de los consumidores sobre el origen de sus alimentos y la importancia de la comida saludable y nutritiva. Necesitamos incorporarla en todos los niveles educativos para no producir un ejército de académicos mal informados, que nos obliguen a tragar agricultura industrial. La agroecología no está en contra de la ciencia ni de la tecnología, pero necesitamos facilitar la innovación de tecnologías que realmente mejoren la vida de los campesinos de manera perdurable. Necesitamos animar a los pequeños negocios agrícolas a que se comprometan con la agroecología.

Yo creo que el cambio se avecina. Las instituciones académicas, los gobiernos, las organizaciones religiosas y algunos negocios ya hablan de y promueven la agroecología. Los organismos de las Naciones Unidas se están abriendo al concepto y a la práctica. Los movimientos sociales mundiales cada vez más se organizan alrededor de la agroecología.

La agricultura es la fuerza más poderosa que se ha desatado en nuestro planeta desde el fin de la Edad del Hielo. Si no hacemos algo en relación al impacto actual de la agricultura en nuestro planeta, estamos en un problema profundo. El lado positivo, como lo demuestran los estudios de caso aquí reunidos, es que estamos convirtiendo a la agroecología en nuestra historia, nuestra solución y nuestro futuro.

INTRODUCCIÓN

Caminos de la Crisis hacia las Soluciones

Steve Brescia

Los Retos que Afrontamos

Muchas personas piensan que podemos terminar con el hambre aumentando la producción global de comida. Frecuentemente se afirma que la modernización de la agricultura es la solución. En realidad, en el mundo actualmente se produce suficiente comida para alimentar a diez mil millones de personas; más que suficiente para los siete mil millones que habitamos actualmente el planeta, y los nueve mil millones que se calcula habrá en 2050.[1] A pesar de la sobreproducción cuantitativa de alimentos, se estima que cerca de 800 millones de personas sufren hambre y aproximadamente dos mil millones están desnutridas.[2] Trágicamente, la mayoría de quienes sufren hambre son campesinos y pequeños productores de los países del Sur Global.

Desafortunadamente, estas cifras probablemente sean demasiado bajas. La Organización de Naciones Unidas para la Alimentación y la Agricultura (FAO) considera que una persona pasa hambre cuando su ingesta de calorías es inferior a "las requeridas para desempeñar niveles mínimos de actividad" (las cuales varían según el país de 1,651 a 1,900 calorías/día). La mayoría de la gente pobre tiene un trabajo físicamente duro, por lo que requiere más calorías de las indicadas por la FAO. Por ejemplo, las personas que jalan taxis a pie o en bicicleta en India, necesitan de 3,000 a 4,000 calorías/día. Los investigadores muestran que si se miden las calorías de acuerdo a lo necesitado para la actividad "normal", la cantidad de personas con hambre aumenta a 1.5 mil millones. Al hacer el cálculo considerando la cantidad de calorías necesarias para las actividades "intensas" de los campesinos y la gente pobre en el mundo, la cantidad de personas con hambre aumenta a 2.5 mil millones.[3] Al mismo tiempo que tanta gente sufre hambre, 1.9 mil millones de personas sufren de sobrepeso u obesidad, debido al consumo de comida procesada y la falta de alimentos saludables.[4]

Al preguntarnos ¿quién alimenta al mundo?—y ¿con qué recursos?—nos lleva a estadísticas más alarmantes. Mientras que la agricultura industrializada utiliza el 70% de los recursos mundiales disponibles para agricultura (tierra, agua, insumos, energía, etc.), produce únicamente 30% de los alimentos para el consumo humano. Esto se debe a que gran parte de la producción agro-industrial se utiliza para la producción de biocombustibles y para alimentar animales. Por el contrario, los agricultores familiares utilizan únicamente el 30% de los recursos, pero producen más del 70% de los alimentos consumidos por la gente.[5] Además, la agricultura industrial es la razón principal por la cual la agricultura produce al menos un tercio de los gases de tipo invernadero en el mundo.[6]

El sistema agrícola y alimentario global actual tiene contradicciones que le impiden garantizar el bienestar humano y el manejo sustentable de los recursos de nuestro planeta. Tenemos que cambiarlo. El continuar haciendo lo mismo de siempre o tratar de que los campesinos que aún no cultivan bajo la lógica industrial comiencen a hacerlo no resolverá estos problemas.

El Costo Real de Nuestro Sistema Alimentario

Los costos reales de nuestro sistema alimentario están aun más resaltados en un estudio sobre tendencias de sostenibilidad realizado en 2012 por KPMG (una cooperativa Suiza de auditores). Los autores encontraron que la producción de alimentos tiene "el mayor costo por impacto ambiental" (US$ 200 mil millones) de los 11 sectores analizados; incluso la minería y la producción de petróleo tienen un impacto menor. De hecho, la producción de comida es el único sector en el cual el costo total de las externalidades (los costos asumidos por la sociedad) es mayor que las ganancias.[7]

Estas externalidades ambientales (22 impactos ambientales, que incluyen la emisión de gases de tipo invernadero y el no valorar el agua subterránea ni la generación de desechos)[8] no toman en consideración otros costos reales asociados con nuestro sistema alimentario, como la pérdida de vidas y el potencial humano provocados por la desnutrición; el costo de la asistencia humanitaria para preservar la vida (entre 2014 y 2016 se destinaron aproximadamente $2 mil millones de dólares sólo para nueve países en la zona del Sahel);[9] como tampoco el costo de la atención médica para enfermedades asociadas con el sobrepeso y la obesidad (diabetes, enfermedades cardíacas, cáncer, etc.), estimado en $2 billones de dólares.[10] Se están realizando varios esfuerzos para mejorar la "contabilidad verdadera" que haga visibles y

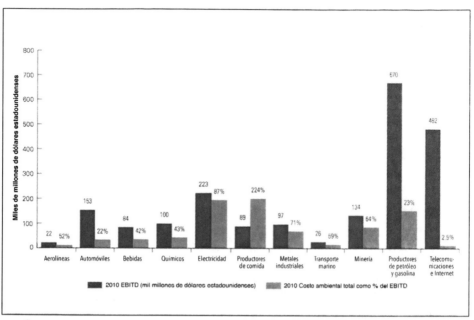

GRÁFICA 1: El costo real de nuestro sistema alimentario. Fuente: KPMG International. *"Expect the Unexpected: Building business value in a changing world."* 2012.

medibles estos costos para que puedan ser considerados por aquellos que les corresponde tomar decisiones relacionadas al tema.[i] Hacerlo también ayudará a destacar las irracionalidades del sistema alimentario actual y puede empujar a los políticos a apoyar alternativas más sustentables.

Dos Posibles Caminos hacia Adelante

Claramente necesitamos empujar mejores alternativas. Afortunadamente, ya existen. Aunque una cantidad creciente de investigaciones y de testimonios de productores señalan que la agroecología es el camino más productivo, sustentable, y justo, los políticos continúan debatiendo intensamente entre la agroecología y la agricultura industrial como dos visiones encontradas para el futuro de nuestros sistemas alimentarios. El camino que escojamos tendrá implicaciones profundas para la gente y nuestro planeta.

La visión de una agricultura altamente industrializada está bien representada por la lógica de Syngenta (gráfica 2), una de las mayores productoras

---

[i] Por ejemplo, la Economía de Ecosistemas y Biodiversidad (TEEB) para la Agricultura y Comida es una iniciativa que se enfoca en "hacer visible los valores de la naturaleza" e integrarlos en los procesos de tomar decisiones a cada nivel. http://www.teebweb.org

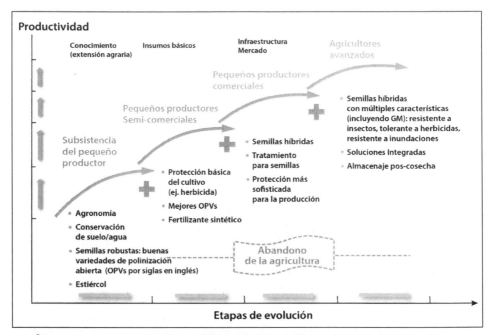

GRÁFICA 2. La lógica de Syngenta. Fuente: Zhou, Yuan. "Smallholder Agriculture, Sustainability and the Syngenta Foundation." Syngenta Foundation for Sustainable Agriculture, Abril 2010, p. 4.

de agroquímicos y semillas a nivel mundial.[ii] Como se observa en la gráfica, el objetivo principal de este paradigma es aumentar la productividad y maximizar las ganancias de los productores y de los demás negocios y corporaciones que forman parte de las cadenas productivas agrícolas. Estas últimas son quienes más acumulan ganancias. Las/los campesinos tienen dos opciones: dejar la agricultura o convertirse en "agricultores avanzados". Segun este paradigma, un agricultor avanzado es aquel que utiliza semillas híbridas y genéticamente modificadas, fertilizantes, pesticidas, herbicidas químicos y otras prácticas complementarias, y que opera a gran escala. Esta visión asume que la función principal de quienes continúan en la producción agrícola es adoptar y comprar las nuevas tecnologías que vende Syngenta y otras agroindustrias. No está claro dónde ni de qué van a vivir quienes "abandonen" la agricultura. De acuerdo con los casos aquí presentados y con otros informes, la experiencia muestra que mucha de esta gente será desposeída de su tierra y no tendrá los recursos básicos para sobrevivir; será más vulnerable al migrar a periferias urbanas o al cruzar

---

[ii] Syngenta es una de las mayores corporaciones a nivel mundial que produce agroquímicos (herbicidas, fungicidas, insecticidas y tratamientos para semillas) y semillas (incluyendo las híbridas y genéticamente modificadas).

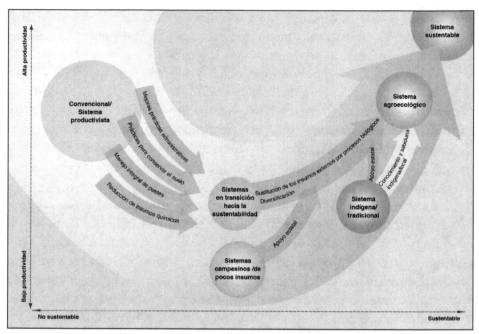

GRÁFICA 3. Visión de IAASTD. Fuente: IAASTD. "Hacia la Agricultura Multifuncional para la Sostenibilidad Ambiental, Social y Económica".

fronteras; o será sumida en ciclos más profundos de deuda, dependencia y pobreza.

Una visión distinta está representada por la Evaluación del Conocimiento Agrícola, Ciencia y Tecnología para el Desarrollo (IAASTD, siglas en inglés), una investigación internacional realizada entre 2005 y 2007 en la cual participaron 110 países y 900 expertos de todo el mundo.[iii] El IAASTD comprendió que la agricultura es multifuncional. Las/los investigadores no se preguntaron únicamente cómo el conocimiento, la ciencia y la tecnología pueden maximizar la producción, sino que además preguntaron cómo se puede "reducir el hambre y la pobreza, mejorar la calidad de vida y salud, y facilitar un desarrollo ambiental, social y económicamente sustentable y equitativo".[11] Dentro de este marco más amplio, el informe concluye que es necesaria una transición del sistema actual de agricultura tradicional – el cual privilegia la alta productividad pero que no es sustentable – a un

---

[iii] El informe de IAASTD fue patrocinado por Naciones Unidas, el Banco Mundial y el Servicio de Ambiente Global (GEF, sigla en inglés). Cinco agencias de la ONU participaron: la Organización para la Alimentación y la Agricultura (FAO), el Programa para el Desarrollo (UNDP), el Programa para el Ambiente (UNEP), la Organización para la Educación, la Ciencia y la Cultura (UNESCO) y la Organización Mundial de la Salud (WHO).

sistema agroecológico caracterizado por la alta productividad y la sustentabilidad. IAASTD también reconoció que así como los productores necesitan construir un sistema de producción más sustentable, sus puntos de partida y caminos variarán según su contexto. La visión descrita por IAASTD y otros que proponen una agricultura diversificada y sustentable, también le conceden un rol fundamental a los pequeños productores como agentes de cambio. Ellos son tratados como actores fundamentales para el desarrollo de innovaciones agrícolas, como productores de conocimiento científico y tecnologías apropiadas, y como participantes clave en la elaboración de políticas públicas.

La visión de IAASTD ya existe en la práctica en muchos lugares con sistemas agroecológicos. Hay aproximadamente 2.5 mil millones de personas en el mundo, en 500 millones de granjas, que están involucradas en la agricultura familiar y la producción de alimentos.[12] Su capacidad creativa para producir de manera efectiva y sustentable *con* la naturaleza y no en *contra* de ella, posiblemente es la fuerza más potente que puede ser desatada para superar los retos interdependientes del hambre, la pobreza, el cambio climático y la degradación ambiental. Esta es la esencia de la agroecología.

La agroecología puede definirse como: "la aplicación de conceptos y principios ecológicos para diseñar y manejar agro-ecosistemas sustentables".[13] Su corazón está en las innovaciones de las personas y las organizaciones campesinas, que construyen a partir del conocimiento local en combinación con información nueva, y que enfatizan los procesos biológicos y se oponen al uso de insumos externos y químicos.

Antes de que el término "agroecología" fuera acuñado por científicos, muchos campesinos alrededor del mundo han sabido por mucho tiempo que esta lógica agrícola es una estrategia efectiva para mejorar la producción, la biodiversidad y la seguridad alimentaria; para empoder a las comunidades y a las organizaciones campesinas; y para manejar los recursos naturales de manera sustentable e incluso regenerarlos. Tres "riachuelos" se combinan para que la agroecología sea hoy una fuerza creciente para el cambio social positivo:

> **Agroecología como Práctica** - Los pequeños productores continuamente innovando con la naturaleza, utilizando principios y prácticas que mejoran la resiliencia y la sustentabilidad ecológica, socio-económica y cultural de los sistemas agrícolas.

> **Agroecología como Ciencia** - El estudio holístico de sistemas agroecológicos, que funde la ecología con la agronomía e incluye a los seres humanos y a los elementos ambientales.

Agroecología como Movimiento - Una forma de producir y un proceso constante de innovaciones en los sistemas agrícolas, fundamental para un movimiento social más amplio para la soberanía alimentaria.

La soberanía alimentaria, como fue definida por el movimiento *Vía Campesina*, es "el derecho de las personas a la comida saludable y culturalmente apropiada, producida con métodos ecológicos y sustentables, así como el derecho a definir sus propios sistemas agrícolas y alimentarios".[14]

En los casos que se presentan en este libro, las/los productores combinan los diferentes aspectos de la agroecología para "expandir" el concepto en diferentes niveles. El fuerte contraste entre la agroecología y la visión industrial de la agricultura promovida por agentes económicos más poderosos se aclaran en la Tabla 1.

TABLA I: Las Lógicas de la Agroecología y de la Agricultura Industrializada

	Agroecología	Agricultura Industrializada
Metas	Optimizar los beneficios relacionados a las múltiples funciones de la agricultura, incluyendo la producción, el manejo ambiental, la resiliencia, la nutrición, el bienestar familiar y comunal, y el sostenimiento de las culturas.	Maximizar la producción y las ganancias.
Costos	Registra el costo real, regenera los recursos naturales, mitiga el cambio climático.	Externaliza anualmente más de $200 mil millones de dólares en costos ambientales.
Fuentes de conocimiento e innovación	Las familias agricultoras experimentan y trabajan con la naturaleza; se coordinan con científicos, agencias gubernamentales y ONGs; combinan el conocimiento tradicional con el conocimiento científico moderno.	Las agroindustrias más grandes y cada vez más concentradas, producen los insumos que los productores tienen que comprar.

TABLA I: *(continuación)*

	Agroecología	Agricultura Industrializada
Formas de compartir innovaciones (Estrategias de Extensión)	Aprendizaje de Campesino a Campesino, conocimiento compartido y co-creado; organizaciones y redes campesinas.	Extensión agraria y capacitación convencional; promoción de paquetes tecnológicos (semillas, fertilizantes químicos, herbicidas y pesticidas) a través de empresas privadas o ministerios gubernamentales.
Fertilidad del suelo	Conservación y mejoramiento del suelo a través de procesos físicos (ej. curvas de nivel) y biológicos (cultivos de cobertura, estiércol, composta, agroforestería).	Fertilizantes químicos comprados como insumos externos.
Semillas	Los campesinos manejan sus sistemas de semillas y su almacenaje; mejoran la selección, almacenan y administran una variedad de semillas locales y bio-diversas.	Semillas híbridas y genéticamente modificadas patentadas; restricciones legales que impiden a los productores guardar semilla e intercambiarla; dependencia del mercado de semillas.
Manejo del agua	Conservación del suelo y el agua; aumento de la materia orgánica en el suelo para mejorar su capacidad de retener agua; cosecha de agua de lluvia; tecnología apropiada como la micro irrigación.	Infraestructura grande, como presas y riego.
Biodiversidad	Sistemas agrícolas diversificados (semillas, cultivos, animales, peces, árboles); semillas de variedades diversas.	Monocultivo con variedad limitada de semillas compradas de proveedores industriales.
Mercados	Énfasis principal en las necesidades alimentarias locales; mejores nexos a los mercados locales.	Énfasis en los mercados de exportación, cadenas de valor corporativas, agro-combustibles y alimento para animales.

¿Por Qué la Agroecología?

Desde que la gente empezó a domesticar los granos y los animales hace como 11,500 años en la "Media Luna Fértil", la agricultura se ha caracterizado por la constante innovación de las personas con la naturaleza para producir alimentos. Las/los agricultores seleccionaron, mejoraron y guardaron variedades de semillas; desarrollaron diferentes formas de cosechar; conservaron el suelo, manteniendo y mejorando su fertilidad; retuvieron y utilizaron el agua; crearon herramientas; manejaron las pestes, las enfermedades de las plantas y las malas hierbas; procesaron y almacenaron los alimentos; y consumieron, compartieron, intercambiaron o vendieron su producción. De esta manera alrededor del mundo las culturas y la agricultura han co-evolucionado a lo largo de siglos. La expansión dramática del modelo de agricultura industrializada ha ocurrido en los últimos 70-100 años.

El primer objetivo de cualquier sistema político y económico debería ser garantizar que su población esté alimentada y que los recursos ambientales de los que dependen sean preservados. A lo largo de la historia, cuando las condiciones han cambiado (algunas veces debido a la actividad humana), los sistemas agrícolas y sociales se han tenido que adaptar. Algunos han fracasado y colapsado. Algunos ejemplos actuales de cambios de condiciones presentados en este libro incluyen cómo los campesinos de África occidental y Centro América necesitan encontrar nuevas formas de manejar la fertilidad del suelo por el acceso disminuido a la tierra, lo cual imposibilita sus ciclos tradicionales de desbrozo y barbecho; el cambio en los hábitos de consumo en Ecuador y California; y los impactos del cambio climático y el acceso al agua que se experimentan alrededor del mundo.

Las/los pequeños productores tienen la capacidad creativa para innovar y crear soluciones reales ante estos retos, pero ellos han sido marginados o explotados por los sistemas políticos y económicos, y sus contribuciones potenciales han sido ignoradas. Este libro resalta ejemplos de agricultores familiares siendo agentes de cambio, en lugar de presentarlos como receptores pasivos y consumidores de insumos. Nosotros los vemos contribuyendo en la creación de sistemas agrícolas y alimentarios más saludables, y de sociedades más democráticas, justas y sustentables.

Para los autores de este libro, la agroecología es un proceso de innovación agrícola y desarrollo rural centrado en la personas y las/los campesinos. Es un proceso que requiere y fortalece la voluntad, la creatividad y el poder de las/los campesinos y de sus organizaciones.

¿Por Qué este Libro?

Muchos informes ya han documentado las técnicas y los beneficios de la agricultura agroecológica. Otros han precisado las recomendaciones políticas requeridas para apoyarla (Ver Anexo 2: Literatura sobre la agroecología para una lista de ambos). Sin embargo, la agroecología no se ha expandido tanto como podría y debería hacerlo. ¿Cómo podemos cambiar esta realidad para lograr que la agroecología se convierta en una práctica prevalente en nuestros sistemas agrícolas y alimentarios locales y mundiales? Construyendo sobre las prácticas e investigaciones ya existentes, este libro aborda dos preguntas claves:

1. ¿Qué estrategias funcionan para diseminar más ampliamente la agroecología?
2. ¿Cómo puede esto contribuir a cambios sistémicos en nuestros sistemas agrícolas y alimentarios?

Respondemos estas preguntas desde el terreno a través de estudios de caso basados en experiencias prácticas. Ofrecemos lecciones y ejemplos para las organizaciones campesinas, organizaciones no gubernamentales (ONGs), políticos y académicos que trabajan con el mismo objetivo.

Incluso las personas que ya están convencidas de los beneficios de la agroecología y que la proponen y practican, como los autores de este libro, enfrentan muchos retos al intentar apoyar y expandir los principios y prácticas de la agroecología, así como al intentar crear políticas públicas que la faciliten. Éstas no son tareas sencillas. Es útil empezar con una evaluación realista de dónde estamos actualmente al tratar de alcanzar nuestro objetivo.

Muy frecuentemente, las prácticas valiosas de producción agroecológica existen como un oasis exitoso en medio de un desierto de estrategias y políticas de agricultura convencional. En otros casos, los campesinos han desarrollado exitosamente una o dos técnicas agroecológicas en sus tierras, pero aún no han encontrado la oportunidad o el apoyo para alcanzar plenamente los beneficios de la agroecología introduciendo innovaciones y prácticas complementarias. Y con demasiad frecuencia, los programas y las políticas públicas o ignoran a los agricultores familiares, socavan sus prácticas agroecológicas, o trabajan intencionalmente para "desplazarlos" de la agricultura.

El comprender los puntos de partida de los diferentes campesinos y comunidades, así como la efectividad de su transición, fortalecimiento o expansión de la agroecología, varía en cada contexto. Las personas y las organizaciones crean caminos particulares en su ambiente local. Para enfatizar esta diversidad de experiencias, aprenderemos de nueve casos en diferentes contextos nacionales alrededor del mundo. Los casos destacan el trabajo de las/los campesinos y de sus organizaciones, también de las ONGs y de las/los científicos que trabajan con ellos. El denominador común es que cada caso retrata a personas y organizaciones construyendo caminos para expandir la agroecología, reconociendo la importancia de la innovación en sus fincas, respaldando la autonomía de las comunidades campesinas, y trabajando para la transmisión horizontal del conocimiento y la creación de políticas públicas que los apoyen.

Las estrategias descritas en cada caso tienen tanto fortalezas como limitaciones. Creemos que es importante aprender de ambas. Algunos casos representan el trabajo realizado durante 30 o más años, mientras que otros son más recientes. Unos están orientados a la comunidad, mientras que otros están enfocados explícitamente en generar cambios políticos y sistémicos más amplios. Aunque no hay un modelo único, podemos extraer lecciones y principios claves de estas y otras experiencias. Estas lecciones, a su vez, pueden informar y fortalecer nuestro trabajo en diferentes contextos y ambientes alrededor del mundo.

Cuadro 1: Groundswell International

Groundswell International es una organización que colabora con ONGs, organizaciones locales de sociedad civil y grupos de base que fortalecen a las comunidades rurales en África, América y Asia para construir sistemas agrícolas y alimentarios sanos desde la base. Trabajamos con comunidades rurales para mejorar sus vidas fortaleciendo y expandiendo la agroecología y los sistemas alimentarios locales sustentables. Apoyamos la innovación campesina y la difusión de soluciones efectivas de campesino a campesino; fortalecemos organizaciones campesinas y de mujeres y movimientos de base; documentamos aprendizajes; y amplificamos nuestras voces local y globalmente para diseñar políticas y narrativas que alimenten a la población y al planeta. Groundswell actualmente trabaja con organizaciones en Burkina Faso, Ghana, Mali, Senegal, Ecuador, Haití, Honduras, Guatemala, Nepal y Estados Unidos.

Groundswell International colabora directamente con las organizaciones y los programas que aparecen en este libro de Burkina Faso, Ghana, Mali, Haití, Honduras, y Ecuador. Además, invitamos a aliados de Brasil, Estados Unidos y Holanda para incluir sus experiencias valiosas.

Cuadro 2: Expandiendo la Agroecología: ¿Por qué? y ¿Cómo?

Creemos que existe una urgente necesidad de hacer de la agroecología algo central y común dentro de nuestros sistemas agrícolas y alimentarios. En otras palabras, pensamos que debe expandirse. Posiblemente la razón más importante por la que debemos reforzar y expandir la agroecología es porque funciona, particularmente para las/los pequeños productores familiares. La agroecología mejora las múltiples funciones de la agricultura, incluyendo la producción de alimentos, la generación de ingresos, el empleo, la preservación de la cultura, los servicios ambientales, la biodiversidad y la resiliencia. Reiteramos que muchos estudios ya han documentado y demostrado de manera convincente la efectividad de la agroecología, como se presenta por ejemplo en el Cuadro 3 abajo.

Desde 1950 ha crecido la concentración corporativa del conocimiento agrícola, del desarrollo de tecnologías, insumos, semillas y cadenas de suministro. Esta expansión comercial de la agricultura industrial muy frecuentemente desplaza la lógica de la agroecología centrada en la/el campesino. La gente y la naturaleza son removidas del centro de la ecuación, provocando la reducción de los espacios para la expansión de la agroecología, así como de la

Cuadro 3: Resultados de un estudio: evidencia científica respaldando el modelo agrícola agroecológico

"Actualmente la evidencia demuestra que los métodos agroecológicos sin uso de fertilizantes químicos aumentan la producción de alimentos donde hay hambre—especialmente en ambientes desfavorables... Algunos proyectos recientes ejecutados en 20 países de África resultaron en la duplicación de las cosechas en un período de 3 a 10 años... No resolveremos el hambre ni frenaremos el cambio climático con la agricultura industrial en grandes plantaciones. La solución está en apoyar el conocimiento y experimentación de los pequeños productores, y en aumentar sus ingresos para contribuir al desarrollo rural. Si algunos actores claves respaldan las medidas identificadas en el informe, podremos ver la duplicación de la producción alimentaria en 5 a 10 años en lugares donde hay hambre."

—Olivier de Schutter[15]

Relator Especial sobre el Derecho a la Alimentación de la ONU, 2010

voluntad de los campesinos y sus organizaciones. Las estructuras para apoyar el desarrollo agroecológico, así como las prácticas agroecológicas, necesitan combinarse estratégicamente para poder revertir esta tendencia destructiva.

Los estudios de casos presentados en este libro, además de analizar la agroecología como práctica, ciencia y movimiento, destacan el valor de apoyar estrategias para amplificar la agroecología en tres niveles: profundidad, amplitud y verticalidad. En la práctica, los niveles se sobreponen y están interrelacionados y las estrategias de cada nivel están ligadas; sin embargo, es necesario prestarle atención a cada nivel para que la agroecología sea diseminada e implementada más ampliamente. La siguiente gráfica puede ayudar a extraer aprendizajes de cada caso, así como para entender otras experiencias:

ESTRATEGIAS CENTRADAS EN EL CAMPESINO PARA EXPANDIR LA AGROECOLOGÍA:
Profundidad, Horizontalidad y Verticalidad

Verticalidad:
Crear políticas de apoyo, mercados y discursos.

Horizontalidad:
Socializar las prácticas Campesino a Campesino entre comunidades, organizaciones y regiones.

Profundidad:
Innovaciones campesinas continuas para aumentar la producción de alimentos, el bienestar y la regeneración de los recursos naturales.

GRÁFICA 4. Estrategias para Crecer

- **Profundidad:** Este nivel se alcanza cuando la/el campesino o grupo de campesinos son capaces de innovar continuamente en su propia tierra, pasando del uso limitado de prácticas agroecológicas hacia un sistema de producción totalmente agroecológico que mejore el bienestar familiar.
- **Desarrollo Horizontal (o Expansión):** La agroecología se amplía cuando sus principios y prácticas se expanden horizontalmente a lo largo de muchas tierras agrícolas y comunidades.
- **Verticalidad:** Este nivel entra en juego cuando se trabaja para crear un contexto favorable para la agroecología mediante el fortalecimiento de redes o movimientos, la mejor vinculación de los pequeños productores a los mercados locales, y la creación de políticas de apoyo.

La Transición hacia Sistemas Agrícolas y Alimentarios más Sanos

Al desarrollar esta colección de casos, tuvimos debates significativos sobre el concepto de "expandir" la agroecología. ¿Cómo se puede expandir un proceso de trabajo creativo y productivo con la naturaleza que se adapte a cada contexto local? ¿Quién hace la expansión? Las agencias de desarrollo y las corporaciones frecuentemente utilizan la palabra "expandir" para describir la creación de tecnologías y prácticas, y su promoción para que más gente las adopte y compre. Esto a menudo implica homogeneización y uniformidad. La agricultura industrial se adapta bien a este tipo de ampliación porque prefiere la estandarización y el uso de insumos y resultados homogéneos que se puedan promover mediante paquetes tecnológicos uniformes. Éstos desplazan tanto la biodiversidad como la capacidad de mantener el control y tomar decisiones a nivel local.

Cuando en el libro hablamos de "expandir la agroecología" nos referimos a la expansión de *una forma de producción agrícola y el proceso de apoyar continuamente la innovación agrícola*, en vez de referirnos a un conjunto específico de tecnologías. Entendemos que la agricultura es multifuncional y que muchas prácticas agroecológicas se sustentan en prácticas y conocimientos ancestrales desarrollados por pueblos indígenas y pequeños productores, y que por ello no se prestan para procesos de diseminación uniformes. Esto implica que además de cambiar los métodos agrícolas también hay que cambiar *cómo se apoya la agricultura desde los ministerios agrícolas, las organizaciones filantrópicas, las ONGs y los científicos*, para que las/los campesinos puedan seguir avanzando en sus procesos de innovación en su propio contexto. Nos referimos a una transición fundamental hacia sistemas agrícolas y alimentarios más sanos.

Invitamos a los lectores a reflexionar sobre las experiencias y lecciones de las organizaciones y productores presentados en este libro en su intento de construir alternativas agroecológicas en sus propios contextos. En Brazil, la organización territorial el Polo de Borborema está construyendo sobre las innovaciones campesinas para crear un nuevo paradigma para "vivir con lo semi-árido". En Honduras, un movimiento agroecológico de 40 años, lucha para crear espacio para un cambio positivo ante un gobierno no democrático. En Haití, un grupo de asociaciones campesinas están construyendo procesos democráticos y revitalizando comunidades rurales. En Ecuador, un colectivo de organizaciones están vinculando a comunidades rurales y urbanas para que inviertan su presupuesto alimentario local en sistemas productivos agroecológicos y sanos. Un dúo de un productor y un científico en California están creando un modelo para transformar la producción de fresas en Estados Unidos, para que sean orgánicas y socialmente justas. *Barahogon*, una asociación en Mali, está recuperando su papel tradicional de regenerar los árboles para mejorar el paisaje Saheliano. En Burkina Faso, Tani Lankoandé evalúa estrategias para restaurar la materia orgánica en el suelo lodoso para que vuelva a ser productivo y le enseña a otras mujeres a hacer lo mismo. En Ghana, campesinos, asociaciones de mujeres, líderes tradicionales y organizaciones de la sociedad civil se están aliando para proteger los derechos de los campesinos a producir y preservar sus semillas. Finalmente, en los bosques norteños de Frisia en Holanda, los productores colaboran con científicos para desarrollar un agricultura de "ciclo cerrado."

Como sociedades, tomamos decisiones para crear los sistemas agrícolas y alimentarios que tenemos. Para superar la pobreza, el hambre y el cambio climático tenemos que tomar decisiones, como las que se muestran aquí, para transicionar hacia un nuevo paradigma que fortalezca el poder creativo de las/los agricultores familiares y sus organizaciones, y que amplíe la agroecología para lograr sistemas agrícolas, alimentarios y economías más saludables.

Referencia

[1] Food and Agriculture Organization of the United Nations. "The state of food insecurity in the world." Rome: FAO, 2009.

[2] FAO, IFAD, and WFP. "The State of Food Insecurity in the World 2015, Meeting the 2015 international hunger targets: taking stock of uneven progress." Rome: FAO, 2015.

[3] Hickel, Jason. "The True Extent of Global Poverty and Hunger: questioning the good news narrative of the Millenium Development Goals." *Third World Quarterly*, 37(2016): 749-767.

[4] WHO. "Obesity and Overweight." Fact Sheet, June 2016. Accessed November 7. http://www.who.int/mediacentre/factsheets/fs311/en/.

[5] ETC Group. "Twenty things we don't know we don't know about World Food Security." September 2013. Accessed November 7, 2016. http://www.etcgroup.org/sites/www.etcgroup.org/files/Food%20Poster_Design-Sept042013.pdf.

[6] Gilbert, Natasha. "One-third of our greenhouse gas emissions come from agriculture." *Nature*, October 31, 2012.

[7] KPMG International. *"Expect the Unexpected: Building business value in a changing world."* 2012, 56.

[8] Ibid, 55.

[9] OCHA on Behalf of Regional Humanitarian Partners. "2015 Humanitarian Needs Overview-Sahel Region." December 2014. Accessed November 7, 2016. http://reliefweb.int/report/mali/2015-humanitarian-needs-overview-sahel-region.

[10] Dobbs, Richard, Corinne Sawers, Fraser Thompson, James Manyika, Jonathan Woetzel, Peter Child, Sorcha McKenna, and Angela Spatharou. "How the world could better fight obesity." McKinsey Global Institute, November 2014.

[11] IAASTD. "Towards Multifunctional Agriculture for Social, Environmental and Economic Sustainability." Accessed November 7, 2016. http://www.unep.org/dewa/agassessment/docs/10505_Multi.pdf

[12] FAO. "Family Farmers: Feeding the world, caring for the earth." 2014. Accessed November 7, 2016. http://www.fao.org/docrep/019/mj760e/mj760e.pdf.

[13] Altieri, Miguel. Agroecology: The Science of Sustainable Agriculture. Boulder CO: Westview Press, 1995.

[14] Vía Campesina. "Declaration of the Forum for Food Sovereignty." Nyeleni, Mali, February 2007. Accessed November 7, 2016. https://nyeleni.org/spip.php?article290.

[15] De Schutter, Olivier. "Report Submitted by the Special Rapporteur on the Right to Food." United Nations, December 2010.

Territorio
Borborema

PARAÍBA

REGIÓN
NORESTE

B R A S I L

PARAÍBA

Recife

Salvador

BRASILIA

BOLIVIA

PARAGUAY

São Paulo

ARGENTINA

OCÉANO ATLÁNTICO

Regiones referenciadas en el capítulo

CAPÍTULO 1

Innovación Campesina y Agroecología en la Región Semiárida de Brasil

Paulo F. Petersen

Resumen: *Durante muchos años, los campesinos de la región semiárida de Brasil han desarrollado maneras de "vivir con clima semiárido" en lugar de "luchar contra la sequía". El caso de una cisterna—inventada por un campesino y diseminada a cientos de miles de familias en la región—ilustra los constantes procesos de innovación de los pequeños productores. Este capítulo escrito por el coordinador ejecutivo de Agricultura Familiar y Agroecología (AS-PTA), describe cómo las organizaciones de la sociedad civil han trabajado para vincular innovaciones agrícolas como esta con nuevas formas de organización local para crear alternativas generadas localmente ante las políticas verticales del Estado y los programas de "desarrollo".*

Un Campesino Innovador

Manoel Apolônio de Carvalho, más conocido como Nel, es un campesino del estado de Sergipe en el noreste de Brasil. Su historia de vida es similar a la de decenas de miles de habitantes rurales de la región semiárida de Brasil. Buscando escapar de la pobreza rural y la sequía, muchos han probado suerte migrando al sur de Brasil para ganar dinero antes de finalmente volver a casa y ganarse la vida como campesinos. Nel encontró trabajo como albañil en São Paulo a mediados de la década de los noventa, y aprendió a fabricar losas de cemento premoldeadas para usar en la construcción de piscinas. Tras regresar a Sergipe, donde de nuevo se enfrentó al reto de cultivar en condiciones de sequía, decidió intentar la técnica de construir cisternas de losa para recolectar y almacenar el agua de lluvia. El resultado es una cisterna que es más barata y más resistente que las cisternas de ladrillo tradicionales usadas en el área. La técnica rápidamente atrajo interés.[1] Pronto, la gente de su comunidad y los alrededores le pidieron a Nel que construyese cisternas para ellos, brindándole oportunidades para perfeccionar su invento gradualmente, mientras que permitía a otros agricultores-albañiles aprender y formarse con él. Las cisternas de Nel están hechas de cemento y hierro, construidas por albañiles locales utilizando materiales

El tipo de cisterna innovada por Nel en Sergipe, Brasil. Foto de Paulo Petersen.

comprados en los mercados locales y regionales. La cisterna de Nel reforzó la economía de la zona y aumentó el empleo. Como la instalación de las cisternas requiere una excavación, se ayudaron unos a otros a construir sus respectivas cisternas, lo que reforzó el capital social. El enfoque es flexible; las cisternas podían ser diseñadas y del tamaño decidido por los campesinos de acuerdo a sus condiciones, necesidades y recursos locales.

Poco podía imaginar Nel que la adaptación de una técnica de construcción para piscinas que aprendió en la ciudad más grande y rica del país, llegaría finalmente a millones de personas pobres en la región semiárida de Brasil, y ayudaría a abordar una de sus necesidades más vitales. La innovación de Nel fue una de las semillas entre muchas que finalmente se convirtieron en el Programa Un Millón de Cisternas Rurales (1MRC, siglas en portugués). El 1MRC es una iniciativa regional concebida y ejecutada por la Alianza Brasileña Semiárida (ASA), una red de la sociedad civil compuesta por más de 1,000 organizaciones activas en los once estados de la región. ASA promociona el paradigma de "vivir con el clima semiárido" en lugar de "luchar contra la sequía". Gracias a los fondos obtenidos a través de acuerdos con el gobierno federal, compañías privadas y agencias internacionales, 1MRC construyó más de 589,000 cisternas para más de 2,500,000 de personas entre 2003 y principios de 2017. El programa ha ganado premios nacionales e internacionales por mejorar la calidad de vida en la región semiárida de Brasil.

El 1MRC fue exitoso porque reprodujo los procedimientos adoptados por Nel y sus compañeros a través de *creación de capacidades* de los albañiles locales, de forma que el conocimiento es puesto en práctica independientemente y adaptado por múltiples comunidades; estimulando la *reciprocidad campesina* para actividades manuales (como cavar un agujero en el suelo para sostener la cisterna); y comprar materiales de construcción (cemento, arena, etc.) de los *mercados locales*. Los efectos positivos combinados de estos procedimientos van mucho más allá de los impactos directos del programa de seguridad alimentaria y salud de las familias rurales. Sobre todo, la población autóctona se convenció de que ellos mismos pueden contribuir poderosamente al desarrollo de su región, en lugar de ver el desarrollo como un regalo que viene de otro sitio.

Una Nueva Contradicción

A pesar de la eficiencia de las cisternas de losa y la eficacia de la metodología de base del programa 1MRC, en 2010 el gobierno federal intentó acelerar el impacto de la distribución de las cisternas usando un enfoque distinto: un programa masivo que ofrecía decenas de miles de cisternas de agua de polietileno nuevas en la región semiárida. Pero a diferencia de la cisterna de Nel, la nueva cisterna no fue construida en el lugar. El programa eliminó el empleo para los albañiles locales, así como la compra local de materiales, produciendo un efecto multiplicador negativo en las economías locales. El Estado lo pagaba todo, haciendo redundante el trabajo voluntario y eliminando la dinámica de catalizador social que eran los vecinos construyendo juntos las cisternas. Irónicamente, esto también provocó que las nuevas cisternas fuesen más caras. Además, el programa de nuevas cisternas de plástico no era un programa flexible, porque los campesinos no podían adaptar estas nuevas cisternas prefabricadas a las condiciones locales.

Las nuevas cisternas convirtieron de nuevo el "desarrollo" en una bendición desde arriba. Entre los movimientos sociales que habían ayudado a dirigir el programa 1MRC, este nuevo programa gubernamental fue inmediatamente visto como una expropiación—no sólo de la cisterna estilo Nel, sino también del espacio político de base que habían construido. Después de décadas de trabajo de los grupos de agricultores, grupos de mujeres, ONGs, sociedad civil y actores estatales, la ASA y su programa PIMC habían creado alternativas de desarrollo positivas y mayor participación democrática para la región. Mientras que la cisterna de Nel había funcionado como una semilla para el cambio social que apoyaba el trabajo de la ASA, las nuevas cisternas actuaron como un herbicida.

En respuesta, unos 15,000 campesinas y campesinos de toda la región semiárida viajaron al pueblo de Juazeiro, Bahía, en diciembre de 2011 para organizar una enorme protesta contra el nuevo programa de cisternas. Esta manifestación de fuerza colectiva llevó al gobierno a renegociar su postura. Desde entonces, el programa 1MRC ha coexistido con el nuevo programa del gobierno. Este es sólo un ejemplo de la experiencia actual de pequeños productores y movimientos sociales que apoyan la innovación generada a nivel local basada en un paradigma alternativo.

Desarrollo Desde Arriba Contra Innovación de Base

La historia de Nel y su innovación refleja la extraordinaria situación que es, a la vez, común en el mundo rural. Es habitual porque las/los campesinos y sus organizaciones generalmente no permanecen pasivos ante realidades opresivas. Son actores con una voluntad social y la ejercen. Sin embargo, también es extraordinario porque esta voluntad agrícola es típicamente ignorada en la política pública y en las prácticas de desarrollo. La innovación de Nel, en contraste, fue ampliamente reconocida y valorada a través de un programa público, 1MRC, concebido y ejecutado por una red de la sociedad civil con una extensa presencia de base en la región semiárida de Brasil.

El programa combinó los dos aspectos complementarios de la innovación de Nel: las cisternas de losa (las herramientas) y la organización social para construir las cisternas (el programa de ejecución). Por el contrario, en su enfoque linear y de arriba hacia abajo, el gobierno ve a los campesinos como seres individuales, receptores pasivos de programas públicos. Esto merma las capacidades creativas de los campesinos para combinar los recursos locales, tanto materiales como no materiales y para resolver problemas localmente definidos. Este enfoque de arriba hacia abajo exacerba su dependencia de soluciones externas, e ignora las innovaciones de los campesinos, al mismo tiempo que descuida el potencial de su voluntad social en el desarrollo rural.

Viviendo con el Clima Semiárido Versus la Lucha Contra la Sequía

La región semiárida brasileña es una de las más grandes y más pobladas de su tipo en el planeta. Cubre una zona geográfica de 980,000 km2, concentrada en 11 Estados localizados en el noreste de Brasil. Más de 22.5 millones de personas viven en la región—que es el 12 % de la población nacional—y el

44 % del mismo vive en zonas rurales, siendo la región menos urbanizada del país. La región semiárida alberga más de la mitad de la población brasileña que vive en la pobreza (58 %).

Una imagen de la región semiárida se ha desarrollado en la conciencia nacional, debido a los abismales índices sociales y a las recurrentes sequías, como una región "históricamente destinada" a ser pobre y atrasada. En algunos círculos intelectuales y políticos conservadores, se considera una "región problemática". Estas perspectivas inducen pasividad entre la población y también funcionan como una poderosa palanca ideológica para intervenciones públicas influenciadas por la noción de *combatir la sequía*.

Desde principios del siglo XX, la estrategia gubernamental para combatir la sequía ha sido esencialmente construir grandes infraestructuras hidráulicas para recoger, almacenar y transportar grandes volúmenes de agua. Como resultado, los recursos de agua están concentrados en unas pocas localidades, a menudo grandes explotaciones y fallan para responder a las necesidades de agua de las comunidades rurales geográficamente dispersas. La concentración de agua y de propiedad de la tierra refuerza las estructuras sociales de poder desigual en la región, haciendo a las poblaciones más pobres, más vulnerables a los impredecibles cambios climáticos.

Contradiciendo la perspectiva fatalista de *combatir la sequía* con soluciones externas, generaciones de familias campesinas y las comunidades rurales de la región semiárida han desarrollado estrategias organizativas y administrativas sofisticadas y viables para sus ecosistemas agrícolas. Ellos ejercen su creatividad a base de innovar y mejorar los sistemas agrícolas existentes, basados en vivir íntimamente con los "códigos no escritos de la naturaleza" en lugar de luchar contra ellos. Han creado mosaicos de agro-biodiversidad análogos a los ecosistemas naturales, y reproducen servicios ambientales necesarios para mantener la fertilidad. Sus prácticas han ayudado a crear un paradigma alternativo ahora llamado "viviendo con el clima semiárido".[3]

Durante mucho tiempo, el conocimiento, las tecnologías y los procesos sociales creados por este movimiento de innovación campesina fueron ignorados o infravalorados por los programas públicos de desarrollo. A partir de los años 1980 en adelante, con la vuelta de la democracia a Brasil, las instituciones de la sociedad civil se estructuraron para proporcionar asesoría sistemática a las organizaciones campesinas, buscando transformar el crítico patrón histórico de la ocupación agraria en Brasil y el proyecto conservador de modernización, con la construcción de estilos alternativos de desarrollo rural. Actualmente, identificadas con el campo agroecológico, estas organizaciones civiles trabajan de forma integrada con las dinámicas descentralizadas de desarrollo rural en la región.

Un ejemplo potente fue el proceso de desarrollado en el Territorio Borborema, situado en la región Agreste del estado Paraíba.

Una Historia de Innovación Social en el Territorio Borborema

Dentro de la región más amplia semiárida de Brasil, el Territorio Borborema—considerada el granero de Paraíba—se caracteriza por un denso mosaico de agricultura familiar. Situado entre la costa, dominada por vastas plantaciones de caña de azúcar y los pastizales secos de *sertão*, la historia de la región está marcada por períodos de "des-campesinización" y de "re-campesinización". Esos procesos cíclicos son provocados por la cambiante demanda de mano de obra de las élites agrarias, que explotan áreas del territorio en respuestas al aumento o disminución de la demanda de productos agrícolas.[4]

Desde principios de 1900, campesinos y propietarios de latifundios se involucraron en infinitas disputas sobre la posesión de las tierras agrícolas. Además, las propiedades de los pequeños agricultores se fragmentaban constantemente ya que subdividían las parcelas cuando pasaban a las siguientes generaciones. Como resultado, durante décadas, los agricultores familiares tenían cada vez menos y menos tierras para garantizar su sustento. Para sobrevivir tuvieron que transformar la fertilidad de sus sistemas agroecológicos. Los campesinos gradualmente redujeron y finalmente abandonaron las prácticas de tala y quema y barbecho, y adoptaron estrategias administrativas centradas en la intensificación agrícola.

En un estudio a largo plazo, durante un período de 70 años, sobre las transformaciones de la administración técnica de los agroecosistemas en la región de Agreste en Paraíba, Sabourin (2002) se identificó y describió el proceso endógeno de innovación arraigado en las redes socio-técnicas de llos campesinos, basadas en relaciones de conocimiento compartido, proximidad y reciprocidad.[5] De esta manera, los campesinos produjeron y redistribuyeron tanto productos como conocimiento. En sus estudios de la sociedad rural brasileña, el autor también observó que cuanto más cerradas, dominadas y marginadas son las comunidades agrarias más aisladas, discretas o invisibles son sus innovaciones.[6] Estas observaciones subrayan la importancia de la acción colectiva integrada territorialmente para crear densas redes sociales de innovación agrícola.

En los años 1930 y '40 el gobierno brasileño aprobó leyes laborales que permitían la existencia de los sindicatos. En los años '60, estas leyes fueron extendidas para crear sindicatos de trabajadores rurales, que al principio tenían una estructura corporativista con una fuerte administración estatal. A inicio de la década 1990, decayó el movimiento de sindicatos rurales, entonces los campesinos en la región de Agreste en Paraíba formaron movimientos sociales de resistencia y lucha. En respuesta, los sindicatos rurales de Solânea, Remígio y Lagoa Seca asumieron el reto de abordar los principales problemas a los que se enfrentaban las familiares campesinas de la región. Ellos querían conectar su agenda política tradicional, hasta entonces muy influenciada por el movimiento sindical nacional, con las realidades y los intereses de las familias campesinas en el territorio.

El Surgimiento del *Polo da Borborema* y el Papel de AS-PTA

El resultado fue el desarrollo del Sindicato Borborema y Organización de Familias Campesinas del Polo (también conocida como *Polo da Borborema*). El Polo surgió como un actor colectivo a nivel regional en Agreste para ayudar a recuperar y reforzar las redes de agricultores preexistentes tanto para innovación agrícola social como técnica. Esta nueva dinámica fue respaldada por una nueva asociación con AS-PTA que, usando el enfoque agroecológico de desarrollo rural, comenzó a dar apoyo regional y asesoramiento a

Agricultores experimentado con la producción agroecológica de patata. Foto de Paulo Petersen.

las organizaciones de granjas familiares en 1993. Para poner en marcha el trabajo, AS-PTA apoyó a los sindicatos con evaluaciones rurales participativas para producir conocimiento conjuntamente con los campesinos sobre la realidad de la agricultura familiar en la región. Los campesinos también experimentaron con innovaciones técnicas, organizativas y políticas.

En sus estudios sobre los agro-ecosistemas agrícolas familiares en la región, AS-PTA identificó tres principios básicos para esos procesos de innovación. Primero, el mantenimiento de la biodiversidad altamente funcional en los agro-ecosistemas, donde especies de plantas nativas y exóticas se combinan en tiempo y espacio, y desempeñan diferentes funciones. Prácticas de producción son diseñadas deliberadamente para optimizar la eficiencia económica y ecológica del sistema. Segundo, almacenamiento y administración de recursos como agua, semillas, forrajes, comida, capital, etc. Esto permite a los campesinos de Agreste en Paraíba lidiar con el suministro irregular de agua para la agricultura en la región. Y por último, la intensificación productiva de espacios limitados. Los agricultores crean áreas de alta productividad biológica, como los jardines y el terreno en las orillas de los embalses. A pesar de su pequeño tamaño, la intensificación productiva en esas zonas juega un papel decisivo ofreciendo comida para autoconsumo, para vender o para forraje de los animales.

Aumentando a Través de Compartir Conocimiento y de Redes de Experimentación

Estimulados por las evaluaciones participativas del agro-ecosistema y las visitas de Campesinos a Campesinos llevadas a cabo dentro y fuera del territorio, alrededor de cinco mil familias campesinas se involucraron en procesos de innovación en su propia tierra y con sus propias comunidades. Estos ejercicios conjuntos en la producción de conocimiento se centraron en estrategias de producción agrícola (como la diversidad de frijoles cultivados, sistemas de ganadería, estrategias de administración de recursos hidráulicos, el uso de frutas nativas y plantas medicinales, la administración productiva de jardines familiares y el uso de fertilizantes biológicos), y estrategias metodológicas y políticas (incluyendo la participación de familias pobres en las redes de innovación y la comprensión del impacto de las políticas públicas en la sostenibilidad de la agricultura familiar regional como un todo).

Las redes de intercambio y de experimentación se convirtieron en una forma importante para los campesinos de construir capacidades técnicas, organizativas y políticas. Se convirtieron en *campesinos-experimentadores*: alguien con un problema que imagina cuál puede ser su causa y decide probar una forma de solucionarlo utilizando los recursos disponibles. Ellos fueron parte de un movimiento emergente para la innovación agrícola dentro de sus organizaciones comunitarias y de sus sindicatos agrícolas.

En pocos años, una gran variedad de prácticas innovadoras fueron desarrolladas o adaptadas e incorporadas en los agro-ecosistemas locales. El cuadro 1 presenta las combinaciones de prácticas campesinas tradicionales y técnicas innovadoras desarrolladas o mejoradas a través de redes de experimentación agroecológica.

CUADRO 1: Relaciones entre los principios administrativos de sistemas agroecológicos y las prácticas tradicionales e innovadoras

Principios administrativos	Prácticas	
	Tradicional	*Innovadora*
Mantenimiento de biodiversidad altamente funcional	• Consorcios y policultivos • Uso de forraje o especies nativas • Uso de variedades locales • Plantación de setos	• Recuperación, mejora y propagación de variedades nativas • Evaluación e introducción de nuevas variedades y razas • Reforestación de granjas • Cultivo en hileras • Sistemas agroforestales • Abono verde • Curvas a nivel vivas, con vegetales
Constitución y administración de acciones (representaciones de parte de capital)	• Inversión de capital en ganado • Pozos de arcilla, cisternas, tanques de piedra, etc. • Almacenamiento doméstico de semillas • Almacenamiento de residuos de cultivos como fuente de forraje	• Bancos comunitarios de semillas • Presas subterráneas • Tanques de piedra • Cisternas de losa y cisternas pavimentadas • Prácticas de ensilaje y heno
Valoración de los espacios limitados con alto potencial de producción biológica	• Jardines de casas • Plantación intensiva en humedales bajos	• Jardines de casas mejorados • Presas subterráneas • Barreras de piedra

Fuente: Petersen, Silveira y Almeida (2002)[7]

Organizaciones de Desarrollo Político y Territorial

Las experiencias exitosas en la administración de los recursos de agua y los bancos de semillas comunitarios se expandieron gradualmente, despertando el interés de otros sindicatos y organizaciones de campesinos en otros municipios de Paraíban Agreste. La gente vio que los agricultores que utilizaban estas prácticas fueron más capaces de resistir la sequía de 1998-1999. Esto motivó a los sindicatos de la región en *Polo da Borborema* a compartir sus experiencias de innovación en tres nuevos municipios.

Esta fue la primera vez que el *Polo da Borborema* se presentó no sólo como un actor político representando a sus miembros negociando con el Estado, sino también como un espacio organizativo unificando organizaciones de campesinos para el desarrollo rural en el territorio. El Polo formó una estrategia de acción centrada en dos pilares: 1) estimular la innovación local a través de redes de campesinos-experimentadores; y 2) elaborar propuestas de políticas públicas adaptadas a las características socio-ecológicas del territorio.

El Polo como un Nicho de Innovación Campesina

La legitimación y la intensificación de la innovación campesina asociada con los "campesinos-experimentadores" fue clave para aumentar la cohesión entre las organizaciones miembros del Polo. A través de la coordinación y la dirección estratégica de las redes de campesinos-experimentadores en el territorio, el Polo les ayudó a lograr una relativa autonomía frente a los sistemas de conocimiento institucionalizados del Estado y del sector privado. En este sentido, el Polo funciona como un nicho estratégico de la innovación campesina. En 2012 y 2013 se logró una nueva validación cuando el aumento de la productividad y la resiliencia de la agricultura familiar—producto de múltiples innovaciones (incluidas las cisternas tipo Nel)—permitieron que las familias de Agreste fueran mucho más resistentes frente a la dura sequía del medio siglo pasado.

Sin embargo, los campesinos del Polo no buscan distanciarse por completo de la ciencia institucionalizada. Con el asesoramiento de AS-PTA, el Polo coordinó el proceso de experimentación de los campesinos, pero también se involucró más con instituciones académicas. Los miembros diseñaron proyectos de investigación en base a los intereses de las redes de campesinos-experimentadores—sobre agua, semillas autóctonas, cría de ganado, producción de jardinería doméstica, acceso al mercado, etc. Un ejemplo relacionado con las variedades de semillas de la zona se resume en el Cuadro 2. Los campesinos-experimentadores valoran el aporte del conocimiento generado

CUADRO 2: ¿Semillas o granos? Experimentación campesina en variedades locales de maíz

Las variedades locales de maíz, conocidas como *sementes de paixão* (semillas de pasión), por ser consideradas menos productivas en comparación con las llamadas variedades mejoradas—que sólo son accesibles a través de los mercados o programas públicos—, no han sido, siquiera, oficialmente reconocidas por la agronomía convencional como semillas, sino como granos. Para demostrar lo contrario, un equipo de investigadores de la Corporación Brasileña de Investigación Agropecuaria (EMBRAPA, siglas en inglés) fue invitado para apoyar a la red de campesinos-experimentadores para realizar pruebas durante tres años, comparando las variedades distribuidas por los programas públicos y las semillas de pasión. Los resultados demuestran inequívocamente la superioridad agronómica de las variedades locales en cuanto a la producción de grano y forraje. Empoderados por los resultados de la investigación, las/los campesinos-experimentadores dijeron a los funcionarios públicos que ya no aceptarían que los organismos gubernamentales redujeran el estatus de las semillas de pasión a granos. La implicación práctica es que el suministro de semillas utilizadas por las familias campesinas debe asegurarse mediante la acción de redes territoriales dedicadas a usar, administrar y conservar variedades locales, enfatizando el papel activo de los campesinos como administradores de la agrobiodiversidad.[8]

académicamente, así como los recursos metodológicos de la ciencia objetiva para progresar en la innovación local. Estas alianzas también legitiman la innovación de los campesinos ante los ojos del Estado.

El Polo como un Actor Político

Una de las innovaciones institucionales de *Polo da Borborema* fue la creación de un *enfoque territorial*. Esto lo diferenciaba de las agendas políticas antiguas del movimiento sindical, que a menudo estaban desconectadas de demandas reales, de los potenciales y las perspectivas de sus miembros. El Polo desarrolló este enfoque territorial, en parte, al crear conexiones entre las redes de campesinos innovadores enfocadas en asuntos específicos, dispersas *horizontalmente* a lo largo del territorio, y las relaciones *verticales* establecidas con las diferentes instancias del Estado, a través de la presión política para influenciar políticas y programas de desarrollo rural.

Esta innovación política e institucional demostró ser extremadamente importante para movilizar recursos públicos en apoyo al desarrollo local. Es significativo porque, tradicionalmente, los sindicatos tienden a ser bastante insensibles hacia la experimentación social y las estrategias que de ella surgen. Los líderes de estos sindicatos tienden a profesionalizarse en sus puestos y a desconectarse gradualmente de las bases. Sin embargo, el Polo construye conocimiento colectivo a escala comunal, municipal y nacional. Las redes de campesinos-experimentadores continúan generando aprendizaje práctico que renuevan constantemente las propuestas políticas del Polo. Los campesinos-experimentadores también trabajan como activistas en la promoción de políticas públicas favorables.

Este vínculo entre los agricultores innovadores y los activistas políticos también se ve en la lucha de los movimientos sociales para defender su campaña de Un Millón de Cisternas Rurales. Otros ejemplos son la crítica del Polo a las políticas estatales de distribución de semillas mejoradas y transgénicas en la región semiárida, la creación de programas y campañas de defensa de las semillas locales y el apoyo para los campesinos en su papel de protectores de la agrobiodiversidad. Además, el Polo declaró su oposición a la iniciativa del gobierno estatal de compulsivamente aplicar insecticidas para combatir nuevas plagas que atacan a las plantaciones de cítricos de la región y propuso una alternativa para realizar experimentos con productos naturales no tóxicos.[9]

Auto-Gestión y Administración de los Recursos Locales

El Polo también ha trabajado con redes de campesinos-experimentadores para promocionar la administración y el uso sostenible de los recursos locales indispensables para la intensificación agroecológica (p. ej. equipamiento, mano de obra, conocimiento, dinero, capacidad organizativa, variedades de semillas locales, etc.)

Un elemento clave para identificar, movilizar, administrar, mejorar y proteger los bienes comunes es el fortalecimiento de las prácticas sociales basadas en la reciprocidad y la confianza mutua. Hacerlo también refuerza y mantiene actividades económicas regionales gracias a reducir drásticamente los costes de transacciones, mientras que mejora la calidad del producto y aumenta su escala.

Por ejemplo, vemos esto en la movilización de conocimiento, trabajo, ahorros y crédito usados en la construcción de las cisternas de losa estilo Nel. Las asociaciones comunitarias o los grupos informales crearon y asumieron responsabilidades compartidas para gestionar los Fondos Rotativos Solidarios.

CUADRO 3: Nuevos acuerdos institucionales para la administración colectiva de los recursos locales

- **Equipo:** Sindicatos y asociaciones de campesinos pertenecientes al Polo han organizado la gestión colectiva de 15 máquinas de ensilar móviles. Los miembros establecen las reglas para compartir la maquinaria, permitiéndoles procesar grandes cantidades de forraje de varias especies de plantas cultivadas en granjas familiares. Esto estimula el cultivo de especies para forraje. Alrededor de 150 familias se benefician, con una producción anual media de 20 toneladas de forraje por familia.

- **Biodiversidad:** Los campesinos organizaron una red de 65 bancos comunitarios de semillas para conservar la agrobiodiversidad y reproducir las semillas, estando disponibles para plantar en cuanto la temporada de lluvias comienza. Estas variedades autóctonas de alta calidad se adaptan a las condiciones ambientales del lugar y a los sistemas de cultivo, y fortalecen la autonomía y la seguridad de las familias en la producción de cultivos. Los agricultores también organizaron una red de viveros para producir semilleros de árboles (especies forestales y frutales).

- **Trabajo:** Los procesos para movilizar el trabajo comunitario están muy extendidos en las regiones campesinas. Como se comentó, este fue usado para la construcción de cisternas para recolectar y usar el agua de lluvia, mejorando el acceso descentralizado de las familias al agua y muchas otras tareas relacionadas con la gestión de los agroecosistemas.

- **Ahorros y Préstamos:** Los campesinos han desarrollado 150 Fondos Rotativos Solidarios para adquirir los equipos e insumos necesarios para intensificar la productividad de los agroecosistemas: infraestructura de abastecimiento de agua, hornos ecológicos, pantallas para uso en patios, estiércol, silos de zinc, ganado pequeño, etc.

- **Mercados:** Una red de 13 ferias agroecológicas en los municipios de la región, así como ventas colectivas en mercados institucionales, especialmente a través del Programa de Compra de Alimentos (PAA, siglas en portugués) y el Programa Nacional de Comida Escolar (PNAE, siglas en portugués), permiten a los campesinos vender sus distintos productos y mejorar sus beneficios económicos.

Nuevas familias se benefician cuando las familias pagan los préstamos que hicieron para construir las cisternas. Hasta 2003, más de 1,380 cisternas habían sido construidas y financiadas a través de un sistema de fondos rotativos; 656 de estas eran cisternas "adicionales" construidas utilizando recursos económicos pagados por las primeras familias participantes, que de otra forma no se habrían construido. Esto significa que el mecanismo de los Fondos Rotativos Solidarios arrojó un aumento del 90 % en la cantidad de familias beneficiarias por los fondos originalmente asignados por el programa a ese territorio. Teniendo en cuenta que el trabajo cooperativo de los miembros de la comunidad redujo el coste por unidad de las cisternas en un 30 %, los fondos iniciales invertidos se multiplicaron por un total de 172%. Si el programa 1MRC hubiera sido implementado por una compañía privada, los recursos invertidos habrían sido suficientes para la construcción de tan sólo 506 cisternas máximo, en comparación con las 1,380 construidas en ese momento.[10]

Movilización, Reconexión y Mejora de los Recursos "Escondidos"

Zé Pequeno, un agricultor de la región de Agreste, ha declarado, "el papel de nuestros sindicatos es descubrir los tesoros escondidos en nuestras municipalidades". Esto captura la esencia de la experiencia en la región semiárida de Brasil, cuando los campesinos-innovadores y los activistas se convierten en protagonistas del desarrollo rural a gran escala.

La clave del éxito de este movimiento regional radica en promover procesos de innovación campesina para utilizar recursos locales, previamente inmovilizados, para generar riqueza social y autonomía. La innovación campesina es impulsada y fomentada por redes de campesinos-innovadores, alterando las rutinas de trabajo preexistentes, construyendo conexiones, y respondiendo a los problemas a los que se enfrentan las comunidades y familias rurales. Esto crea conexiones horizontales entre los campesinos-innovadores a escalas geográficas y organizativas más grandes. Estas escalas van desde los agroecosistemas—donde las granjas familiares son el lugar de la innovación campesina—hasta escalas territoriales en las cuales redes de innovación campesina conducen a nuevos acuerdos institucionales para construir y proteger los recursos de la comunidad. El cambio de paradigmas, desde la noción gubernamental de "combatir la sequía", hasta la noción campesina de "vivir con el clima semiárido" muestra cómo actores locales, incluyendo el ASA, el *Polo da Borborema*, y AS-PTA, rediseñaron su realidad, incrementando su capital político, y ayudaron a construir un nuevo camino de desarrollo basado en la intensificación a través del trabajo campesino y los principios agroecológicos.

La historia de las cisternas de Nel descritas al comienzo de este capítulo provee un ejemplo emblemático de los retos a los que se enfrentan los campesinos y las organizaciones de la sociedad civil al reconectar la cultura, la naturaleza y la voluntad local para el desarrollo rural. Mientras que los programas estatales suprimían la voluntad local, la innovación y el cambio social; las experiencias de 1MRC y el Polo demuestran que centrar la experimentación, innovación e intercambio campesino en un proceso de organización social y desarrollo conectado al territorio, es un camino hacia el desarrollo rural más eficiente, equitativo y sostenible.

Referencia

1   Así como ha reducido el coste por unidad de las cisternas de 16,000 litros de US$ 690 a US$ 240, la invención de Nel de la cisterna cilíndrica eliminó los puntos débiles de las cisternas rectangulares de ladrillo, en Rocha. 2003. Manejo ecológico de recursos hídricos en el semiárido brasileño: lecciones del agreste paraibano. *Leisa: Revista de Agroecología.* Vol. 19:2, p. 16-18.

2   IBGE. 2010. Censo Demográfico Brasileiro. Brasília.

3   Silva, Roberto Marinho Alves da. 2006. Entre o combate à seca e a convivência com o Semi-Árido: transições paradigmáticas e sustentabilidade do desenvolvimento. Brasília – DF [Doctoralthesis – UNB]. http://repositorio. bce.unb.br/bitstream/Roberto/Marinho/Alves/da/Silva.pdf. Accessed January 2014; Galindo, W. (ed.) 2013. Vozes da Convivência com o Semiárido. Recife, Centro Sabiá; Conti, L.I.; E. Pontel. 2013 Transição paradigmática na convivência com o semiárido. In: Conti, L.I.; E.O. Schoroeder, Convivência com o semiárido brasileiro; autonomia e protagonismo social. Brasília, Ed. IABS. p. 21-30.

4   Silveira, L.; A. Freire; P. Diniz. 2010. Polo da Borborema: ator contemporâneo das lutas camponesas pelo território. Agriculturas. Rio de Janeiro, AS-PTA. v. 7:1, p. 13-19.

5   Sabourin, E. 2002. Manejo da inovação na agricultura familiar do Agreste da Paraíba; o sistema local de conhecimento. In: Petersen, P.; L. Silveira; E. Sabourin, Agricultura familiar e Agroecologia no Semiárido; avanços a partir do agreste da Paraíba. Rio de Janeiro, AS-PTA. p. 177-199.

6   Sabourin, E. 2009. Camponeses do Brasil; entre a troca mercantile e a reciprocidade. Porto Alegre, Garamond. (Col. Terra Mater).

7   Petersen, P.; L.M. Silveira; P. Almeida. 2002. Ecossistemas naturais e agroecossistemas tradicionais no agreste da Paraíba: uma analogia socialmente construída e uma oportunidade para a conversão agroecológica. In: Silveira, L.M.; P. Petersen; E. Sabourin, Agricultura familiar e agroecologia no Semiárido

Brasileiro; avanços a partir do agreste da Paraíba. Rio de Janeiro, AS-PTA. p. 13-122.

[8] Petersen, P.; L. Silveira; E. Dias; A. Santos; F. Curado. 2013. Sementes ou grãos; lutas para desconstrução de uma falsa dicotomia. Agriculturas. Rio de Janeiro: AS-PTA. v.10:1.

[9] Ibid, Petersen et al (2013)

[10] Petersen, P.; J.C. Rocha. 2003. Manejo ecológico de recursos hídricos en el semiárido brasileño; lecciones del agreste paraibano. Leisa: revista de agroecologia. Lima, ETC-Andes. p.16-18.

BELICE

MAR DEL CARIBE

Golfo de Honduras

GUATEMALA

San Pedro
Sula

Limón

H O N D U R A S

Puerto Lempira

TEGUCIGALPA

Danlí

EL SALVADOR

El Amatillo

Golfo de
Fonseca

NICARAGUA

OCÉANO PACÍFICO

Regiones referenciadas en el capítulo

CAPÍTULO 2

Honduras: Construyendo un Movimiento Agroecológico Nacional en Contra de las Posibilidades

Edwin Escoto y Steve Brescia

Resumen: *Este estudio de caso describe el contexto de desarrollo del movimiento de Honduras para crear sistemas de cultivo ecológicamente apropiados, expandirlos en muchos ambientes y defender los derechos de las familias campesinas de pequeña escala. Destaca el trabajo de Vecinos Honduras, una ONG que apoya el desarrollo y la agroecología dirigidos por las comunidades principalmente en el sur más seco de Honduras y la Asociación Nacional para el Fomento de la Agricultura Ecológica (ANAFAE), una importante red a la que pertenece.*

Las Semillas para un Movimiento

Don Elías Sánchez de Honduras una vez dijo, "Si la mente de un *campesino* es un desierto, su granja se verá como un desierto". Uno de los primeros líderes del movimiento agroecológico iniciado hace 40 años en Honduras, Don Elías, buscaba mejorar la agricultura empezando por las personas, no las granjas. Él creía que si la creatividad y la motivación interna de las/los campesinos era cultivada (lo que él llamaba "la granja humana"), ellos podían transformar sus granjas, sus vidas y sus comunidades.

Don Elías comenzó su carrera como educador y en 1974 ingresó al Ministerio de Recursos Naturales para dirigir la formación de agentes de extensión de agricultura. Él se frustró porque, mientras la mayoría de los hondureños peleaban contra la pobreza en las granjas ubicadas en las empinadas laderas de las montañas, su ardua realidad era ignorada por los profesionales de la agricultura. En su lugar, los agentes de extensión proveían inapropiados paquetes tecnológicos de agricultura convencional (semillas híbridas, fertilizantes y pesticidas químicos). Él trató de introducirlos a un pensamiento alternativo y los expuso a las realidades de la vida rural a través de visitas de campo. "La transferencia de tecnología es un concepto ofensivo", creía Don Elias. "Se tiene que transformar a las personas".[1]

En 1980, Don Elías dejó el Ministerio para tratar un enfoque diferente, desarrollando su *Granja Loma Linda*, enseñando a cultivar en las afueras de la ciudad capital de Tegucigalpa. Él transformó una tierra de pobre calidad, con pendiente pronunciada y atravesada por un barranco en una granja con terrazas, diversificada y productiva. Era un lugar de constante innovación con recursos locales, a donde muchos cientos de *campesinos* y Organizaciones No Gubernamentales (ONGs) fueron para aprender de primera mano sobre desarrollo personal y cultivo agroecológico. Al mismo tiempo, él coordinó con la ONG Vecinos Mundiales para llevar su exitosa metodología de extensión y experimentación de Campesino a Campesino, desarrollada durante la década anterior en Guatemala, a los programas en Honduras. Desde 1980 hasta su muerte en el año 2000, se estima que don Elías ayudó a 30,000 campesinos en las laderas a cambiar de la agricultura de tala y quema a enfoques más agroecológicos que eran productivos y proveían un buen sustento.[2]

El aprendizaje de Campesino a Campesino de la agroecología continua hasta el presente.
Foto de Alejandra Arce Indacochea

Posteriormente, en octubre de 1998, el huracán Mitch devastó una gran parte de Centro América, causando desplazamientos de tierra y una masiva pérdida de suelo y tierras cultivables. Fue el peor desastre natural en la región en 200 años, afectando a 6.4 millones de personas. En la *Granja Loma Linda,* un deslizamiento de tierra descendió por el centro del barranco y enterró el centro de formación y la casa de Don Elías, aunque algunas de sus parcelas con terrazas en las laderas sobrevivieron. "Este Mitch es una lección que espero que nunca olvidemos", dijo Don Elías en su momento . La lección fue que incluso una granja modelo no se puede proteger, si los campesinos de tierras arriba no practican la conservación de suelo. La agroecología necesita escalar: de ser algo practicado por algunos campesinos aislados, a ser un enfoque adoptado a lo largo de las cuencas de agua y ambientes. Don Elías falleció en el 2000 cuando la reconstrucción de su centro de formación estaba casi completa, su sueño perdura.

Agricultura en Honduras

Las granjas en las laderas, la pobreza y la marginación política están ligadas en América Central desde hace mucho tiempo. Como ocurrió a lo largo de América Latina, cuando los colonizadores españoles arribaron a Honduras, tomaron las tierras de cultivo en los valles, forzaron a los indígenas a trabajar y los relegaron a las granjas en las laderas para producir su propia comida. Ese fue el comienzo de una larga y dolorosa historia de explotación y opresión política.

En 1960, la "Revolución Verde" llegó a América Central. Fue instrumental en la creación de un sistema de pequeños productores a lo largo de la región, que combina el cultivo tradicional de cambiante (corte y quema) con la dependencia moderna de fertilizantes químicos, pesticidas, herbicidas y semillas híbridas. A medida que la tierra se hace más escasa y los períodos de barbecho más cortos, los campesinos destruyen los nutrientes del suelo, lo que lleva a aumentar la erosión del suelo, la dependencia de fertilizantes químicos y la constante baja de la producción.

Las condiciones de pobreza y marginación en los años 1970 llevaron a las organizaciones campesinas a demandar reforma agraria—con un éxito limitado.[4] Inicialmente, su principal demanda era obtener el acceso a la tierra, al igual que a ingresos agrícolas. Posteriormente, se desarrolló una fuerte atención en las alternativas agroecológicas frente a la agricultura convencional.

En 1980s, las políticas neoliberales promovidas en Honduras y en toda América Latina, empujaron la "modernización" del sector agrícola.

Programas de Ajuste Estructural (PAE), exigido por el Fondo Monetario Internacional, el Banco Mundial y los Estados Unidos, redujo el rol del Estado, recortó los presupuestos para extensión agrícola, desreguló el comercio internacional y las inversiones, y promovió las privatizaciones e inversiones de corporaciones. El apoyo a la reforma agraria se redujo. El modelo agrícola favorecido fue la promoción de cultivos de alto valor (monocultivos) para la exportación. En general, los campesinos familiares no fueron considerados como económicamente viables. La teoría neoliberal sostenía que el crecimiento del Producto Interno Bruto no se reduciría, al crear más puestos de trabajos para los campesinos en otros sectores. Pero no ha funcionado así.

Luego del Huracán Mitch, algunos esperaron que la clara evidencia de las vulnerabilidades creadas por la agricultura convencional, en contraste con la superior resistencia del cultivo agroecológico, llevaría a cambiar las prioridades y políticas nacionales y aumentaría el apoyo.[5] En cambio, las políticas e inversiones neoliberales en la agricultura convencional se redoblaron. Por ejemplo, en 2001, se lanzó el *Plan Puebla Panamá* como una iniciativa de toda Mesoamérica para promover la infraestructura, como autopistas, puertos y telecomunicaciones, particularmente para la exportación agrícola y el turismo. Política continuada en el 2005 por el Tratado de Libre Comercio de Centro América (CAFTA, siglas en inglés), el cual se construyó en base a, y extendió el anterior Tratado de Libre Comercio de América del Norte (1994, NAFTA, siglas en inglés) entre los Estados Unidos, Canadá y México.

El golpe militar del 2009 en Honduras debilitó las leyes e incrementó la violencia política y la impunidad.[6] La violencia entre pandillas, el tráfico de drogas, el crimen común como también la persecución política provoca que Honduras tenga la tasa más alta de homicidios a nivel mundial en 2012.[7] En este contexto, el gobierno de Honduras continua profundizando su trayectoria política neoliberal: dando mayores concesiones a las empresas internacionales mineras e hidroeléctricas, avalando el despojo de tierras a las comunidades rurales; promoviendo leyes para privatizar la propiedad de semillas e introduciendo organismos genéticamente modificados (OGMs); promoviendo Zonas de Empleo y Desarrollo Económico (ZEDEs)—que son en esencia enclaves de libre comercio dentro del país, con sus propias leyes y gobierno.

Como era previsible, los intereses de las élites económicas predominan al determinar las políticas nacionales, mientras que las familias campesinas y sus intereses son ampliamente ignorados. Los campesinos que buscan promover la agroecología o proteger su tierra y territorio no tienen espacio político.

Trágicamente esto incluyó a Berta Cáceres, defensora de los derechos indígenas, humanos y ambientales, y Coordinadora General del Consejo Cívico de Organizaciones Populares e Indígenas de Honduras (COPINH), quien fue asesinada el 3 de marzo del 2016.

Esta situación perpetúa la extrema pobreza y la debacle social del pueblo de Honduras. En el 2013, el 64.5 % de los hondureños vivían en la pobreza (2US$ por día), con el 36 % viviendo en extrema pobreza (1,25 US$ por día). En las áreas rurales, los niveles de extrema pobreza alcanzan el 50 %. Estos niveles de pobreza permaneces iguales desde el 2004. La inequidad de ingresos es extrema, incluso peor que en El Salvador, Guatemala o México.[8] En el 2015, la desnutrición crónica afectaba 23 % de los niños menores a los 5 años y era superior a 48 % en las áreas rurales vulnerables.[9] Al mismo tiempo, la obesidad causada por una alimentación insana es un problema creciente, con 46 % de los hondureños mayores a los 15 años clasificados como obesos o con sobrepeso en 2008.[10] Como las personas buscan sobrevivir, la inmigración hacia los Estados Unidos ha aumentado desde el 2000, y sus remesas representan 15.7 % de los US$ 3 billones de del PIB de Honduras en el 2012.[11]

RESPUESTA: Un Movimiento para la Agroecología

Crecimiento y Resiliencia

En este contexto tremendamente desafiante, el movimiento agroecológico iniciado por Don Elías Sánchez y muchos otros líderes continua buscando rutas para crecer y evolucionar. Campesinos y líderes de la sociedad civil que han sido testigos de las contribuciones económica, social, cultural y ambiental de la agroecología han tratado de expandir este gran potencial para construir un futuro más esperanzador para el país. Desde finales de 1970, muchas organizaciones campesinas y ONGs han apoyado el enfoque de Campesino a Campesino destacando la participación y liderazgo de los campesinos en todas las actividades de investigación y extensión. Las técnicas clave de sustentabilidad agrícola incluyen la conservación del suelo, labranza en hilera, manejo de residuos de cultivos, cultivos de cobertura, agrosilvicultura, plantación complementaria y uso de fertilizantes orgánicos. Al tiempo del Huracán Mitch en 1998, un estimado de 10,000 campesinos y promotores campesinos estaban utilizando manejos agroecológicos en sus granjas a lo largo de toda América Central. Aún así ellos representaban sólo una fracción de más de cuatro millones de campesinos de ladera en la región en ese momento.[12,13]

Después del Huracán Mitch, se realizó un estudio para mediar la resistencia y resiliencia de la agricultura sustentable a los desastres naturales en comparación a las prácticas convencionales.[14] Cuarenta organizaciones locales e internacionales que trabajan junto a comunidades agrícolas en Honduras, Nicaragua y Guatemala participaron. Formaron 96 equipos locales de investigación que compararon 902 parcelas agroecológicas contra la misma cantidad de parcelas convencionales.

Los resultados clave fueron:

1. Las parcelas cultivadas agroecológicamente tuvieron mejor resultado que las cultivadas convencionalmente en los principales indicadores de agricultura ecológica .
2. Las parcelas agroecológicas tuvieron 28-38% más de capa superficial de suelo (38% en Honduras).
3. Las parcelas agroecológicas tuvieron 3-15% más de humedad en el suelo (3% en Honduras).
4. La erosión del suelo fue de 2-3 veces mayor en las parcelas convencionales. Las parcelas agroecológicas sufrieron 58% menos de daño en Honduras, 70% menos en Nicaragua y 99% menos en Guatemala.
5. Algunos indicadores variaron significativamente entre países. Los derrumbes de tierra fueron de 2 a 3 veces más severos en granjas convencionales en comparación a las agroecológicas tanto en Honduras como en Guatemala, pero peor en granjas agroecológicas en Nicaragua.
6. Los métodos agroecológicos pueden no haber contribuido a la resiliencia cuando el daño se originó en laderas desprotegidas o en cuencas de aguas arriba. Hay una necesidad de trabajar al nivel de cuencas de agua amplias o de laderas enteras.
7. Algunas tierras, como empinadas laderas boscosas, simplemente pueden no ser aptas para la agricultura y los campesinos deberían ser provistos de acceso a tierras mejores y más apropiadas. En Honduras, sólo el 15% de la tierra se considera apropiada para cultivar, con la mayoría del resto de la tierra es más apta para la silvicultura.[15]

Estrategias de Abajo hacia Arriba, Indiferencia Gubernamental y Oposición

A pesar de esta clara evidencia de la efectividad de las granjas agroecológicas familiares después del Huracán Mitch, el gobierno de Honduras no aumentó su apoyo ni cambió sus desfavorables políticas. Sin embargo, las organizaciones de campesinos hondureños y ONGs, como también ONGs internacionales, continuaron apoyando varias estrategias para difundir la agricultura agroecológica y crear un movimiento más amplio. Las principales estrategias incluyeron:

Enseñar a los campesinos: El trabajo de Don Elías Sánchez y otras ONGs contribuyeron a la proliferación de granjas modelo, que funcionaron como Centros de Enseñanza de Agricultura Sostenible (CEAS). Granjas campesinas agroecológicas exitosas en el país manejan sus propias granjas como centros de formación y aprendizaje para aquellos interesados en la agroecología. Un grupo de 30 granjas formaron la RED-CEAS para colaborar en la promoción de este modelo y compartir enseñanzas.[16]

Redes de trabajo y Negociación: En 1995, numerosas organizaciones se juntaron para formar la *Asociación Nacional de Fomento de la Agricultura Ecológica* (ANAFAE). Actualmente la red está compuesta por 32 organizaciones campesinas, ONGs y escuelas secundarias. Juntas, estas organizaciones trabajan con alrededor de 20,000 familias campesinas en todo el país para fortalecer la producción agroecológica.

ANAFAE promueve el conocimiento compartido y la administración para extender la agroecología entre sus miembros y otros aliados a través de intercambios, conferencias, talleres e iniciativas conjuntas de investigación. También actúa como un espacio político para articular posiciones e influenciar a autoridades nacionales sobre temas relacionadas a la agricultura, la protección de la biodiversidad y las semillas, y a la soberanía alimentaria. Por ejemplo, durante las campañas presidenciales, los candidatos frecuentemente prometen iniciativas para crear millones de empleos, que luego nunca son creados. ANAFAE divulgó una investigación durante las recientes campañas demostrando que un sólido apoyo a difundir la agroecología puede fácilmente generar un millón de empleos en el país en cuatro años. En el peor de los casos, eso puede garantizar la sustentabilidad de la alimentación familiar.[17] A nivel municipal, ANAFAE y sus miembros han apoyado la elaboración de políticas públicas para promover la agroecología y regulaciones municipales para proteger los recursos naturales. ANAFAE también ha analizado y propuesto modificaciones de la Ley Nacional de Minería a una comisión del Congreso Nacional, porque la ley actual brinda a las compañías mineras concesiones sobre tierras de comunidades rurales.[18]

Organizaciones Campesinas: Como se mencionó previamente, Honduras tiene una larga historia de organizaciones y coaliciones campesinas, como la CNTC (*Central Nacional de Trabajadores del Campo*) y el COCOCH (*Consejo Coordinador de Organizaciones Campesinas de Honduras*), que han participado en la lucha por la reforma agraria y por los derechos a la tierra desde 1970. Rafael Alegría, uno de los líderes de estas organizaciones, también fue uno de los primeros líderes de *Vía Campesina*, un movimiento campesino internacional, y se convirtió en su Coordinador General de 1996 a 2004. En 1996, *Vía Campesina* determinó el concepto de "soberanía alimentaria" a nivel global y ha promovido cada vez más a la agroecología como uno de sus elementos fundamentales. Dado el contexto de Honduras, se requiere mucha lucha en relación al acceso a la tierra y la defensa del territorio contra la expansión de minas y represas hidroeléctricas, ante las crecientes intimidaciones y la muerte de docenas de líderes campesinos en áreas como el Valle de Aguán y entre las comunidades Lenca en los departamentos de Santa Bárbara e Intibucá.[i,19]

Programas Sustentados en la Comunidad: Algunas ONGs están apoyando los esfuerzos de las comunidades para fortaleces y difundir la agroecología. *Vecinos Honduras* es una de ellas, y también es una de las 32 organizaciones del ANAFAE.

El rol de Vecinos Honduras Apoyando la Agroecología Comunitaria

Los líderes campesinos y profesionales que han estado participando en el movimiento agroecológico en Honduras durante largo tiempo fundaron *Vecinos Honduras* en 2009. La organización creció a partir del trabajo previo de Vecinos Mundiales, organización internacional que cerró su programa en el país.

La principal estrategia del programa de *Vecinos Honduras* es fortalecer la capacidad de las organizaciones sustentadas por las comunidades para liderar los procesos de desarrollo local para que las personas puedan mejorar sus vidas. Mientras los programas enfatizan el cultivo sustentable y la soberanía

---

[i] Al menos 53 campesinos fueron reportados asesinados en el contexto del conflicto agrario en Aguán entre septiembre del 2009 y agosto del 2012.

alimentaria, también se centran en la salud de la comunidad, la participación ciudadana, el género, la juventud, la regeneración del ambiente, la resistencia al cambio climático y al manejo de riesgos.

Como Edwin Escoto ha descrito a *Vecinos*:

> "Empezamos el programa a través del diálogo con las comunidades, quienes generalmente nos piden apoyo. Luego, realizamos procesos de planificación participativa con ellos, para que juntos entender su realidad, identificar prioridades y desarrollar planes de acción iniciales. Basados en los desafíos prioritarios que los campesinos identificaron, facilitamos la experimentación agrícola junto con ellos. Generalmente, los promotores de los programas iniciales son campesinos agroecológicos experimentados y exitosos de otras comunidades. Los campesinos locales prueban algunas prácticas agroecológicas como: mejorar la conservación del suelo, uso de plantas cobertoras de suelo, abonos verdes y diversificación de cultivos, para mejorar sus estrategias agrícolas. La clave está en que los propios campesinos observen los resultados e idealmente identifiquen reconocibles resultados y beneficios. Luego de un año, mientras continúan aprendiendo e innovando, las organizaciones comunitarias seleccionan a los campesinos más motivados como promotores para enseñarles a otros, de Campesino a Campesino. Utilizan días de trabajo en el campo, invitan a la gente a visitar una granja exitosa, realizan intercambios educativos entre comunidades y también proporcionan asesoría directa y seguimiento a otros campesinos interesados en beneficiarse de más manejos agroecológicos".[21]

Organizaciones comunitarias, como la Asociación de Campesinos Experimentadores de San Antonio de Las Guarumas, se fortalecen para coordinar el trabajo que ellos hayan priorizado relacionado a la agricultura, la salud, y otras temáticas. *Vecinos Honduras* trabaja con los miembros de las comunidades para promover un masa crítica de campesinos que estén experimentando y adoptando las prácticas agroecológicas. Se supone que esta masa crítica de campesinos, involucrados en eficaces organizaciones locales, puede crear un efecto multiplicador para una mayor difusión de las prácticas agroecológicas entre familias y comunidades. Las organizaciones comunitarias están vinculadas a redes y movimientos más amplios, como ANAFAE, para abordar las causas originarias de la pobreza y la degradación ambiental, y crear políticas viables.

Testimonio Campesino

Olvin Omar Mendoza Colindres [20] *tiene 35 años y vive con su esposa Nancy Elizabeth Aguierre Lopez y sus dos hijos (de 11 y 5 años de edad) en Los Claveles #1, Azabache, Danlí, El Paraíso. El área está a 1,200 metros sobre el nivel del mar, de clima lluvioso y con una temperatura que va de 60 a 90 grados Fahrenheit, y es apropiada para sembrar café y otros cultivos. Olvin, Nancy y su familia participan en el programa Michael Newman Danlí de Vecinos Honduras.*

"Mi sueño es tener una familia sana y próspera. Nuestros desafíos han sido siempre producir suficiente cantidad de comida al año para nuestra familia, generar más ingresos y superar los bajos precios que los intermediarios nos pagan por el maíz, los frijoles y el café.

"Siento que estoy aprendiendo muchas cosas nuevas al participar en las actividades del programa. Mi principal actividad es trabajar en mi granja de café y continuar su diversificación. Yo solía utilizar químicos pero cambié al uso de productos naturales, que también representan menos costos en la producción. Ahora estoy haciendo composta de lombrices y lo estoy utilizando en mis plantas de café. Hemos diversificado mucho—además de café, ahora tenemos plátanos, bananos, aguacates, achiote, papaya, cedro, ciruelas, guamá, chiles, tomatillos, tomates, chícharos, apazote, apio, frijoles y maíz. Me siento feliz y bendecido por Dios. También estoy utilizando otros fertilizantes orgánicos que nosotros hacemos. Al mismo tiempo, bajamos el riesgo de envenenamiento por pesticidas. Dos años atrás me intoxiqué con Pirineta, que usábamos para controlar los gorgojos de los frijoles.

"En los últimos dos años, he podido producir suficiente maíz y frijoles para asegurar nuestra comida para el año. También pudimos obtener ingresos extras con la venta de productos agroecológicos, lo que nos ayudó a pagar deudas que teníamos por la producción agrícola. Pudimos también hacer mejoras en nuestra casa. Todavía necesitamos organizarnos para encontrar alternativas a la venta vía intermediarios quienes nos siguen pagando bajos precios.

"A través de este programa, he podido participar en los procesos de experimentación en mi propia granja. Ahora me he convertido en un campesino líder. Otros campesinos me buscan para que comparta mis conocimientos sobre el cultivo del café. Ya he compartido mi conocimiento con 14 campesinos del área. Mi esposa también ha estado participando de las actividades agrícolas, como también aprendiendo en talleres a cómo mejorar las relaciones familiares. Ahora ella enseña lo que aprendió sobre género y apoyo a la juventud en un grupo de mujeres de la comunidad, e incluso está actuando como promotora compartiendo su conocimiento con otras comunidades.

"Mis plantas de café están más sanas. Mi suelo tiene más materia orgánica y más habilidad para retener agua. Ahora hay una mayor diversidad de plantas. Tres años atrás, en un cuarto de *manzana* (.4 acres o .16 hectárea), cosechaba sólo 12 *quintales* (2,645 libras). El año pasado, después de dos años de utilizar estas prácticas agroecológicas, coseché 16 quintales (3,527 libras, 33% más). Espero hacer lo mismo este año. Antes, en nuestra comunidad muchas personas decían que estos entrenamientos eran una pérdida de tiempo, pero ahora la mayoría está aplicando las prácticas aprendidas. Ahora nosotros hemos creado una organización de productores y planeamos empezar a vender colectivamente nuestras cosechas. Creemos que es la única forma de mejorar nuestras condiciones de vida".

Olvin Mendoza chequeando las trampas para insectos en su granja agroecológica de café.
Foto de Edwin Escoto.

Mujer con la cosecha de mijo en el sur de Honduras. Foto de Christopher Sacco.

Además de mejorar sustancialmente la producción agrícola, haciendo énfasis en los granos básicos y la diversificación para mejorar la nutrición, otras actividades que a menudo motivan a los miembros de las comunidades son: grupos de ahorro y crédito; mejorar la infraestructura doméstica y comunitaria básica para el saneamiento, la higiene y la salud (letrinas, purificación de agua, mejorar los hornos, manejo de la basura, etc.); bancos locales de granos, y formación para el liderazgo de mujeres, hombres y jóvenes. "En *Vecinos* estamos poniendo más énfasis en trabajar con las comunidades para conectar mejor a los campesinos con los mercados locales", dijo Escoto.

> "Por ejemplo, usar la radio comunitaria y otras herramientas populares de comunicación para difundir la comprensión de agroecología campesina y el valor de comer alimentos tradicionales y locales que producen los campesinos. Creemos que hay una oportunidad importante para los jóvenes, muchos de los cuales no ven su futuro en sus comunidades. También estamos enfrentando una tremenda crisis de sequías en el sur de Honduras. Para abordar esto, estamos prestando más atención a la recolección de agua y manejo del agua en el contexto de la agroecología. Nosotros junto con otras seis ONGs y grupos de campesinos de la región somos parte de una red de educación para compartir lecciones y estrategias para enfrentar la sequía". [22]

Los resultados en el sur de Honduras

A pesar de ser marginadas, las familias de campesinos agrícolas siguen siendo vitales para la economía y la seguridad alimentaria de Honduras. Alrededor del 50 % de la población de 8 millones de habitantes de Honduras continua viviendo en áreas rurales. Pocos hondureños se dan cuenta que las familias productoras agrícolas producen 76 % de la comida consumida en el país—incluyendo los cultivos básicos de maíz y frijoles. En general, el sector agrícola emplea 37 % de la población activa y genera 14.3 % del Producto Interno Bruto (PBI).[23]

Algunos Resultado de los Programas de Vecinos Honduras

Aunque los programas de *Vecinos Honduras* aún son jóvenes, le permiten a las personas mejorar sosteniblemente sus vidas. Al final de 2015, *Vecinos Honduras* estaba apoyando seis programas, trabajando en 65 comunidades con más de 1,400 familias comprometidas y mejorando su bienestar (alrededor de 7,500 personas). Más de 880 campesinos (42 % mujeres) se involucraron especialmente en la experimentación agrícola y en aprendizajes Campesino a Campesino y están adoptando prácticas agroecológicas mejoradas. Estos campesinos están regenerando 980 hectáreas (2,421 acres) de tierra degradada. En un contexto de sequías crónicas, lograr la seguridad alimentaria a través del aumento de las pequeñas producciones es un objetivo a largo plazo. Evaluaciones iniciales muestran que 20 % de las familias involucradas han logrado su seguridad alimentaria a través de la producción de su granja (comida para un año), mientras que el 40 % produce lo suficiente para 8 meses y otros, 40% sólo produce lo suficiente para tres meses.

> "Hemos visto evidencias de mejoras en las relaciones de género y también de empoderamiento de la juventud" dice Escoto. "Esto incluye la reducción de violencia doméstica, distribuir las tareas domésticas entre hombres y mujeres, y aumento en el liderazgo femenino. Por ejemplo, 58 % de los miembros de las organizaciones comunitarias que se centran en actividades económicas son mujeres y jóvenes, quienes ocupan 41 % de las posiciones de liderazgo. Al mismo tiempo, vemos que en los puestos altos de toma de decisión a nivel comunitario, las mujeres todavía ocupan menos de 30 % de los mismo. Así que todavía hay mucho por hacer".[24]

Investigación Participativa Realizada por ANAFAE

En el 2013, ANAFAE colaboró con *Vecinos Honduras* y otros miembros de la red, que están trabajando en el corredor sur propenso a sequías, para estudiar el impacto de la agricultura agroecológica familiar en el área.[25] El estudio confirmó la gran importancia de la agricultura familiar para las personas en esa área y los superiores resultados de las estrategias agroecológicas de cultivo.

Al menos el 80 % de la comida consumida semanalmente por las familias rurales o semiurbanas en esa área es producida en sus granjas. Más de 50 % del ingreso promedio mensual de estas familias rurales, aproximadamente US$ 275, también proviene de la producción de sus granjas. El estudio demostró que los campesinos agroecológicos son cada vez más capaces de cubrir sus necesidades alimentarias y de resistir escasez alimentaria, en comparación a los campesinos convencionales o a familias urbanas de bajos ingresos. Según las familias rurales encuestadas, la agricultura agroecológica también produce reservas de alimentos más variados que la agricultura convencional. En términos de generación de empleos a nivel nacional, como se mencionó antes, ANAFAE determinó que si el gobierno apoyase seriamente la agricultura agroecológica, ésta podría generar el equivalente a un millón de empleos en el país en cuatro años.[26]

Un mecanismo efectivo que las comunidades rurales en el sur encontraron para aumentar el acceso a la comida frente a las recurrentes sequías y escasez de alimentos es establecer un banco o una reserva comunitaria de granos. Las familias con granjas agroecológicas generalmente tienen mejor salud, porque están menos expuestos a los agrotóxicos de los alimentos y tienen una dieta más variada y saludable, con un alto consumo de frutas y verduras. Los participantes de la encuesta también compartieron su perspectiva de que la agroecología se ejerce mejor como un proyecto familiar. Ésta requiere colaboración y puede contribuir a mejorar las relaciones de género y familiares, si se complementa con estrategias educativas y de reflexión. La agricultura agroecológica ha aumentado el interés de los jóvenes en sus granjas. En contraposición a las familias de agricultura convencional, muchos de esos jóvenes encuentran valor en heredar y administrar la granja familiar.

Un interesante hallazgo fue que las familias de agricultura agroecológica alcanzaron en promedio niveles educativos más altos, en comparación con los campesinos convencionales de sus propias comunidades, gracias a un aumento de la motivación y valoración de las oportunidades de desarrollo personal.

Testimonio Campesino

Juan Ángel Gutiérrez[27] tiene 38 años y su esposa Alba Luz tiene 36. Ellos tienen seis hijos de 18, 16, 14, 8, 2 años y 2 meses de edad. Ellos viven en la comunidad Caserío del Mal Paso, en San Antonio de las Guarumas, en el Valle Nacaome, en Honduras. El área se encuentra en el corredor seco del sur de Honduras, caracterizado por frecuentes sequías. Su comunidad está 70 metros sobre el nivel del mar, con ocho meses de temporada seca y temperatura entre 82-107 grados Fahrenheit. Juan, Alba Luz y su familia participan en el Programa Las Guarumas de Vecinos Honduras.

"Yo nací acá en Caserío del Mal Paso y crecí acá también. Desde que era chico he cultivado maíz y sorgo, utilizando técnicas convencionales. Dejé de usarlas porque vi el impacto negativo en el ambiente y en mi familia. Desde que empezamos a participar en estas actividades, mi familia cambió, a pesar de sólo estar involucrados hace pocos años. Toda la familia participa en las actividades agrícolas y estamos usando las prácticas agroecológicas que nos benefician a mi familia y a la comunidad. Ahora tenemos más alimentos que antes. Pero también estoy más ocupado trabajando la tierra ya que antes sólo cultivaba maíz y sorgo, y el resto del tiempo lo pasaba jugando al billar. Ahora también cultivamos frijoles, pepinos, yuca, papas y calabaza para consumo familiar. Estoy pensando, a largo plazo, en plantar árboles de frutas en nuestra granja. Estuve aprendiendo a hacer y utilizar composta orgánica y estudiando qué cultivos rinden mejor en estas condiciones secas. Hemos visto muchos cambios positivos. Tenemos un jardín familiar que está produciendo, una estufa mejorada que ahorra leña y una letrina".

"Acá tenemos actualmente el enorme desafío de la escasez de agua para beber, para uso doméstico y para regar los cultivos. Hemos tenido el gran desafío de producir suficiente comida para nuestra familia. Construimos un tanque con material reciclado para guardar agua de lluvia. Estamos tratando y administrando mejor la poco agua que tenemos. Pero también estuvimos participando con la organización comunitaria para aprender nuevas oportunidades de agroecología y salud".

"Pero también la comunicación y las relaciones al interior de mi familia mejoraron. Pienso que lo que más me enorgullece es la unidad de mi familia. Ahora tenemos más respeto y comunicación. Nuestros hijos participan de los grupos de jóvenes. Estamos diversificando nuestra producción y estamos colectando más agua y usándola mejor. Antes, nuestros hijos padecían constantemente infecciones respiratorias. Ahora nuestra salud es mejor y raramente nos enfermamos".

Finalmente, el estudio de ANAFAE muestra que, en respuesta a las leyes sancionadas que promueven a las empresas extractivas, está emergiendo un creciente movimiento social para proteger los derechos familiares y comunitarios a sus tierras y territorios. Los campesinos agroecológicos están conectados con otros actores sociales para defender sus derechos al territorio.

Lecciones Clave

El movimiento para expandir la agroecología y contribuir a la soberanía alimentaria se ha desarrollado en Honduras durante 40 años en circunstancias extremadamente desafiantes. Sin embargo, muchos campesinos están practicando la agroecología y múltiples organizaciones campesinas y ONGs, como también ONGs internaciones, están apoyándola. Los *Campesinos* siguen siendo responsables de la producción de la mayoría de los alimentos que Honduras consume. Si bien la evidencia documentada muestra que la agroecología ha sido resisliente y beneficiosa para aquellos que la practican, todos sus beneficios y potencial todavía son subestimados por la sociedad y negados o menospreciados por el gobierno. Al igual que cuando la destructiva fuerza del Huracán Mitch en 1998 expuso tanto el potencial como los límites de la agroecología, las políticas neoliberales desde 1980 y el deterioro legal desde el golpe de estado del 2009, han hecho a Honduras más vulnerable. Mayor apoyo a y la adopción de la agroecología puede mejorar la resiliencia al cambio climático, la sequía y los desastres naturales; mejorar el bienestar y la salud de millones de personas; generar empleo y contribuir a una sociedad más justa y democrática.

Se pueden extraer numerosas lecciones de la experiencia del movimiento agroecológico en Honduras. En primer lugar, la experimentación campesina y la educación Campesino a Campesino son claves para la expansión de la agroecología. Las primeras herramientas que los campesinos utilizan son sus propias tierras, sus conocimientos y sus propias palabras. Además, los campesinos agroecológicos primero producen alimentos para consumo personal y luego para vender e intercambiar el excedente.

En segundo lugar, las granjas agroecológicas son más resilientes al cambio climático y a los desastres naturales, pero la agroecología debe ser adoptada a través de amplias extensiones de tierra para reducir la vulnerabilidad. El sistemas de producción agroecológico aumenta la diversificación de las granjas como la dependencia de la biodiversidad para tener sistemas sanos de semillas locales. Esta diversidad genética es amenazada por la promoción de OGMs, que desplazan a la biodiversidad y crean dependencia del uso de insumos químicos inapropiados. La agricultura agroecológica también mejora el bienestar familiar y reducen las motivaciones de migración.

Edwin Escoto dice:

"La agroecología es realmente una forma de vida. Las experiencias agroecológicas más exitosas son no sólo las relacionadas a cambios en las práctica agrícolas, sino también las que están ligadas a un cambio en los valores de las personas. Para algunos campesinos, esto es un cambio de su visión del mundo. Puede existir un cambio de una perspectiva cortoplacista y extractiva a una a largo plazo y regenerativa. El desafío está en que le puede tomar varios años al campesino, que está haciendo esta transición, ver la totalidad de los beneficios. Vemos que para muchas personas, el compromiso con la agroecología incluye también un compromiso a nivel espiritual con el desarrollo personal, familiar y comunal. Es mucho más que algo técnico. Al ser la agroecología un proyecto familiar, vemos cómo también provee oportunidades para reflexionar—y actuar—mejorando las relaciones entre hombres, mujeres y jóvenes. Además vemos que muchos campesinos agroecológicos se convirtieron en líderes locales y en ciudadanos más comprometidos. Ellos están trabajando por comunidades más saludables. Ellos están trabajando por una sociedad más justa y democrática. Todas estas cosas están conectadas".[28]

Próximos pasos

Las políticas neoliberales del gobierno y agencias internacionales, que promueven la minería extractiva, las hidroeléctricas y los proyectos de monocultivo a gran escala, son una amenaza a los derechos de las familias campesinas a la tierra y a los territorios de los que dependen para vivir. Las alianzas entre organizaciones comunitarias, ONGs y organizaciones campesinas para defender sus derechos a la tierra y para cambiar estas políticas están creciendo. Las organizaciones en Honduras necesitan concientizar al público, a los consumidores y a los políticos sobre las realidades y los beneficios que brindan la agricultura familiar y la agroecología. La mayoría de los hondureños no se dan cuenta que aproximadamente 76 % de los alimentos que consume el país provienen de la agricultura campesina y que expandir la agricultura agroecológica puede producir más beneficios económicos, sociales, ambientales y culturales. También puede generar un significativo aumento del empleo y del ingreso de las familiar campesinas.

Incluso después de la clara evidencia de la efectividad de la agroecología en la secuela del Huracán Mitch, las organizaciones campesinas y ONGs no han tenido éxito en influenciar las políticas de gobierno. Esto limita seriamente el grado en que la agroecología puede expandirse, lo que lleva a más pobreza y vulnerabilidad. Políticas de apoyo, como también fortalecer la ley y la democracia, deben ser creadas para permitir que las estrategias y movimientos agroecológicos contribuyan plenamente para un futuro próspero para Honduras.

Referencia

1   Smith, Katie. 1994. *The Human Farm: A Tale of Changing Lives and Changing Lands*. West Hartford, CT: Kumarian Press.
2   Breslin, Patrick. 2008. "The Agricultural Gospel of Elías Sánchez." *Grassroots Development* 29/1. Accessed November 7, 2016. http://thegoodgarden.org/pdf/Don_Pedro.pdf.
3   Nelson, Melissa. 1998. "Hope Renewed in Honduras Mitch Teaches Lesson About Deforesting Land." *The Oklahoman*, December 16, 1998.
4   Boyer, Jefferson. 2010. "Food security, food sovereignty, and local challenges for transnational agrarian movements: the Honduras case." *The Journal of Peasant Studies*, 37(2010):323-4.
5   Holt-Giménez, Eric. 2001. "Measuring Farmers' Agro-ecological Resistance to Hurricane Mitch in Central America." *International Institute for Environment and Development, IIED*. Gatekeeper Series No. SA102.
6   Frank, Dana. 2013. "Hopeless in Honduras? The Election and the Future of Tegucigalpa." *Foreign Affairs*, November 22, 2013. Accessed November 7, 2016. https://www.foreignaffairs.com/articles/honduras/2013-11-22/hopeless-honduras.
7   United Nations Office on Drugs and Crime. 2013. "Global Study on Homicide." Vienna. Accessed November 7, 2016. http://www.unodc.org/documents/gsh/pdfs/2014_GLOBAL_HOMICIDE_BOOK_web.pdf.
8   Gao, George. 2014. "5 facts about Honduras and immigration." Pew Research Center, August 11, 2014. Accessed November 7, 2016. http://www.pewresearch.org/fact-tank/2014/08/11/5-facts-about-honduras-and-immigration/.
9   WFP Honduras. 2015. "WFP Honduras Brief." July 1-Sept. 30, 2015. Accessed November 7, 2016. http://documents.wfp.org/stellent/groups/public/documents/ep/wfp269059-6.pdf.
10 The World Bank. 2011. "Nutrition at a Glance: Honduras." Document 77172, April 1. Accessed November 7, 2016. http://documents.worldbank.org/curated/en/617431468037498125/pdf/771720BRI0Box000honduras0April02011.pdf.
11 Gao. "5 Facts." Op. Cit.
12 Holt-Giménez. "Measuring Farmers'." Op. cit.
13 World Neighbors. 2000. "Reasons for Resiliency: Toward a Sustainable Recovery after hurricane Mitch." *Lessons from the Field*.
14 Holt-Gimenez. "Measuring Farmers'." Op. Cit.

[15] World Neighbors. "Reasons for Resiliency." Op. Cit.

[16] Breslin. "The Agricultural Gospel." Op. Cit., 15.

[17] Espinoza, José Luis, Paola Sánchez, and Efraín Zelaya. 2013. "Fincas agroecológicas en el bosque seco de Honduras." Asociación Nacional para el Fomento de la Agricultura Ecológica, October.

[18] ANAFAE. "Violaciones DDHH En Proyectos Extractivistas en Honduras." Al Consejo de Derechos Humanos de Nacionades Unidades 19 Sesión Grupo de Trabajo EPU, 2-15. Accessed December 6, 2016. https://drive.google.com/file/d/0B1ZA8HzEPi6jbENfM0VpZ2s1S0U/view

[19] Kerssen, Tanya. 2013. *Grabbing Power: The New Struggles for Land, Food and Democracy in Northern Honduras,* 10. Oakland: Food First Books.

[20] Mendoza, Colindres, Olvin Omar. Interview, August 14, 2016.

[21] Escoto, Edwin. 2015. Internal Report to Groundswell International.

[22] Ibid.

[23] Espinoza et al. Op. Cit.

[24] Escoto, Op Cit.

[25] Escoto, Op Cit.

[26] Escoto, Op Cit.

[27] Gutierrez, Juan Ángel. Personal Interview, August 5, 2016.

[28] Escoto, Op. Cit.

[29] Holt-Giménez, Eric. 2001. "Midiendo la resistencia agroecológica contra el huracán Mitch." *Revista LEISA*, July v. 17:1, p. 7-10.

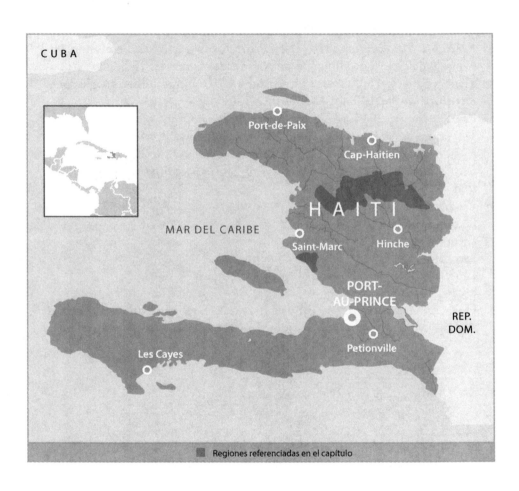

CUBA

Port-de-Paix

Cap-Haitien

H A I T I

MAR DEL CARIBE

Saint-Marc   Hinche

PORT-
AU-PRINCE

REP.
DOM.

Les Cayes   Petionville

Regiones referenciadas en el capítulo

CAPÍTULO 3

Un Fundamento para el Futuro de Haití: Asociaciones Campesinas y Agroecología

Cantave Jean Baptiste y Steve Brescia

Resumen: La Asociación de Desarrollo Local (PDL, siglas en francés) fortalece las organizaciones campesinas de abajo hacia arriba para crear la participación democrática y promueve la difusión de la agricultura agroecológica. En un contexto político de gobierno disfuncional y capacidad institucional extremadamente débil, esto contribuye a la creación de desarrollo descentralizado y a la regeneración de las tierras degradadas y la subsistencia rural. Este estudio enfatiza la importancia de las estructuras sociales locales para apoyar la expansión de la innovación agroecológica.

Contexto: Gobierno Inadecuado, Deforestación, y Migración Rural-Urbana

"Hace mucho tiempo, donde sea que veías un cocotero tenía una casa junto a él".

Jean Louis Valere, campesino y líder comunitario, mira a través de la árida y rocosa ladera de su comunidad Bois Neuf, en el Departamento del Norte de Haití. "La vida era realmente hermosa", dice. "Pero la gente se fue, principalmente porque la tierra no podía producir más, debido a la falta de árboles. Y ahora tenemos erosión del suelo. La gente tuvo que ir a las ciudades—ciudades de casas encima de casas. Pero si hubiera una mejora en la tierra, entonces la gente podría volver a construir de nuevo sus casas en las aldeas".

La declaración de Jean Louis refleja la vulnerabilidad de la población de Haití debido a una historia de extrema erosión del suelo y la degradación de los recursos naturales. Esa vulnerabilidad fue dramáticamente expuesta el 12 de enero de 2010, cuando, en cuestión de minutos, un terremoto de magnitud 7.3 sacudió al país. Las destruidas "casas sobre casas" en la capital de Port-au-Prince y las ciudades circundantes, atestadas con inmigrantes procedentes de las comunidades rurales, colapsaron matando a más de 220,000 personas e hiriendo a otras 300,000.

Si Haití va a crear un futuro más resiliente y esperanzador, debe hacerlo en una base reconstruida de prósperas comunidades locales. La tierra y los medios de subsistencia rurales se deben regenerar y restaurar, y se debe invertir el flujo histórico de personas y recursos a Port-au-Prince. Después del terremoto, *Partenariat pour le Développement Local* (PDL, Asociación para el Desarrollo Local), una organización no gubernamental (ONG) de Haití, asociada con la organización internacional Groundswell Internacional, se comprometió de nuevo con una visión y un plan para trabajar con comunidades rurales para construir esta alternativa.

El terremoto de 2010 fue sólo el último y más devastador desastre para exponer la vulnerabilidad de Haití y agravar su ya profunda pobreza. Después de la independencia de Haití en 1804, el legado de la esclavitud y del dominio colonial, combinado con la manipulación internacional y una larga cadena de gobiernos corruptos y represivos, transformó lo que fue una vez la exuberante "Perla de las Antillas" en una tierra 98 % deforestada. Desde la época del colonialismo, los gobiernos han funcionado principalmente para extraer recursos en lugar de promover el desarrollo. Hoy, las instituciones gubernamentales y los procesos democráticos continúan siendo horriblemente débiles, las comunidades rurales reciben casi ningún apoyo estatal eficaz. Las inundaciones, huracanes y sequías acosan al país regularmente. Desde mucho antes y después del terremoto, demasiados programas de desarrollo, tanto grandes como pequeños, han fallado en generar resultados duraderos. Muchos han contribuido a una mayor dependencia.

Una Respuesta Estratégica: Fortalecimiento de la Agencia de Asociaciones Campesinas

"El PDL trabaja primero para fortalecer la capacidad y la acción de familias campesinas y asociaciones campesinas para gestionar sus propios procesos de desarrollo, de manera que no dependan de programas externos", dice Cantave Jean-Baptiste, director ejecutivo del PDL. "Queremos que las asociaciones campesinas sean capaces de decir 'no somos recipientes vacíos esperando ser

Cantave Jean-Baptiste reunión con miembros de gwoupman en el campo haitiano
Foto de Steve Brescia.

llenados de limosnas. Somos actores. Somos seres humanos. Tenemos capacidad. Aquí está lo que hemos hecho y esto es lo que planeamos hacer en el futuro'. Entonces, esto implica un proceso de renovación constante y la ampliación de la base de liderazgo local entre las mujeres, hombres y jóvenes. Implica el fortalecimiento de sanas estructuras organizativas democráticas desde abajo hacia arriba. Estas asociaciones campesinas, entonces, trabajan para expandir la agricultura agroecológica, fortalecer los medios de subsistencia de las familias, construir economías locales y promover la salud de la comunidad".[1]

PDL inicia el trabajo con comunidades rurales, comenzando con un análisis de las organizaciones comunitarias existentes. En muchos casos, estas organizaciones comunitarias operan principalmente para canalizar donaciones de beneficencia con el poder concentrado en las manos de uno o dos "hombres poderosos". Una vez que entienden el punto de partida, los miembros del PDL utilizan métodos participativos que involucran una gran representación de los miembros de la comunidad para facilitar un análisis crítico compartido de los bienes comunitarios y para diagnosticar problemas prioritarios, así como oportunidades viables y accesible para mejorar el bienestar. Basado en el análisis de las propias comunidades, PDL fomenta una estructura organizativa para la acción cooperativa de abajo hacia arriba. Esto se realiza en tres niveles organizativos:

1. *Gwoupman* son grupos de solidaridad de 8-15 hombres y mujeres, basados en la acción, confianza y reciprocidad colectiva. Cada

gwoupman moviliza sus propios recursos en un pequeño fondo de ahorro y crédito mixto llamado *zepoul*, que significa literalmente "huevo de gallina" en Creole Haitiano. En lugar de "consumir el huevo", los miembros trabajan juntos para invertir este fondo inicial en el desarrollo de la agricultura sostenible y las actividades económicas para multiplicarlo de manera que mejore sus vidas. En el proceso, la base de liderazgo se amplía mientras miembros adquieren nuevos conocimientos prácticos y organizativos. Como se describe en el testimonio campesino en el siguiente cuadro, la membresía en el gwoupman no sólo es económicamente y prácticamente beneficiosa para los miembros de la comunidad, sino también puede inculcar el sentido de orgullo y de liderazgo.

2. ***Blocks*** son comités a nivel aldea que vinculan 3-5 *gwoupman* en una comunidad. Coordinan las actividades entre *gwoupman*, tales como la promoción de la agricultura sostenible, fondos de ahorro y crédito e iniciativas de salud comunitaria.

3. **Comités de Coordinación Central** (KKS en Criollo) vinculan y coordinan las actividades entre 10-25 aldeas y son dirigidos por líderes emergentes elegidos regularmente de los *gwoupman* y de los niveles de comunidad.

Estos bloques organizacionales conforman **asociaciones campesinas**, organizaciones entre aldeas que suelen tener de 800 a más de 2,000 miembros cada una, representando una población de 6,000-10,000 habitantes. Tienen nombres como el *Sindicato de Campesinos Gwoupman para el Desarrollo de San Yago.* Las Asociaciones Campesinas celebrar asambleas anuales para planificar y evaluar sus actividades, reportar sobre recursos de movilización comunitaria (fondos de ahorro y crédito, bancos de semillas, etc.) y eligen democráticamente a los líderes.

Trabajando juntos en asociaciones entre aldeas, las personas están mejor preparadas para hacer frente a las necesidades que van más allá de la capacidad de cada una de las familias (esto es, prevenir el cólera, generar ahorros y crédito, evitar la erosión del suelo, promover la reforestación, controlar el libre pastoreo de animales, negociar las relaciones productivas con otros actores, etc.). Conforme al crecimiento de las capacidades y los intereses de las asociaciones campesinas, PDL adapta sus funciones de apoyo. En general, las asociaciones de campesinos son capaces de funcionar con alto nivel de capacidad autónoma después de cinco a siete años de funcionamiento.

Testimonio de un Campesino:

Silmène Veillard, Madre, Jefe de Hogar, y Campesina, Saint Raphael, Haití.

"En el año 2011, comenzamos a colaborar con la Asociación para el Desarrollo Local (*Partenariat pour le Developpement Local*, PDL, siglas en francés) para desarrollar nuestra organización local. Ahora la llamamos la Unión de Campesinos para el Desarrollo de Gwoupman Mathurin (IGPDM, Creole Haitiano). En IGPDM, nosotros, como campesinos, nos podemos organizar, compartir conocimientos e ideas, y trabajar juntos para hacer cambios positivos.

"Empecé por probar algunas técnicas de cultivo fácil y asequible. Gradualmente, mi finca comenzó a mejorar. ¡Ahora mi jardín es hermoso! Produce mucho más y siento que ya sé cómo trabajar la tierra mejor. Soy capaz de alimentar a mis hijos bien cada día. Después de participar en algunos entrenamientos y de aplicar prácticas de agricultura sostenible en mi propia tierra, me convertí en una Voluntario Agrícola. Ahora, ofrezco mis servicios a los otros miembros de la comunidad sobre cómo preparar mejor sus con prácticas productivas sostenibles.

"Pudimos cavar una letrina y también tenemos un filtro de agua para tratar el agua potable, de modo que nos enfermamos menos. Esto ha sido importante para prevenir el cólera en esta área.

"En septiembre de 2014, presté de nuestro grupo de ahorro y crédito de mujeres 2,500 gourdes (alrededor de US$39) para comprar una nueva cabra. La cabra ha producido 10 crías de cuatro partos y he vendido varias para ingreso. Actualmente tengo siete cabras, tres vacas, tres cerdos y 10 pollos. Compré las vacas con las ganancias de la venta de mis cultivos. He podido ahorrar 1,300 gourdes (alrededor de US$20), que es más de lo que antes he sido capaz de ahorrar. También soy miembro de la asociación de voluntarios agrícolas, juntos pudimos pedir dinero prestado para comprar un arado para vender servicios de arado a otros.

"Ahora puedo enviar a mis tres hijos, dos niños y una niña, a la escuela. Muchas otras personas en nuestra comunidad están trabajando para enviar a sus hijos a la escuela. He sido miembro de IGPDM durante más de cinco años. Cada vez que voy a una reunión, estoy orgullosa de ser miembro del *gwoupman*. Siento que ahora tengo más valor en la comunidad. . . La gente me llama, si tienen un problema, o si tiene que tomar una decisión.

"Como organización, estamos trabajando hacia nuestra visión y hemos logrado muchas cosas juntos. Hemos comprado tierras, construido un edificio para nuestra organización y mejorado nuestras carreteras que son difíciles de pasar en la temporada de lluvias, estamos estableciendo un fondo de ahorro y crédito para servir a la comunidad y establecer una empresa cooperativa. Estos logros tienen una gran importancia para todos nosotros en la comunidad, incluso para aquellos que no son todavía miembros de la *gwoupman*. IGPDM está abierto a colaborar con todos, sin discriminación alguna. Cualquiera puede acceder al crédito, semillas y entrenamientos o participar en otras actividades si así lo deciden. Como ciudadanos, incluso estamos trabajando juntos para reunirnos con el Alcalde de Saint Raphael para abogar por mejorar las carreteras en nuestra región que son apenas transitables en la temporada de lluvias".

Entrevista con Cantave Jean-Baptise, 7 de Julio de 2016.[2]

Silmène Veillard en su granja. Foto de Jean-Cantave Baptiste

El Crecimiento de Asociaciones Campesinas

PDL comenzó trabajando con organizaciones campesinas en 2009, pero los frutos de su trabajo realmente despegaron en el 2012. Desde octubre de 2012 hasta junio de 2014, el número de asociaciones campesinas creció de 12 a 17, con una expansión de miembros global de 14,600 a 24,580 miembros—un aumento de 68 %.

TABLA 1: Desarrollo Organizativo de las Asociaciones de Campesinas

Crecimiento en Miembros	Total (abril 2012)	Total (junio 2013)	Total (junio 2014)
Nº de miembros	14,600	19,901	24,580
Nº de miembros femeninos	*Desglose por sexos no disponible*	10,866 (55%)	13,994 (57%)
Nº de miembros masculinos	*Desglose por sexos no disponible*	9,035 (45%)	11,091 (43%)
Nº de *Gwoupman* formados	956	1,296	1,548
Nº de Comités de barrio formados (coordinación por aldea)	128	169	203
Nº de Asociaciones Campesinas (coordinación entre aldeas)	12	14	17

El PDL trabaja dentro de un territorio común (ver mapa). Esto facilita la comunicación y reduce los costos y el tiempo asociados con el intercambio de visitas, aprendizaje y coordinación. De las 17 asociaciones campesinas cada una representa una Sección Comunal diferente (la unidad administrativa más pequeña en Haití) y están presentes en cuatro de los nueve departamentos de Haití. Este territorio contiene diversas zonas agroecológicas (desde las laderas de las montañas a las tierras llanas), diferentes dinámicas de tenencia de la tierra y relaciones con los mercados locales.

Estrategias para Fortalecer y Expandir la Agricultura Agroecológica

Haití se caracteriza por una virtual ausencia de servicios gubernamentales de extensión. En su lugar, programas a gran escala del gobierno y de donantes internacionales intermitentemente realizan proyectos y servicios en el campo con escasa coordinación. Sus enfoques a menudo socavan, en lugar de fortalecer, la subsistencia de la agricultura familiar y la agroecología. Los campesinos han tenido que auto-organizarse para gestionar sus propias innovaciones agrícolas y programas de extensión.

"Las Asociaciones Campesinas establecen comités dentro y a través de aldeas para coordinar las pruebas y la expansión de las prácticas agrícolas sostenibles", dice el director de PDL Cantave Jean-Baptiste. "Así es como ellos son capaces de regenerar las fincas, mejorar y diversificar la producción. Coordinando con estas estructuras organizativas comunitarias, es posible organizar entrenamiento práctico y sesiones de intercambio de información a través de muchas familias en un municipio, o entre 10 a 20 aldeas simultáneamente. Por ejemplo, los campesinos se reúnen en una finca campesina para aprender a marcar las curvas de nivel para construir barreras de conservación de suelos utilizando el 'aparato A'. O aprenden a seleccionar las semillas de maíz para mejorar la calidad de variedades de semillas locales. Luego regresan a sus propias fincas y comunidades para probar estas mismas ideas y ver cómo funcionan. Ellos las adoptan a las condiciones locales. Algunos toman responsabilidad como promotores agrícolas voluntarios para compartir técnicas exitosas con otros campesinos. Así es cómo la capacidad organizativa de las asociaciones de campesinos locales está directamente vinculada a la propagación de la agroecología. Para que la agroecología se expanda, las asociaciones campesinas deben hacer el trabajo. Esta es la dinámica de una asociación campesina, a través de 10 a 20 aldeas. Puedes multiplicar esto a través de las 17 asociaciones campesinas con las que trabajamos".[3]

Mientras que la mayoría de los campesinos en Haití no están familiarizados con el término "agroecología", PDL ha trabajado con ellos para desarrollar sus principios y una "canasta-conjunto" de prácticas efectivas apropiadas para el contexto local. El principio agroecológico primordial es crear un equilibrio a largo plazo entre los sistemas de producción de minifundio, la fertilidad del suelo, la conservación y los recursos naturales. Estas estrategias de cultivo se construyen sobre el conocimiento y prácticas existentes (por ejemplo, la cualidad de variedades locales de cultivo, la diversificación y el ahorro de semillas), además de promover cambios importantes en las prácticas agrícolas existentes (por ejemplo, detener la práctica tradicional de "tala y quema" y la introducción de la conservación del suelo). Como alternativas, los campesinos prueban y promueven una combinación de técnicas agroecológicas que abordan cinco cuestiones principales: el control de la erosión de los suelos; el aumento de la materia orgánica del suelo y la fertilidad; mejorar el acceso a y la gestión de mejores semillas; mejor manejo y diversidad de los cultivos agrícolas (cultivo mixto, rotación y el óptimo espaciamiento de siembras); y mejor mantenimiento de parcelas (p. ej., a través de la oportuna escarda-arrancar hierbas nocivas, control de plagas y

Franjas *Chouk:* Los campesinos llaman al sistema de cultivo particularmente diverso granjas *chouk* (enraizadas). En lugar de simplemente plantar maíz, siembran una variedad de cultivos, incluyendo los cultivos de raíces, tubérculos y una gran variedad de árboles. Los campesinos diseñan los sistemas *chouk* para aumentar su seguridad alimentaria a lo largo de todo el año y se vuelven más resilientes a la sequía. Por ejemplo, los granos pueden ser cosechados después de dos meses y se almacenan. La papas puede ser cosechada en 2.5 meses y hasta cinco o seis meses. La yuca puede ser cosechada entre 12-24 meses después de la siembra y es especialmente resiliente a la sequía. Los bananos producen durante todo el año. Los árboles de papaya producen fruta después de un año, mientras que el mango requiere de cinco a seis años. Los *chouks* mejorados se sustentan en prácticas tradicionales que han sido desplazadas por los "modernos" sistemas de monocultivo.

Los campesinos en Haití desarrollan parcelas muy diversificadas para la cosecha de cultivos alimentarios durante todo el año, como este granjero en su chouk. Foto de Ben Depp

Konbit: *"Juntos, un grupo puede arar toda esta tierra en una mañana. Trabajando solo, podría tomarle a una persona un mes. . . Antes de PDL, cada uno de nosotros trabajábamos solos. . . El entrenamiento es la herramienta más importante para permitir que la gente trabaje junta. Hay una gran diferencia. Las personas son capaces de realizar más trabajo y tambien producen más. . . Todas estas barreras de contención para la conservación de suelos fueron construidas por los miembros del grupo para proteger el suelo. . . A lo largo de Bois Neuf, parece que todos quiere convertirse en un miembro del grupo. Una vez que todos quiere participar, en tres años, casi todos los campesinos de Bois Neuf podría utilizar conservación del suelo".-* Jean Louis Valere, Bois Neuf, 2014

enfermedades locales, etc.). Las prácticas han permitido que los campesinos desarrollen sistemas agrícolas que son más productivos y también son más resilientes a las perturbaciones como sequías, lluvias torrenciales, alzas de precio y precipitación imprevisible debido al cambio climático. Algunos piensan que Haití ahora tiene dos estaciones: la sequía y los huracanes.

Las Asociaciones Campesinas reconocen a los "campesinos modelo" quienes adoptan un amplio conjunto de principios y prácticas agroecológicas y a los "voluntarios agrícolas" quienes proveen asesoría de Campesino a Campesino y apoyo a otros. Los campesinos en cada asociación definen sus propios criterios de lo que significa ser un campesino modelo. Por ejemplo, la asociación de campesinos de la aldea de *Sans Souci* ha decidido que un campesino modelo tiene que "hacer que la tierra hable". En la aldea de *Baille*, un campesino modelo debe practicar la conservación de los suelos; instalar cinco estructuras anti-erosivas en cada 0.25 *carreau*[i] de tierras; cultivar una amplia variedad de alimentos, tales como la yuca dulce, yuca, gandules, papa, ñame, jengibre, caña de azúcar, maíz, frijoles, plátanos, colocasia, raíces, etc.; producir suficiente o generar ingresos suficientes para tener seguridad alimentaria; y plantar árboles frutales y forestales en su granja para alimentos, forrajes, leña y construcción.

A menudo los rápidos y reconocibles éxitos del primer grupo de campesinos innovadores rápidamente son evidente a otros miembros de la comunidad, quienes son motivados a adoptar las mismas técnicas. Los voluntarios agrícolas apoyan a otros campesinos interesados a adoptar las técnicas más beneficiosas, incluyendo aquellos que no son miembros de las asociaciones de campesinos.

Los campesinos pueden tardar de uno a tres años para ver el pleno y sostenible beneficio de la transición a la agricultura agroecológica. Para apoyar esta transición y, además, animar a los campesinos, PDL trabaja con las asociaciones campesinas para desarrollar y realizar actividades complementarias.

Estas incluyen: los grupos de ahorro y crédito (acceso a crédito para herramientas básicas, mano de obra y otros insumos locales); bancos de semillas (para tener acceso a semillas de calidad); bancos de almacenamiento de granos (para almacenar el grano después de la cosecha para mejorar el acceso a los alimentos en los meses posteriores, o recibir un mejor precio al vender); el grupo de actividades generadoras de ingresos (incluidas las de la mujer en el comercio local y la comercialización de los productos agrícolas); *ti boutiks*, o almacenes de productos básicos administrados por la comunidad; e iniciativas de salud comunitaria. La práctica tradicional de trabajo colectivo *konbits* se ha rejuvenecido para movilizar la mano de obra necesaria para la conservación de suelos y otras actividades.

---

[i] Un *carreau* es una medida de la tierra haitiana equivalen al 3,18 acres ó 1,29 hectáreas.

Resultados de las Estrategias para Expandir la Agroecología

En 2014, un estudio realizado en la región reveló amplias repercusiones de la labor de la PDL y las asociaciones de campesinos. Desde 2009 hasta 2014, más de 20,545 campesinos han aprendido mejores prácticas de agricultura agroecológica. La tabla 2 resume algunos de los resultados de la expansión de prácticas agroecológicas.

A fin de diversificar las estrategias de subsistencia y en respuesta al acceso limitado a la tierra, la mayoría de los campesinos haitianos utilizan varias parcelas. En promedio, los *campesinos modelo* y *los voluntarios agrícolas* aplicaron técnicas agroecológicas mejoradas en dos de tres de sus parcelas, mientras que la mayoría de los demás miembros *gwoupman* han aplicado técnicas

TABLA 2: Resultados Seleccionados de la Propagación de Agroecología de Campesino a Campesino

Extensión Agroecológica	Totales Acumulados		
	Abril 2012	**Abril 2013**	**Abril 2014**
Los campesinos aprenden y practican la agroecología	7,039	10,409	20,545
Los campesinos modelo (CM) activos	0	5,617	11,510
Voluntarios agrícolas (VA) formados	116	362	646
Las semillas distribuidas (toneladas métricas) a través de los bancos de semillas administrados por la comunidad	0	75	150
Campesinos que reciben semillas de bancos de semillas administrados por la comunidad	2,388	6,466	7,243
Plantones de árboles de viveros administrados por la comunidad sembrados en granjas	213,790	328,702	467,874
Las parcelas protegidas por prácticas agroecológicas *	0	4,119	6,875
Cantidad de hectáreas (acres) mejorado por prácticas agroecológicas			678 hectáreas (1,676 acres)

* Parcelas promedio de 0.10 hectáreas en tamaño (aproximadamente 0,25 acres).

Fuente : Conseils, formación, vigilancia en développement (CFM). *Evaluación de estrategias para escalar PDL agro-ecológicas alternativas agrícolas*, 12 de noviembre de 2014.

agroecológicas en una de tres de sus parcelas. En muchas comunidades, los campesinos que no son miembros de las asociaciones campesinas también han adoptado técnicas agroecológicas después de observar su eficacia.

Se estima que 20 a 30 % de todas las parcelas dentro de las 17 Secciones Comunales han adoptado una combinación de técnicas agroecológicas. La meta de PDL es alcanzar una masa crítica de 40 % de adopción. De esta masa crítica se extenderá posteriormente a más campesinos y se convertirá en la norma a través de mecanismos de aprendizaje informal, sin la necesidad de estructurar la expansión. Después de cinco años de trabajo, PDL y las 17 asociaciones campesinas han alcanzado aproximadamente la mitad del camino para lograr este objetivo.

Por qué los Campesinos Valoran la Agroecología

Los campesinos valoran los manejos agroecológicos por numerosas razones: ayudan a aumentar tanto la cosecha como la producción de forraje; conservan y retienen el agua (a través de pajote y el aumento de la materia orgánica del suelo); y son más resilientes y productivas durante las sequías. A partir de 2013 a 2014, los campesinos informaron que a pesar de las condiciones de sequía los rendimientos de los cultivos aumentaron, especialmente de los frijoles: el 17 % en *Mathurin (Saint Raphael)*, en 22 % en *Sans Souci (Mombin Crochu)*, y 70 % en *Ivoire (Arcahaie)*. Los rendimientos de maíz también aumentaron debido a la conservación del suelo, el mejoramiento del suelo, mejorar el manejo de la densidad de plantas y mejorar la calidad de las semillas.

Los evaluadores han observado la restauración de terrenos degradados en todas las comunidades. La práctica de roza y quema ha disminuido considerablemente, y la mayoría de los campesinos afirman que ahora tienen mayor reconocimiento de la importancia de la materia orgánica del suelo. Los campesinos con parcelas agroecológicas, incluyendo campesinos modelo, informaron aumento de la producción de alimentos y tener seguridad alimentaria durante todo el año. Algunos produjeron excedente para vender en los mercados locales. Un aumento de los ingresos procedentes de actividades económicas complementarias, apoyados por fondos de ahorro y crédito, también ha mejorado el acceso a los alimentos de muchos hogares.

Actividades para aumentar la conciencia de la importancia de la nutrición han impulsado un cambio en las prácticas domésticas. Las familias están comiendo dietas más sanas de alimentos más nutritivos cultivados localmente en las parcelas campesinas, especialmente los vegetales de hojas verdes. Tales alimentos son más accesibles y asequibles.

La evaluación de 2014 también reveló importantes beneficios sociales que son menos tangibles. Se fortaleció la confianza personal y la solidaridad en el seno de las familias y entre los miembros, reduciendo ciertos tabúes tradicionales o mitos que generan desconfianza. Según un miembro de *Sans Souci*, "Uno puede descansar y dedicarse a sus actividades, independientemente de la hora del día o de la noche. No tengo que preocuparme en impedir el robo como tampoco de mi seguridad personal".[5] Ha habido un fuerte resurgimiento de grupos de trabajo (*konbit tradicional*). Los miembros informan que tienen mayor autoestima y confianza en sí mismos al presentarse en público y tienen mayor capacidad para negociar de manera constructiva con el gobierno, las comunidades vecinas, grupos sociales urbanos y empresarios privados.

Testimonio Campesino: Roland Moncette,[6] Saint Raphael

"Mi nombre es Roland, vivo en la zona rural de Haití, en San Rafael sección comunal de San Yago. Yo solía ir a buscar trabajo en la República Dominicana, pero ya no lo hago. Mi granja está mucho mejor y considero que ha habido un cambio en mi vida debido a la labor de nuestra asociación campesina.

"Antes, cuando tenía cabras estaba obligado a venderlas a bajo precio antes del inicio de la escuela. Ahora, gracias al préstamo que me concede mi organización comunitaria, la Unión de Campesinos *Gwoupman* para el desarrollo de San Yago, (IGPDS, en creole haitiano), puedo pedir dinero prestado para la escuela y dejar las cabras para mantener la reproducción así que puedo ganar más. Con el aumento del rendimiento en mi granja, también pude comprar algunos terrenos y cabras. He empezado a construir una pequeña casa para vivir, y tengo más de 10.000 gourdes (US$150) en mi cuenta. Este año y el próximo, yo ni siquiera necesitaré préstamos semillas de nuestro banco comunal de semillas porque tengo los medios para comprarlas y también he guardado las semillas para la siembra. Alguien podrá acceder a las semillas que yo habría prestado.

"Verdaderamente, es la organización comunitaria quien facilita todas las actividades. PDL nos ha apoyado con importantes conocimientos, entrenamientos y el fortalecimiento de nuestra organización para ayudarnos a crear IGPDS. Si IGPDS no existiera, estas actividades no serían posibles. IGPDS nos ha permitido construir relaciones entre nosotros e involucrar a más personas de nuestra comunidad. Ahora veo la vida de manera diferente porque he llegado a entender que yo debo ayudar a otros en la medida en que soy capaz. En IGPDS hemos creado un calendario cuando todos trabajamos juntos en cada una de las granjas de otros (*konbit*). Existe mayor conciencia acerca de la degradación ambiental y los miembros de la organización animan a otros para proteger su medio.

"Ahora más gente me pide mi opinión especialmente sobre la agricultura y les doy consejos sobre cómo preparar y mejorar sus granjas. Cuando esto sucede, me siento importante. Hace mucho tiempo, los jóvenes y las mujeres no estaban tan comprometidos, pero ahora desempeñan todos los roles. Hemos aprendido acerca de nuestros derechos. Sé que tenemos derecho a comer, a tener acceso a la educación y a la salud. Ahora sentimos que los derechos de las mujeres y los niños son más respetados.

"Quienes dirigen las organizaciones son respetados y serios, y muchas personas confían en la organización debido a esto. Nuestra organización está comenzando a tener una voz creciente en la comunidad. Estoy comprometido en la lucha para que esta comunidad avance y para que ofrezca más servicios. Gracias a IGPDS y al apoyo de PDL, todos han llegado a un acuerdo de trabajar juntos. Ahora estamos luchando juntos para cambiar las condiciones de vida de nuestros miembros y para que más personas tengan acceso a semillas y tengamos mejores planes para nuestras granjas. Gracias al acceso a las semillas locales y préstamos comunitarios, más personas han llegado a nuestra zona. Ahora, si un día me quejo de hambre, ¡será a causa de mi propia negligencia!"

Crear y Habilitar un Contexto Propicio: Expansión Vertical

Haití es un contexto profundamente desafiante para el desarrollo rural efectivo. La capacidad institucional y la legitimidad del gobierno haitiano permanece extremadamente débil. Debido a los conflictos políticos y los problemas con la administración electoral, Haití no ha tenido un parlamento electo ni funcionarios de gobierno local funcionando plenamente desde 2010. No obstante, PDL y Groundswell International han proporcionado formación en participación cívica y derechos humanos, ayudando a involucrar a ONG y organismos internacionales de financiamiento para crear una agenda común de promoción para crear una agricultura y un sistema alimentario saludables en el norte de Haití.

Rentabilidad: Organización de Abajo hacia Arriba contra Proyectos Típicos de Desarrollo

El proceso creado por PDL para fortalecer asociaciones campesinas para expandir la agroecología y estrategias de desarrollo rural es mucho más rentable y eficiente, y genera impactos más duraderos que muchos programas a gran escala del gobierno y agencias de ayuda internacional. La fuerte capacidad organizativa y la gestión de las asociaciones campesinas les permite conducir eficazmente en procesos de desarrollo comunitario para mejorar el capital humano y social. También en el modelo de PDL, los campesinos deciden adoptar y mantener prácticas mejoradas, tales como la conservación del suelo y del agua, porque beneficia a sus familias. Esto contrasta con muchos proyectos de desarrollo, en los que lo único que motiva a los campesinos son los regalos y las subvenciones. Por último, los campesinos involucrados en este proceso manejan recursos locales complementarios, tales como ahorro rotativo y fondos de crédito, bancos de semillas y el trabajo colectivo.

Los datos disponibles revelan un impresionante análisis costo-beneficio de la inversión en asociaciones campesinas para expandir la agroecología y otras prácticas positivas. El presupuesto total el PDL durante el quinquenio de 2009 a 2014 fue de aproximadamente US$ 3,121,000, un promedio de US$ 624,200 por año.[ii] En base a estas cifras, la siguiente tabla muestra los costos de algunos beneficios clave por año y en cinco años.

Un interesante punto de comparación es el programa WINNER (Iniciativa Cuenca para Recursos Naturales Nacionales, siglas en inglés) de US$ 129 millones de dólares; programa lanzado al mismo tiempo, en 2009, la USAID.[iii] WINNER ha sido implementado en Haití por Chemonics International, un contratista con fines de lucro. En 2013, Oxfam América, como parte de su labor para evaluar la eficacia de la ayuda, produjo un análisis crítico del programa WINNER.

Las estrategias clave del programa WINNER incluyen establecer almacenes de insumos agrícolas para los campesinos y la capacitación de los campesinos sobre las mejores prácticas de producción. Esto evidencia el programa

---

[ii] Estas estimaciones de costo son realmente altas, pues el programa del PDL es holístico. En la tabla el presupuesto total se divide para cada actividad, no separa la cantidad específica del presupuesto por actividad. Además, este mismo presupuesto total también ha apoyado otras actividades no indicadas aquí, tales como el mejoramiento de la salud de la comunidad en colaboración con las asociaciones de campesinos para incrementar la cantidad de letrinas, filtros de agua y sistemas de purificación y fomentar la educación para la salud, PDL y las comunidades han tenido un impacto importante en la prevención de la propagación del cólera en el área desde su brote de 2010.

[iii] El programa es parte del programa gubernamental estadounidense "Alimentar el Futuro", programa global de US$3,5 millones para el desarrollo agrícola como respuesta a la crisis alimentaria de 2008-2009.

TABLA 3: Análisis de costo-beneficio del programa PDL

Resultados	Cantidad	Costo anual por resultado	Cinco años Total coste por resultado
Campesinos aprendiendo agroecología	20,545	US$30	US$152
Granjas de producción agroecológica	6,875	US$91	US$454
Hectáreas de producción agroecológica	687	US$909	US$4,543
Cantidad de campesinos modelo	11,500	US$54	US$271
Cantidad de voluntarios agrícolas	646	US$966	US$4,831
Cantidad de asociaciones de campesinos	17	US$36,717	US$183,588
Cantidad de miembros	24,580	US$25	US$127
Cantidad de *gwoupman*	1,548	US$403	US$2,016
Cantidad de bloques (comunidades)	203	US$3,075	US$15,374

de desarrollo agrícola típico centrado en dinámicas de proveer insumos y conocimientos externos, en lugar de fortalecer la capacidad de manejo y de generar conocimiento de los campesinos localmente. Oxfam también crítico una actividad del WINNER de entregar botes de almacenaje postcosecha (valiosa infraestructura) para la asociación campesina. Los botes eran demasiado grandes para el volumen de producción local y demasiado caro su transporte; además, no se crearon estrategias adecuadas con la asociación campesina para compartir con los miembros. A finales de 2013, USAID respondió al análisis de Oxfam, alegando WINNER había logrado lo siguiente:

- Aumento de la producción de cerca de 15,000 campesinos, generando más de US$7 millones en ingresos
- Introdujeron semillas mejoradas, fertilizantes y tecnologías a más de 17,000 campesinos
- Capacitó a 1689 campesinos, quien podría enseñar a otros
- Los campesinos beneficiarios aumentaron los rendimientos del arroz 129 %, los rendimientos de maíz 368 %, los rendimientos del frijol100 % y los rendimientos de plátano 21%.[7]

Un campesino dirigente de la asociación campesina comentó, "Un profesor mostró un documento diciendo lo que WINNER había hecho, pero eso nada significó para mí. . . La presentación puede ser muy buena, pero ellos nada han logrado para los campesinos".

Suponiendo un presupuesto de US$ 129 millones, un áspero análisis costo-beneficio utilizando el mismo método de dividir los resultados para cada actividad por el presupuesto total de WINNER durante el mismo período (2009-2014) indicaría:

TABLA 4: Análisis de Costo-Beneficio del Programa WINNER

Resultados	Cantidad	Costo anual por resultado	Cinco años Total coste por resultado
Campesinos aumentan la producción	15,000	US$1,720	US$8,600
Ingresos totales generados	$7,000,000 ($467/ campesino)	US$3.69 (para generar $1)	US$18.43 (para generar $1)
Campesinos con acceso a semillas mejoradas, fertilizantes y tecnologías	17,000	US$1,518	US$7,588
Campesinos maestros capacitados	1,689	US$15,275	US$76,377

Como con el PDL, el presupuesto de WINNER se utilizó también para otras actividades más allá de agricultura, tales como la construcción de grandes barreras para contener inundaciones y erosión del suelo. Pero incluso si mantenemos el presupuesto PDL constante y consideramos sólo la mitad del presupuesto del programa WINNER invertido en mejoramiento agrícola realizado con campesinos, la estrategia de PDL sobrepasa casi ocho veces (en el caso de campesinos maestros formados) hasta 15 veces (en el caso de cantidad de campesinos que aumentaron la producción) más eficientes.[iv,8]

El proceso de PDL también tuvo claras repercusiones positivas sobre el fortalecimiento de la capacidad y manejo de las asociaciones campesinas para dirigir y sostener procesos de desarrollo autónomo, mientras que el

---

[iv] En el 2016, USAID, declaró que los resultados incluyen "campañas agrícolas con más de 20.000 campesinos que ofrecen paquetes de buenas prácticas, servicios de extensión y mejores insumos".

programa WINNER parece haber tenido el efecto contrario. Además, la producción de mejoras relacionadas con la agroecología, son sustentables en el tiempo y no dependen de insumos externos.

TABLA 5: Eficacia Comparativa de PDL y Programa WINNER

	Los campesinos	Los promotores campesinos
WINNER (suponiendo la mitad de US$129 millones del presupuesto = US$64.5 millones)	Los campesinos aumentan la producción = US$4,300 costo de cinco años	Campesinos maestros = US$38,189 cinco año costes
PDL (suponiendo el presupuesto completo)	Campesinos modelo = US$271 costo de cinco años	Voluntarios agrícolas = US$4,831 costo quinquenal
Proporción	PDL es más de 15 veces más eficiente (4,300/271)	PDL es 7.9 veces más eficiente (38,189/4,831)

Lecciones y Próximos Pasos

El proceso de PDL ha logrado movilizar a una gran cantidad de campesinos de pequeña escala en comunidades rurales, ampliar la base de liderazgo y fomentar una sólida y democrática toma de decisiones comunitarias, así como organizaciones campesinas fuertes con la capacidad de mejorar el bienestar y su gestión. Las asociaciones campesinas están haciendo importantes progresos en la expansión de prácticas agroecológicas y otras actividades beneficiosas. Se pueden extraer algunas lecciones clave: Primero, la **fuerte capacidad organizativa de las asociaciones campesinas** es inseparable de su capacidad para expandir los principios y prácticas agroecológicas y crear un proceso continuo de innovación campesina. **Estrategias complementarias** para movilizar y manejar los recursos locales (semillas, almacenamiento de granos, fondos de ahorro y crédito, etc.) de manera sinérgica fortalecen la difusión de la agroecología. Los campesinos con la adopción de prácticas agroecológicas **mejoraron evidentemente su producción, ingreso, seguridad alimentaria y resiliencia a la sequía y variabilidad del clima**, en comparación con los campesinos que no cambiaron, tanto en áreas agrícolas en laderas como en llanuras.

Todavía quedan muchos desafíos. PDL y las asociaciones campesinas están trabajando para evaluar y documentar los impactos de sus actividades. Están trabajando para aprovechar el éxito inicial y desarrollar una red campesina cooperativa de con empresas para almacenar, procesar y vender alimentos locales saludables a la población local. Esperan usar más ampliamente las radios populares locales y otros canales de comunicaciones para promover la producción agroecológica y el consumo de alimentos locales. Deben crear estrategias más eficaces para involucrarse con e influir los programas de desarrollo rural a gran escala de Haití ejecutados por los ministerios y las agencias internacionales de desarrollo.

Las asociaciones campesinas están demostrando su capacidad para regenerar las granjas, las comunidades rurales y sus medios de subsistencia. Ante nefastas probabilidades, estos ciudadanos haitianos están ayudando a construir la base de un futuro más resiliente y benéfico para su país. Para que el futuro promisorio se convierta en realidad, se ha de brindar apoyo adecuado y promulgar políticas que permitan a los campesinos hacer el trabajo.

Referencia

[1] Jean-Baptiste, Cantave. 2014. Entrevista realizada por Ben Depp, February; y Jean-Baptiste, Cantave. 2015. Entrevista realizada por Steve Brescia, Marzo.

[2] Veilland, Silmène. 2016. Entrevista realizada por Jean-Baptiste Cantave, Julio 7.

[3] Jean-Baptiste, Cantave. 2015. Entrevista por Steve Brescia, 20 de agosto.

[4] Conseils, Formation, Monitoring en Développement (CFM). 2014. "Evaluación de estrategias para escalar PDL agro-ecológicas alternativas agrícolas". November 12.

[5] Ibíd.

[6] Moncette, Roland. 2016. Entrevista por Cantave Jean-Baptiste, 6 de julio.

[7] Lentfer, Jennifer. 2013. "La respuesta de la USAID a Oxfam en el artículo sobre el proyecto ganador en Haití". *La política de la pobreza*, el 17 de octubre, Consultado

[8] USAID. 2012.2012. "Principales logros de WINNER: el incremento de la productividad agrícola" El 7 de noviembre de 2016. http://www.winnerhaiti.com/index.php/en/main-achievements/agricultural-productivity-increased

COLOMBIA

Ibarra O

O QUITO

E C U A D O R

O Portoviejo

O Riobamba

Quayaquil
O

O Cuenca

OCÉANO PACÍFICO

PERU

Regiones referenciadas en el capítulo

CAPÍTULO 4

Mercados Locales, Semillas Nativas y Alianzas para Mejorar los Sistemas Alimentarios a través de la Agroecología en Ecuador

Pedro J. Oyarzún y Ross M. Borja

Resumen: *En Ecuador se reconoce cada vez más los impactos negativos de la agricultura convencional y la necesidad de mejor apoyar las prácticas agrícolas tradicionales, la agroecología y a los agricultores familiares para mejorar los sistemas alimentarios y construir la soberanía alimentaria. En este capítulo, los representantes de la ONG EkoRural describen los éxitos y las oportunidades de alianzas entre las poblaciones rurales y urbanas con el fin de construir mercados locales, apoyar las variedades locales de semillas y mejorar la biodiversidad en las granjas.*

Realidad Rural en Ecuador

"En cada hogar de nuestra comunidad, tenemos las semillas nativas que hemos salvaguardado de nuestros antepasados", dice Elena Tenelema mientras camina por su granja. Elena es de la comunidad indígena Quechua de Tzimbuto, en el altiplano andino central de Ecuador, y se ha convertido en líder en el manejo de bancos comunitarios de semillas y en la agricultura agroecológica. "El cuidado de nuestra *Pachamama* (Madre Tierra) es lo más importante. Si la contaminamos con productos químicos, será el fin de nuestra tierra y no la tendremos más en el futuro. Nuestra chacra (pequeña propiedad rural familiar) es muy diversificada. No tenemos grandes plantaciones, por lo que no podemos perder terreno. Así, por ejemplo, si siembro maíz, también tendré otros siete u ocho cultivos".[1]

Para generaciones de indígenas en Ecuador, la agricultura ha sido una forma de vida. Su forma de cultivar comparte muchas características con lo que ahora se conoce como agroecología. Desde antes de la época colonial, los campesinos andinos han intercambiado bienes y servicios y han transmitido cultura y conocimiento a través de relaciones sociales incorporadas en sus estrategias de producción y reproducción.[2] Hasta la década de 1960, la gran mayoría de las personas del sector agrícola vivían en fincas pequeñas y medianas en un ambiente rural definido por el sistema de *hacienda* o *huasipungo,* en el cual los grandes propietarios de plantaciones controlaban el trabajo campesino al permitirles vivir y cultivar pequeñas parcelas de tierra marginal.[3] Desde entonces, a través de dos procesos de reforma agraria (1964 y 1973), la población rural se ha movido en dos direcciones. Algunas comunidades rurales obtuvieron el control de grandes extensiones de tierras de la antigua hacienda bajo arreglos colectivos. Esta tierra estaba frecuentemente en laderas escarpadas, de mala calidad y rápidamente se subdividía en pequeñas fincas individuales. Por otra parte, un gran segmento de la población rural se convirtió parcialmente dependiente del trabajo asalariado tanto en las zonas rurales como en las urbanas.

En la década de 1960, las estrategias de desarrollo agrícola en los Andes se centraron en las tecnologías de la Revolución Verde, seguidas por la "modernización" en los años ochenta, que enfatizaron el fuerte apoyo a los cultivos de exportación y a las agroindustrias. Estas estrategias generaron una crisis ambiental, social y económica a fines del siglo XX. La masiva migración interna y externa devastó la cultura tradicional y las prácticas agrícolas, poniendo en riesgo la existencia de las tradicionales *chacras* andinas. Las políticas que favorecieron la producción de variedades de cultivos comerciales también redujeron la variedad y diversidad genética de los sistemas de semillas tradicionales y de las granjas familiares, redujeron la calidad de los alimentos tanto en las zonas rurales como urbanas y aumentaron la concentración de la producción entre un puñado de empresas en sectores como la caña de azúcar, aceite de palma y bananos.En los frágiles ecosistemas donde persiste la agricultura familiar tradicional, lo que emergió en muchos casos fue la hibridación de las prácticas tradicionales con las tecnologías occidentales. Los resultados fueron desastrosos. Por ejemplo, el uso de arados y rastras de discos para arar los suelos volcánicos en las laderas rompe el suelo y conduce a una rápida erosión. Los agricultores se ven obligados a cultivar una capa de ceniza volcánica parecida al cemento, conocida como *cangagua.*[4] Más de la mitad del suelo agrícola del Ecuador está seriamente degradado y la situación es particularmente aguda en las empinadas laderas de las provincias montañosas centrales.[5] Los agricultores también han eliminado las prácticas de barbecho y han sido impulsados a expandir la frontera agrícola en frágiles áreas forestales, favoreciendo la degradación de los suelos y los recursos naturales.

Al igual que en otros países, estos "desarrollos" también minaron la soberanía alimentaria—el poder de decisión local sobre la producción, la circulación y el consumo de alimentos.[6]

La Agricultura Andina Tradicional y la Evolución de la Agricultura Familiar

A pesar de esta dinámica, los agricultores de algunas regiones de las ciudades interandinas han mantenido su conocimiento cultural y sus sistemas tradicionales de alimentación y producción. Muchos de los elementos de lo que hoy se conoce como agroecología pueden ser identificados en estos sistemas tradicionales de cultivo andino.[7] Estos incluyen: un profundo conocimiento de la flora local (y sus usos para medicina, comida y forraje); Las prácticas de producción que utilizan intensivamente la biodiversidad (asociaciones de cultivos dentro y entre especies, policultivos y cultivos mixtos, tolerancia de

Campesinos cosechando variedades de papas nativas, reintroducidas con el apoyo de EkoRural, Carchi, Ecuador 2010. Foto de Ross Borja.

ciertas poblaciones de plantas atípicas, malezas, agrosilvicultura y creación de barreras terrestres para reducir el impacto del viento y airear el suelo reduciendo así plagas y fitopatógenos, etc); terrazas; la recolección y aplicación de fertilizantes orgánicos; barbecho; calendarios de plantación escalonados; dispersión de pequeñas parcelas en diferentes niveles de altitud en todo el campo; y estructuras sociales que permiten el trabajo local compartido, así como la circulación e intercambio de productos complementarios entre los diferentes ecosistemas de las tierras altas, de la costa y de las regiones amazónicas del Ecuador.[8]

Muchos actores gubernamentales y de "desarrollo" en el Ecuador continúan insistiendo en que las granjas familiares tradicionales son improductivas e ineficientes en términos de rendimiento/área.[9] Sin embargo, las pruebas demuestran cada vez más, que es hora de volver a examinar esta crítica y de entender la naturaleza multifuncional de la agricultura. Por ejemplo, la investigación muestra que la agricultura familiar y comunitaria contribuye entre el 50-70 % del consumo diario de alimentos de los ecuatorianos, incluyendo la mayoría de alimentos básicos como la leche fresca, el arroz, el maíz, la papa, las verduras, la carne, y los frijoles.[10] Asombra que los pequeños agricultores logran esto mientras usan sólo del 20 al 30 % de las tierras agrícolas del país, gran parte de ellas con suelos muy marginales. Además, la agricultura familiar agroecológica tiene una gran capacidad para generar empleo debido a su uso intensivo de mano de obra. Pero la propiedad de la tierra sigue estando muy concentrada en Ecuador. El coeficiente de Gini (que mide la desigualdad) para la propiedad de la tierra ha mejorado poco entre 1954 (0.86) y 2001 (0.80).[i,11]

Las plantaciones familiares también desempeñan un papel crucial en el manejo de la base biológica de la seguridad alimentaria del país utilizando, conservando y desarrollando semillas (variedades locales y mejoradas): manteniendo diversas especies y variedades; dispersando parcelas entre altitudes agroecológicas y ecosistemas; y comprendiendo el uso de los indicadores biológicos de la adaptación climática.[12] La agricultura moderna tiene mucho que aprender de estos sistemas tradicionales de conocimiento y gestión.

Como lo han expuesto investigaciones realizadas en otros países, en comparación con la agricultura convencional la agricultura familiar agroecológica en Ecuador es altamente productiva, genera múltiples beneficios y ha demostrado su potencial para alimentar a la población del país.[13]

---

[i] Además, el III Censo Nacional Agrícola (2000) mostró que hay 6,000 familias que trabajan en granjas de 1.5 hectáreas o menos, mientras que 1,300 propietarios poseen fincas de más de 500 hectáreas, que controlan 1.8 millones de hectáreas. De un total de 841,000 UPAs (Unidades Productivas Agrícolas), 740,000 corresponden al sector de la agricultura familiar.

Nuevos Desafíos y Oportunidades

Desde 2005, la cantidad de organizaciones que adoptan prácticas agroecológicas en Ecuador ha aumentado y las iniciativas de mercado local están creciendo. Además, se están recuperando los conocimientos tradicionales y se están conservando, restaurando y protegiendo el agua, la agrobiodiversidad, los bosques, los *páramos* (ecosistemas de alta tundra) y los manglares. Debido a la necesidad de alternativas a la agricultura industrial frente al cambio climático, muchos técnicos, académicos y políticos están prestando cada vez más atención a la pequeña agricultura y a la agroecología en busca de inspiración y soluciones.

Sin embargo, la crisis estructural en el campo persiste, sin ningún progreso sustancial en superar las difíciles condiciones económicas en que viven las familias rurales. Para enfrentarlas, muchas personas rurales (y urbanas) han adoptado nuevos hábitos alimenticios, incluyendo una mayor dependencia de alimentos procesados e industrializados con menor valor nutricional. La soberanía alimentaria se erosiona porque las familias rurales tienen menos control sobre cómo ellas cultivan, comercializan y consumen alimentos.[14]

En las últimas décadas, coaliciones de organizaciones de pueblos rurales, indígenas y urbanos han demandado una transformación agraria. En el 2008, lograron incorporar estas demandas en la Constitución Ecuatoriana de ese año.[ii] Esto incluye el apoyo a la soberanía alimentaria; igualdad de acceso a la tierra, el agua y la biodiversidad; la promoción de la agroecología; reconocimiento de los derechos de la naturaleza; el derecho humano al agua; y el derecho a la participación social en la toma de decisiones. La Constitución ha declarado a Ecuador un país libre de cultivos genéticamente modificados y reconoce prácticas alternativas de cuidado del agroecosistema como factores que contribuyen a la soberanía alimentaria.[15] Sin embargo, ha sido un proceso complejo y desafiante construir las leyes apropiadas, las políticas y los planes nacionales para poner en práctica estos ideales y asegurar que los agricultores familiares y las comunidades indígenas participen en estos procesos de formulación de políticas.[16]

Respuesta: La Estrategia de EkoRural

EkoRural es una ONG ecuatoriana que fortalece los procesos de desarrollo endógenos (generados localmente) centrados en la persona, que otorga un

---

ii Como se especifica, por ejemplo, en la Ley Orgánica del Régimen de Soberanía Alimentaria de 2009; El Plan Nacional para el Buen Vivir 2009-2013; El Plan Nacional para el Buen Vivir 2013-2017; La Ley Orgánica de Economía Popular y Solidaria y del Sector Financiero Popular y Solidario.

papel de liderazgo a las familias y comunidades en la creación de agricultura sostenible y estrategias en manejo de recursos. Contribuimos al cambio social amplio apoyando la generación de nuevas relaciones dentro y entre comunidades rurales y urbanas para la "coproducción" de sistemas agrícolas y alimentarios más saludables y democráticos. Nuestra metodología combina dos estrategias principales. La primera es el apoyo directo a iniciativas en comunidades rurales, incluyendo la difusión horizontal de Campesino a Campesino sobre innovaciones agroecológicas. La segunda estrategia, facilitamos y participamos en intercambios entre organizaciones de comunidades rurales, organizaciones locales de consumidores, universidades, gobiernos locales y otros actores, con el fin de difundir y aprender sobre estrategias y prácticas útiles y crear nuevas relaciones de mercado.

Para crear medios de vida diversificados y sostenibles, los agricultores familiares de la región andina montañosa distribuyen sus parcelas agrícolas en diferentes altitudes y microescosistemas. Esto crea una complejidad que es difícil de replicar o "expandir" en el sentido clásico de difundir un paquete de tecnologías definidas. Es posible difundir los principios clave de la gestión agrícola y fortalecer las habilidades claves. Por estas razones, EkoRural cree que la "expansión" merece una discusión más profunda sobre cómo ocurren los cambios sociales y las innovaciones, y los roles de las organizaciones de apoyo como la nuestra. Buscamos fortalecer nuestra comprensión, pero es más importante que las/los campesinos, comprendan los micro-ecosistemas, así como el sistema alimentario más amplio, y las diferentes habilidades y estrategias relevantes para cada uno.

En términos de ampliación o promoción de un cambio de sistemas más amplio—en lugar de centrarnos en estrategias para expandir nuestro trabajo directamente a una gran cantidad de comunidades—trabajamos para fomentar modelos viables que sirvan de ejemplos inspiradores para compartirlos a través de redes más amplias. Estas redes incluyen el Colectivo de Agroecología, COPISA (Consejo Intercultural de Soberanía Alimentaria) y MESSE (Movimiento para la Economía Social y Solidaria del Ecuador), así como redes internacionales como PROLINNOVA (Promoviendo la Innovación Local), varias comunidades de práctica y Groundswell Internacional.

En las comunidades rurales encontramos granjas familiares que se están regenerando, en equilibrio, o degenerando. Esta heterogeneidad es un punto de partida para desarrollar estrategias para la propagación e intensificación de la agroecología, impulsando a los agricultores familiares a desarrollar sistemas agrícolas equilibrados y a trabajar por la soberanía alimentaria. La producción debe satisfacer las necesidades de la granja familiar de manera regenerativa y el exceso de producción debe ir primero a los mercados locales a través de conexiones más directas entre los agricultores y los consumidores. Esta relación recíproca entre el campo y las ciudades es fundamental para la agroecología.

Por estas razones, hemos incrementado nuestras iniciativas de desarrollo e investigación dentro del marco de los *Sistemas Alimentarios Locales Saludables*. Nuestra hipótesis es que los sistemas alimentarios locales saludables (granjas familiares que usan recursos y conocimientos locales, que tienen relaciones con los consumidores y que protegen la salud de las personas y el ecosistema y contribuyen a

Variedades de semillas de un banco de semillas comunal, Tzimbuto, Eduador. Foto de Steve Brescia

medios de vida sostenibles) generan mayor bienestar y son más resistentes a los problemas sociales y a los cambios climáticos que los sistemas alimentarios convencionales (basados en la agricultura industrial que genera efectos negativos sobre la salud, el ambiente, la economía y la cultura).

EkoRural gestiona dos programas situados en las Tierras Altas Septentrionales y Centrales, y trabaja directamente con diez comunidades y 500 agricultores familiares e indirectamente con unos 2,000 agricultores. Involucramos a los agricultores familiares en procesos de aprendizaje activo, desarrollo de conocimientos y socialización de los mismos a través de intercambios de Campesino a Campesino. De esta manera, apoyamos el cambio tecnológico y fortalecemos el liderazgo y a las organizaciones locales para un cambio social más amplio. Los puntos de interés para los agricultores familiares son los suelos, las semillas, el agua y el fortalecimiento de las relaciones entre las zonas rurales y urbanas y los mercados locales. Algunas de las actividades clave incluyen:

- **Suelos:** sistemas basados en cultivos de cobertura, abonos verdes y labranza limitada que reducen la degradación del suelo y aumentan la fertilidad.

- **Agua:** recolección de agua y micro riego y uso eficiente del agua.
- **Semillas:** fortalecer las capacidades de los agricultores y las organizaciones locales para conservar, utilizar y administrar la agro-biodiversidad, en base a la recuperación de las especies alimenticias andinas y el fortalecimiento de los sistemas de semillas locales.
- **Mercados locales:** fortalecimiento de las relaciones entre las zonas rurales y urbanas.

Fortalecimiento de la Gestión Comunitaria de los Sistemas de Semillas y la Agrobiodiversidad

Aprendizaje Basado en el Descubrimiento

Fortaleciendo su gestión de la agrobiodiversidad, las comunidades pueden volverse más resistentes al cambio climático. Apoyamos un proceso de aprendizaje basado en el descubrimiento de las complejas relaciones entre los medios de subsistencia de las familias y su manejo de semillas y otros recursos biológicos. Por lo general, comenzamos con una identificación participativa de los recursos biológicos en las granjas y en la comunidad, así como la amplia gama de prácticas utilizadas para manejar esos recursos. Luego trabajamos con las comunidades para promover sistemas agrícolas más diversos, resistentes y productivos a través de actividades tales como: mejoramiento de la gestión de la biodiversidad en la granja; cultivo participativo de plantas; bancos de semillas; y el fortalecimiento de las organizaciones comunitarias para administrar estos procesos.

Innovación y Gestión de los Agricultores

Algunas de las innovaciones clave que los agricultores prueban y difunden son: la introducción de nuevas especies y variedades; horarios de siembra; rotación de cultivos; producción de compost; reciclaje de materia orgánica; y otros insumos orgánicos del suelo. Además, apoyamos la recuperación y reintroducción de variedades nativas de papa y otros tubérculos andinos, aumentando así la diversidad genética y la dieta en las granjas familiares. En los últimos cinco años hemos ayudado a recuperar y promover el uso de docenas de variedades de especies que habían caído en desuso (como *machuas, ocas, mellocos, jícama*, frijoles locales y papas nativas, entre otros) y ponerlos en circulación en las comunidades. Hemos devuelto una parte importante de la colección ecuatoriana de papa a manos de pequeños agricultores y hemos participado en la distribución y pruebas de ciertas variedades con alto contenido de zinc y hierro. Para ayudar en la conservación de las variedades de papa, hemos introducido lentamente las ideas de precocidad y resistencia a las enfermedades.

Testimonio de un agricultor:

Juan Simón Guambo, agricultor y líder de la Parroquia de Flores, cantón de Riobamba, provincia de Chimborazo[18]

"El cambio climático a veces hace que el clima sea demasiado caliente y a veces demasiado frío, dañando mis cultivos. Por lo tanto, hemos estado plantando especies de plantas nativas alrededor de las chacras, como la oca, mashua, ulluco, patatas nativas y maíz, proporcionadas por el gobierno provincial y EkoRural, y también aprendimos sobre agrobiodiversidad y manejo del suelo. Estoy muy orgulloso de la biodiversidad que ahora tengo en mis chacras, del hecho de que puedo compartir nuevas experiencias como la propagación de plantas y cómo recuperar microclimas con rompevientos alrededor de la chacra. Quiero ver a toda mi familia aprender esta experiencia y seguir aplicándola en sus chacras en lugar de emigrar de la región para aprender cosas que no tienen nada que ver con nuestra cultura y costumbres".

A nivel de la granja, hemos trabajado con los agricultores para integrar los conceptos de "confusión ecológica",[iii] heterogeneidad y usos múltiples del espacio. Esto ha dado como resultado un mejor uso y movilidad de nutrientes, el control de plagas y el flujo continuo de productos para el consumo familiar y la venta en los mercados locales. El consumo local de sus propios productos ayuda a generar un ciclo autosostenido de producción y consumo. Este sistema de circuito cerrado, que también incluye grandes cantidades de abono orgánico producido a partir del propio ganado de las familias, contribuye significativamente a su mayor autonomía.[17]

Bancos de Semillas Comunitarios Rotativos

Las mujeres agricultoras juegan un papel clave en la producción y circulación de las semillas de las especies alimenticias locales a través de Bancos de Semillas Rotativos. Para sostener y cultivar los bancos de semillas, los agricultores devuelven dos unidades de semillas por cada unidad prestada, lo que a su vez puede ser prestado a más agricultores. Esto crea un método de redistribución que circula la semilla local de calidad, al mismo tiempo que genera un fondo rotativo de desarrollo de la comunidad. Por ejemplo, en la comunidad de Chirinche Bajo, en la provincia de Cotopaxi, un banco

---

[iii] Se utiliza en fincas para promover la diversidad genética que ayuda a controlar y manejar plagas y enfermedades.

Testimonio de agricultora:

Elena Tenelema, Tzimbuto, Altiplano Central Ecuatoriano[20]

"Hace treinta años todo lo que cultivábamos aquí era maíz y frijoles. Con el apoyo de EkoRural, hemos recuperado semillas y plantas que habíamos dejado de producir. Ahora aprendemos y compartimos con otras comunidades sobre qué semillas y plantas todavía tienen. Entonces, con un pequeño grupo de diez de nosotros, comenzamos a probar y reproducir las semillas en nuestras propias granjas y parcelas comunitarias. Por cada libra de semillas que recibimos, nos comprometemos a compartir dos libras con otras familias campesinas, mientras mantenemos lo suficiente para continuar produciendo. Las 24 familias que actualmente están involucradas han desarrollado diversas parcelas agrícolas con muchas nuevas plantas alimenticias. Un grupo más amplio de 52 familias se ha interesado y les estamos apoyando para aprender sobre lo que estamos haciendo, para obtener semillas y para desarrollar sus propias parcelas. Estamos trabajando para llegar a todas las 150 familias de Tzimbuto para asegurar que tengan acceso a todas estas semillas que necesitan para tener granjas diversas y comida saludable para comer".

comunitario de semillas fue iniciado hace varios años con 25 libras de semilla de papa. Los miembros han producido más de 110,230 libras de papas que han vendido, comercializado, replantado y consumido. Cada banco de semillas tiene su propia dinámica dependiendo de las semillas que maneja.

La diversificación y complejidad de las rotaciones de cultivos ha dado lugar a un notable aumento de la biodiversidad funcional, alcanzando un promedio de 30 a 40 especies en algunas parcelas (por ejemplo, plantas alimenticias, árboles frutales, plantas medicinales, etc.). Como un organizador comunitario comentó: "Nuestra comunidad ha sido capaz de cambiar su producción a un sistema que utiliza la rotación de cultivos, la diversificación de cultivos y fertilizantes orgánicos, que en su conjunto ha contribuido a diversificar nuestras cosechas y nuestras dietas".[19] Se han introducido al menos 50 variedades de cultivos andinos de raíces y tubérculos (principalmente *papas, mellocos, ocas y mashuas*), identificando y recuperando variedades aún producidas por algunos agricultores de la región. La reproducción y difusión dirigida por la comunidad y el mejoramiento participativo de las plantas han mejorado las variedades. Por ejemplo, la papa I-Libertad fue lanzada oficialmente y ha sido ampliamente difundida en 500 granjas en diez comunidades a través

Canasta Comunitaria en Riobamba. Foto de Steve Brescia.

del apoyo directo y de Campesino a Campesino, lo que permite a EkoRural catalizar la difusión de variedades de semillas locales de calidad y prácticas agroecológicas. Las comunidades vecinas, así como otras organizaciones, están aprendiendo estas innovaciones y están estableciendo sus propios Bancos de Semillas, utilizando sus propios sistemas de intercambio y control. Se han creado nuevas oportunidades para que las mujeres gestionen y vendan estos recursos genéticos. Este proceso también ha profundizado nuestra comprensión de la gestión comunitaria de los recursos genéticos en el contexto de un clima cambiante y la evolución de las prácticas agrícolas en los Andes.

Fortaleciendo los Mercados Locales de Alimentos y los Vínculos Urbano-Rurales

Si las personas no comen alimentos locales saludables, desaparecerán las semillas locales de calidad y la biodiversidad comunitaria, clave para la producción agroecológica. Así, en los últimos cinco a diez años hemos promovido un proceso para forjar relaciones directas y mutuamente beneficiosas entre los agricultores y las organizaciones de consumidores urbanos para fortalecer los sistemas alimentarios locales. En la práctica, esto ha dado como resultado el empoderamiento de los agricultores, el aumento de sus ingresos y el fortalecimiento de su capacidad para negociar con los compradores. Los consumidores obtienen acceso a alimentos locales saludables a un costo menor, mientras que apoyan la producción agroecológica. Los productores de varias comunidades se han unido al movimiento *Canastas Comunitarias* (un modelo similar a la Agricultura Apoyada por la Comunidad en Estados Unidos, CSA siglas en inglés) y han comenzado las ventas directas y los mercados y ferias de agricultores agroecológicos. Las Canastas y las redes de alimentos alternativos fomentan relaciones más beneficiosas y transparentes entre las organizaciones urbanas y rurales; sensibilizar a la población; y brindan oportunidades para abordar temas como las relaciones de género y las políticas apropiadas para la seguridad alimentaria, la inversión rural y la biodiversidad. En palabras de la agricultora Lilian Rocío Quingaluisa de la provincia de Cotopaxi: "Trabajar directamente con los ciudadanos urbanos es una gran cosa para nosotras como agricultoras. Significa que tenemos mejores ingresos, no tenemos que trabajar en la tierra ajena, somos más independientes y podemos pasar más tiempo con nuestras familias y animales".[21] Otra agricultora, Elena Tenelema, añade: " Las Cestas eliminan el abuso por intermediarios. Segundo, nos dan un ingreso garantizado, que podemos usar para mejorar nuestra salud, para la educación, o para comprar animales. La gente de la ciudad conoce y come nuestros productos. Esa es una de las cosas más importantes por las que luchamos como agricultores indígenas".

Se reconoce cada vez más este tipo de promisorias iniciativas de mercado local en el ámbito político del Ecuador y la Constitución las reconoce en el marco de la Economía Social y Solidaria. Pero el fomento de sistemas alimentarios directos y recíprocos no es una tarea fácil, sobre todo ante la agricultura industrializada y la distribución de alimentos, y aún queda mucho trabajo por hacer.

Campaña "¡250,000 Familias!": Agricultores y Ciudadanos Consumidores como Fuerza para el Cambio *

En 2005, los movimientos de agroecología rural de Ecuador se reunieron con un grupo de compra mayorista de base urbana, *Canastas Comunitarias,* para intercambiar experiencias. Una conclusión fue que, en su entusiasmo por las prácticas agrícolas, el movimiento agroecológico había aislado inadvertidamente a los productores rurales de los consumidores urbanos. El *Colectivo Agroecológico* resultante desplazó su atención de la "buena agronomía" a la "buena comida", una plataforma más holística, que unió a la gente rural y urbana en torno a una causa común. Su convocatoria se convirtió en "soberanía alimentaria": alimento para el pueblo, por el pueblo, del pueblo.

El *Colectivo* desempeñó un papel central en influir en la innovadora Constitución de Ecuador de 2008 y en la posterior transición de la política nacional de seguridad alimentaria a soberanía alimentaria (fuerza emancipadora del cambio democrático). Después de una década de abogar por la soberanía alimentaria, el *Colectivo* concluyó que el sistema alimentario dominante fuertemente criticado—que puede ser la industria más grande del planeta (estimada en más de US$ 1,3 billones al año en Estados Unidos y alrededor de 10 mil millones al año en Ecuador), se volvió tan influyente en la política nacional que ya no era realista esperar que los representantes del gobierno pudieran corregir las cosas por su cuenta. En última instancia, las personas que operan individual y colectivamente en las familias, barrios y redes sociales que atraviesan los ambientes urbanos y rurales, deben arrebatar el control sobre sus territorios alimentarios y sus futuros. Esta es la visión de los "consumidores-ciudadanos": están activamente informados, toman posición y actúan a favor de sus propios intereses.

En octubre de 2014, el *Colectivo* lanzó su campaña "¡250,000 Familias!", Un proyecto de cinco años para reclutar al 5% de la población ecuatoriana para hacerse cargo de la realización de la soberanía alimentaria. Al invertir alrededor de la mitad de las actuales compras de alimentos y bebidas de esta población, estos ciudadanos consumidores invertirían alrededor de US$ 300 millones por año en una producción alimentaria local sana: más que el total gastado en cooperación internacional para la agricultura y la salud en Ecuador. Para formar parte de la campaña de 250,000, la familia debe responder a dos preguntas: ¿qué significa "consumo responsable" para mí? y ¿cómo lo practica mi familia (empresa o comunidad)?

* Adaptado de: Sherwood, Stephen y Caely Cane. "250,000 Familias! Reconectar a las personas urbanas y rurales para una vida más saludable y más sostenible. "*Revista de Agricultura Urbana*, número 29, mayo de 2015.

Lecciones y recomendaciones

Si bien hay motivos para una seria preocupación con respecto a los agricultores familiares en Ecuador, también hay razones para el optimismo. La riqueza de experiencias en la agricultura familiar, el gran número de actores involucrados en el movimiento agroecológico y las crecientes alianzas alrededor de sistemas alimentarios locales saludables pueden generar cambios significativos y positivos en la práctica y en la política. Pero también se enfrentan a la oposición.

Necesitamos un nuevo paradigma para el desarrollo agrícola. Esto comienza reconociendo la multifuncionalidad de la agricultura y abandonando el estrecho enfoque de la agroindustria en la producción orientada a la exportación basada en insumos externos. La aplicación dogmática de estas soluciones uniformemente prescritas debe ser reemplazada por un enfoque en el fortalecimiento de las destrezas de los agricultores familiares y las organizaciones rurales para que puedan innovar, aplicando sus conocimientos, habilidades y valores a sus contextos locales únicos. Evaluar el progreso de estos programas debe incluir marcos flexibles que tengan en cuenta las motivaciones y los valores de la población local.

La política gubernamental en Ecuador es contradictoria e incoherente. Por un lado, las actuales políticas de desarrollo apoyan instituciones públicas más fuertes, un cierto grado de redistribución de los ingresos y un mayor acceso a los servicios públicos, incluso para los ciudadanos rurales. En el sector agrícola, la Constitución y algunas leyes afirman la soberanía alimentaria y la agroecología. Pero en la práctica, las políticas actuales apoyan la agroindustria y los insumos subsidiados, en lugar de apoyar a los agricultores sin tierra y los pequeños agricultores con los medios para convertirse en agricultores familiares más productivos y sostenibles. Por el momento, el gobierno casi ha abandonado los programas de redistribución de tierras y agua, y está promoviendo fertilizantes químicos subsidiados y semillas certificadas, fomentando una mayor dependencia de los servicios comerciales. El gobierno intenta modificar la Constitución para permitir la entrada de cultivos genéticamente modificados en Ecuador. Esto constituye un ataque a la agro-biodiversidad y a la salud de las personas y ecosistemas.[22] Ecuador espera firmar un nuevo acuerdo comercial con la Unión Europea, y no está claro qué impacto tendrá esto en la agricultura.

Los programas de desarrollo e investigación rural deberían apoyar nuevas formas de producción y distribución de alimentos. Esto incluye sensibilizar y tomar acciones para fortalecer los sistemas locales de alimentos democráticos y saludables. Además de nuestro trabajo con los agricultores y sus organizaciones, debemos crear un diálogo productivo y vínculos entre las instituciones públicas, la sociedad civil, las ONG, las universidades, los institutos de investigación y las comunidades rurales y urbanas. Esto incluye la colaboración con redes urbanas influyentes y organizaciones de consumidores. Necesitamos estar constantemente al tanto de las innovaciones en las relaciones urbano-rurales, incluyendo la agricultura periurbana y urbana. Como dice Pacho Gangotena, agricultor y agroecologista, "creo que el cambio social en la agricultura no vendrá de arriba, de los gobiernos. Vendrá de miles y millones de pequeñas familias campesinas que están empezando a transformar todo el espectro productivo. . . Somos un tsunami que está en camino".[23]

Referencia

[1] Tenelema, Elena. 2012. Entrevista con EkoRural.

[2] Barrer, V., C. Tapia y C. Monteros C., eds. 2004. *Raíces y Tubérculos Andinos: Alternativas para la conservación y uso sostenible en el Ecuador.* Instituto Nacional de Investigaciones Agropecuarias (INIAP), Quito y Tapia, C., E. Zambrano y A. Monteros. 2012. *Estado de los Recursos Fitogenéticos para la Agricultura y Alimentación en el Ecuador,* Instituto Nacional de Investigaciones Agropecuarias (INIAP), Quito.

[3] De Noni, G. "Breve vision histórica de la Erosión en el Ecuador". En *La Erosión en el Ecuador,* Centro Ecuatoriano de Investigación Geográfica, 44. Quito: ORSTROM, Sin fecha.

[4] Zebrowski, C y B. Sánchez. 1996. "Los costos de rehabilitación de los suelos volcánicos endurecidos." Quito.

[5] Fonte, S., S. Vanek, P. Oyarzun P, S. Parsa, D. Quintero, I. Rao y P. Lavelle. 2012. "Caminos hacia la Intensificación Agroecológica de la Manejo de la Fertilidad del Suelo por Pequeños Agricultores de las Tierras Andinas." En *Advances in Agronomy,* editado por Donald L. Sparks, 125-184. Burlington: Prensa Académica.

[6] La Vía Campesina. 2011. "La Agricultura Campesina sostenible puede alimentar el mundo. Documento de Punto de Vista de la Via Campesina". Yakarta.

[7] Altieri, Miguel. 2011. "Agroecología: Bases científicas para una agricultura sustentable". Montevideo: Nordan—Comunidad.

[8] Poinsot, Y. 2004. "Los gradientes altitudinales y de accesibilidad: dos claves de la organización geo-agronómica andina". *Cuadernos de Geografía* 13:5-20.

[9] Benzing, A. 2001. *Agricultura Orgánica. Fundamentos para la región Andina.* Villingen-Schenningen, Germany: Neckar-Verslag.

[10] Chiriboga, M. 2001. "Diagnóstico de la comercialización agropecuaria en Ecuador implicaciones para la pequeña economía campesina y propuesta para una agenda nacional de comercialización agropecuaria". Quito; and Chiriboga,

M. 2012. "Globalización y Regionalización: desafíos para la agricultura familiar ecuatoriana". RIMISP.

[11] INEC, MAG and SICA. 2001. "Tercer Censo Agropecuario del Ecuador". Quito; Castro M.A. 2007. "La distribución de la riqueza en el Ecuador". En *Observatorio de la Economía Latinoamericana* 75; y Hidalgo F. et al. 2011. "Atlas sobre la tenencia de la Tierra en el Ecuador," SIPAE.

[12] Poinsot. 2011. "Los gradientes altitudinales y de accesibilidad". Op Cit; y Borja, R, S. Sherwood y P. Oyarzún. "Katalysis: 'People-Centered Learning-Action Approach for Helping Rural Communities to Weather Climate Change. Informe Final de Sistematización". CONDESAN- EkoRural.

[13] Anónimo. 2014. "Convocatoria a II Congreso de Agroecologia Oct 2014". En *Biodiversidad en América Latina y El Caribe*; IAASTD. 2014. "Agriculture at a crossroads: Synthesis report. A Synthesis of the Global and Sub-Global". Washington, D.C., IAASTD Reports; Nwanze, K. 2011. "Viewpoint: Smallholders can feed the world." Rome, IFAD.; and De Schutter, Olivier. 2010. "Report submitted by the Special Rapporteur on the right to food." United Nations Human Rights Council, 16th session, agenda item 3.

[14] Oyarzún, P., R. Borja, S. Sherwood, y V. Parra. 2013. "making sense of agrobiodiversity, diet, and intensification of smallholder family farming in the Highland Andes of Ecuador". *Ecology of Food and Nutrition* 52:515-541; y Boada, L. 2013. "Prácticas alimentarias: relación con la diversidad en la alimentación en las familias campesinas de las comunidades: Ambuquí, Jesús del Gran Poder y Chitacaspi". Msc thesis, FLACSO, Quito.

[15] Daza, E. y M. Valverde. 2013. "Avances, experiencias y métodos de valoración de la Agroecología. Estado del arte, mapeo de actores y análisis metodológico y de indicadores para la agroecología". IEE, Quito.

[16] IFOAM. 2011. "Position Paper: El papel de los campesinos en la agricultura orgánica". Germany.

[17] Marsh, K. 2011. "Una investigación en la práctica de Agroecología en Tzimbuto-Quincahuán". Internship report for EkoRural, Quito/ Universidad TREND, Canada.

[18] Tambo, Juan Simon. 2015. Entrevista con EkoRural.

[19] Marsh, Op. Cit.

[20] Tenelema, Op. Cit.

[21] Rocio, Lilian. 2014. Entrevista con EkoRural.

[22] Anónimo. "Convocatoria". Op. Cit.

[23] Gangotena, Pacho. 2014. Entrevista con Ben Depp de EkoRural, junio.

OCÉANO
PACÍFICO

OREGON

IDAHO

NEVADA

UTAH

CALIFORNIA

SACRAMENTO

San Francisco

Santa Cruz

Fresno

ARIZONA

Los Angeles

San Diego

MÉXICO

Regiones referenciadas en el capítulo

CAPÍTULO 5

La Agroecología y el Cambio en el Sistema Alimentario: Estudio de Caso sobre la Producción de Fresas en California, Estados Unidos de América

Steve Gliessman

Resumen: *Desde los años 1980, he estado trabajando con el agricultor esta-dounidense Jim Cochran, experimentando con formas agroecológicas de cultivar fresas en California, mientras construía redes alternativas de alimentos. En 30 años, los ingresos de la agricultura orgánica en estos condados (municipios) au-mentaron un 2000 %. Aprendimos importantes lecciones sobre cómo aumentar y ampliar la transición agroecológica combinando técnicas (como diversificación, rotación y cultivos múltiples), aprovechando los resultados anteriores, compar-tiendo lecciones con otros agricultores y enlazándonos con los consumidores para crear nuevos mercados. La integración amplia y continua de la investigación, la práctica y el cambio social fue fundamental en este proceso.*

La costa central de California en los Estados Unidos, con su clima medi-terráneo suave, es probablemente la región de producción de fresa más im-portante del mundo. En aproximadamente 15,366 acres, (6,218 hectáreas) los condados californianos de Monterey y Santa Cruz, juntos produjeron fresas por valor de más de US$976 millones de dólares en 2012, aproxi-madamente la mitad de la cosecha total de California. Si bien gran parte de la producción de fresas en el área es muy dependiente de caros insumos

externos, intensivos energética-
mente y a menudo dañinos para
el ambiente, la superficie de
fresas cultivadas con métodos
orgánicos ha aumentado siete
veces desde 1997. La asociación en torno a la agroecología
que formé durante décadas con
un agricultor ha aportado contribuciones significativas a este
cambio. Comenzó a principios
de los años 1980, al aumentar
el interés de los consumidores
en los alimentos orgánicos como
resultado de los riesgos que los
pesticidas provocan en la salud y
el ambiente.

*El catedrático Steve Gliessman (izquierda) y el agri-
cultor Jim Cochran (derecha) han colaborado para
crear una transición a la producción agroecológica
de fresa en California.* Foto de Manolis Kabourakis

El actual sistema de producción industrial de monocultivo de fresas en
California se remonta a principios de 1960, cuando se introdujo el bromuro de metilo (MeBr) para fumigar el suelo. Investigadores y agentes de
extensión agrícola promocionaron MeBr como la forma de superar la rápida
acumulación de patógenos vegetales que no permitían la producción continua de fresas en el mismo terreno. Hasta entonces, los campesinos trataban
las fresas como un cultivo perenne, manteniendo las plantas en el terreno
durante dos a cuatro años, después ese terreno requería rotación de las fresas
durante varios años.

Sin embargo, desde el inicio de 1960 el uso de bromuro de metilo permitió a los agricultores trabajar las fresas como un cultivo anual, plantando
nuevas matas año tras año en el mismo terreno. En ese sistema, las plantas de
fresas se arrancan cada año al final de la temporada de producción, luego se
labra el suelo y se fumiga antes de sembrar las nuevas plantas para la siguiente temporada. Se requieren sistemas intensivos de riego por goteo, mantillos
de plástico y manipulación del suelo. Los programas de mejora que habían
funcionado antes del MeBr para desarrollar variedades de fresas resistentes
a las enfermedades se abandonaron y el germoplasma se perdió, porque los
reproductores se centraron en maximizar los rendimientos de la fruta para
enviar a los mercados en rápida expansión nacionales e internacionales. Para
un cultivo de tan alto valor, y con el coste de producción sobrepasando fácilmente los US$ 25,000 por acre (0.4 hectárea), MeBr eliminó la mayor parte
del riesgo que supone cultivar fresas.

A principios de 1980s, cuando el interés en los alimentos orgánicos se convirtió en una potencial fuerza de mercado en la agricultura y los asuntos de seguridad de los pesticidas y la calidad ambiental pasaron a primer plano, los agricultores comenzaron a alejarse del uso de MeBr y desarrollaron nuevas prácticas.

En este contexto, durante más de 30 años, he construido una relación única con el agricultor Jim Cochran y su granja *"Swanton Berry Farm"* en Davenport, California, situada en el borde norte de la bahía de Monterey, donde se cultivan muchas fresas. Nuestra relación nos ha permitido llevar a cabo una colaboración multifacética de investigación centrada en estudiar el proceso de convertir un sistema convencional de producción de fresas en un agroecosistema orgánico más sostenible. Hemos hecho esto utilizando la agroecología como nuestra base guía, y nuestro camino hacia la sostenibilidad nos ha llevado a ambos desde sus tierras, al mercado y a la mesa de los consumidores que le han apoyado.

Esta relación muestra que incluso los sistemas que han invertido fuertemente en prácticas industriales/convencionales pueden ser cambiados; también ejemplifica las dificultades y las barreras inherentes a la conversión o la transición a un nuevo modelo de sistema alimentario. Además, a partir de nuestra colaboración, y a medida que nuestro pensamiento evolucionó, surgió una teoría fundamentada en los "Niveles" del proceso de transición hacia la sostenibilidad. Nuestra experiencia proporciona una visión útil sobre cómo aumentar y ampliar el proceso de transición agroecológica, así como una visión del papel cambiante de la ciencia en esta transición.

Cómo Comenzó

Cuando sembramos juntos nuestras primeras parcelas en su granja original de tres acres (1.2 hectáreas) en 1986, nos dijeron tanto los agricultores convencionales como el especialista local en extensión del cultivo de la fresa, que era imposible cultivar con éxito fresas orgánicas.

Pero como agroecólogo, en las primeras etapas de desarrollar lo que era probablemente el primer programa académico formal de agroecología en el mundo en la Universidad de California en Santa Cruz, estaba convencido de que un enfoque ecológico para la agricultura podría resolver los problemas a los que nos íbamos a enfrentar en la transición al manejo orgánico. Jim, por su parte, era un agricultor inicial que estaba en el proceso de obtener certificación orgánica tras varios años trabajando con organizaciones que seguían el modelo convencional MeBr de producción de fresa. Su contacto directo en el pasado con el MeBr, así como con otros químicos

Campo de fresas industrial/convencional fumigado con bromuro de metilo cerca de Watsonville, California. MeBr vaporizado se mantiene bajo el plástico durante varios días. La conversión al manejo orgánico lleva a reemplazar este tóxico y caro químico con una variedad de prácticas alternativas. Foto de Steve Gliessman

tóxicos, lo convenció de que tenía que haber otra forma de producción.

Fue una casualidad que sus primeras plantaciones estuvieran justo al otro lado de la valla que dividía su terreno de la casa en la que yo estaba viviendo entonces. Sobre esa valla, nuestras conversaciones sobre la transición nos llevaron al primer ensayo comparativo uno a la par del otro de las fresas orgánicas. Nuestras parcelas estaban en su terreno, usando sus variedades y prácticas, sus trabajadores y muchos de sus recursos. Nuestra investigación fue financiada por el recién establecido Programa de Investigación y Educación de Agricultura Sustentable de la Universidad de California (Sustainable Agriculture Research and Education Program, siglas en inglés UCSAREP). Este programa había sido ordenado por la legislatura de California en 1984, y requería que tras muchos años de negligencia del sistema de subvención (*Land Grant*), la Universidad pusiese recursos para satisfacer las necesidades de los pequeños agricultores, trabajadores agrícolas y sistemas agrícolas alternativos que incluían la agricultura orgánica. Sin este programa y el financiamiento que proporcionó, nuestro estudio sobre conversión puede que nunca hubiese comenzado. Se inició una relación que continúa creciendo y evolucionando hasta el presente.

El Proceso de Transición

La evolución anual de la relación que construimos, los proyectos y las actividades que se llevaron a cabo, y los "Niveles" en los cuales cada paso se produjo a lo largo del proceso de transición, se describen en la Tabla 1. Los cinco niveles de transición son presentados en la reciente 3a Edición de mi libro de texto de Agroecología , y es una forma útil de comprender cómo expandir o ampliar el proceso de transición agroecológica. Un resumen de estos niveles es presentado en la Tabla 2, organizado de acuerdo a los tres "aspectos" diferentes de la agroecología: investigación, colaboración campesina y cambio social.

TABLA 1: Cronología de la transición hacia un cambio en el sistema alimentario*

Fecha	Actividad o hito	Nivel de conversión
1986	Contacto con el primer agricultor en la transición	Nivel 1 a Nivel 2
1987-90	Estudio de conversión comparativo colaborativo en la granja	Nivel 2
1990	Primera publicación sobre conversión, *Calif. Agriculture* 44:4-7	Nivel 2
1990-95	Refinamiento del manejo orgánico	Nivel 2
1995-99	Rotaciones y diversificación de cultivos	Inicio nivel 3
1996	Segunda publicación sobre conversión, *Calif. Agriculture* 50:24-31	Nivel 2
1997-99	Primeras alternativas a los proyectos de investigación de MeBr	Nivel 2
1998	BASIS (Sistemas Biológicos Agrícolas en las Fresas, siglas en inglés) grupo de trabajo establecido para difundir los resultados de la investigación	Niveles 2 y 3
1999	Iniciar estudio sobre la salud del suelo/rotación de cultivos	Niveles 2 y 3
2000-06	Estudio sobre la salud del agroecosistema de las fresas	Niveles 2 y 3
2002-03	Estudio patógeno, fundado por NASGA (Asociación Norteamericana de Productores de Fresas, NASGA, siglas en inglés)	Niveles 2 y 3

TABLA 1: *(continuación)*

Fecha	Actividad o hito	Nivel de conversión
2001-05	Póster/presentaciones orales en reuniones en la Sociedad Americana de Agronomía (American Society of Agronomy)	Nivel 3
2003-06	Proyecto trampa de alfalfa	Nivel 3
2004	Curso corto sobre Producción Orgánica de Fresas organizado por la Red Comunitaria de Agroecología (Community Agroecology Network) en Santa Cruz y en la Universidad Autónoma de Chapingo en Huatusco, Veracruz, Mexico	Niveles 2 y 3
2004-08	Proyecto de USDA-Investigación Orgánica e Iniciativa de Extensión: Red integrada para la producción orgánica de vegetales y fresas	Niveles 2, 3 y 4
2004-presente	El agricultor socio establece un puesto de venta en la granja, incluyendo productos con valor agregado como tartas, galletas y mermeladas, como complemento al mercado de agricultores y sus ventas directas	Nivel 4
2005-06	Fresas orgánicas autóctonas en los comedores de la Universidad de California en Santa Cruz con más productos orgánicos	Nivel 4
2006	La Comisión de Fresas de California y NASGA financian investigación sobre el sistema de rotación orgánica	Nivel 3
2007-presente	Investigación en alternativas a fumigar MeBr con desinfestación anaeróbica del suelo (ASD) para acortar el periodo de rotación	Niveles 2 y 3
2011	Proyecto de USDA-Investigación Orgánica e Iniciativa de Extensión: Apoya para expandir la investigación ASD en las granjas locales	Niveles 2 y 3
2014	Estudio publicado sobre la rotación de cultivos y la biofumigación, *Agroecology and Sustainable Food Systems* 38(5): 603-631	Niveles 2 y 3
2014	Agricultor socio distinguido con Certificado de Justicia Alimentaria	Nivel 5

*Gran parte del trabajo inicial lo realizamos antes de que me retirase de la universidad en 2012, con la colaboración del Grupo de Investigación Agroecológica (Agroecology Research Group) de la Universidad de California, Santa Cruz.

TABLA 2: Los niveles de transición y la integración de los tres componentes de la agroecología necesarios para la transformación a un sistema alimentario mundial sostenible

Nivel	Escala	Papel de los Tres Aspectos de la Agroecología		
		Investigación Ecológica	Práctica y Colaboración del Agricultor	Cambio Social
1 Aumenta la eficiencia de las prácticas industriales	Granja	*Primario*	*Importante* Baja los costes y reduce el impacto ambiental	*Menor*
2 Sustituye prácticas e insumos	Granja	*Primario*	*Importante* Apoya el camblo a prácticas alternativas	*Menor*
3 Rediseña agro-ecosistemas completos	Granja, región	*Primario* Desarrolla indicadores de sostenibilidad	*Importante* Construye sostenibilidad verdadera a escala de la granja	*Importante* Genera viabilidad empresarial y apoyo social
4 Reestablece conexión entre agricultores y clientes; desarrolla redes de comida alternativas	Local, regional, nacional	*Apoyo* Investigación interdisciplinar para proporcionar evidencia de la necesidad de cambio y la viabilidad de alternativas	*Importante* Forma relaciones directas y de apoyo	*Primario* Economías reestructuradas valores y comporta-mientos cambiados
5 Reconstruye el sistema alimentario global de modo que es sostenible y equitativo para todos	Global	*Apoyo* Investigación trans-disciplinar para promover el proceso de cambio y monitorear la sostenibilidad	*Importante* Ofrece las bases prácticas para el cambio de paradigma	*Primario* Los sistemas mundiales son fundamental-mente trans-formados

Fuente: Adaptado de Gliessman 2015.[2]

Nivel 1 de Conversión: Reducción de Insumos

Mis primeros esfuerzos relacionados con la conversión, realizados antes de que Jim y yo nos conectáramos, se centraron principalmente en encontrar maneras más efectivas de controlar plagas y enfermedades de modo que los insumos y sus impactos ambientales pudieran ser reducidos. Muchos de los productos químicos convencionales utilizados en las fresas se estaban retirando del mercado debido a la creciente evidencia de sus impactos negativos. Pero estas regulaciones comenzaban a limitar las opciones para los productores. Por lo tanto, hemos probado, por ejemplo, diferentes acaricidas para el control de la plaga común, el ácaro de dos manchas (*Tetranychus urticae*), con el objetivo de superar los problemas de la evolución de la resistencia de los ácaros a los pesticidas, los impactos negativos sobre los organismos que no eran el objetivo, la contaminación de las aguas subterráneas, los residuos persistentes en los frutos rojos recolectados y los impactos para la salud de los trabajadores agrícolas.[3] Controlar las malas hierbas y desacelerar la erosión del suelo con cultivos de cobertura de invierno plantados en el período intervalo entre los ciclos de siembra de fresa era otro aspecto de la investigación.

Nivel 2 de Conversión: Sustitución de Insumos

En 1987, la asociación existente entre el Grupo de Investigación Agroecológica, recientemente formado en UC Santa Cruz y Jim Cochran se convirtió en un proyecto de investigación comparativo de conversión de fresa.

Durante tres años, Jim cultivó fresas en parcelas usando insumos convencionales y manejando en paralelo las fresas cultivadas de forma orgánica. En las parcelas orgánicas, cada insumo convencional o práctica fue sustituido por el equivalente orgánico. Por ejemplo, en lugar de controlar el ácaro de dos manchas con un acaricida químico, los ácaros predadores beneficiosos (*Phytoseiulis persimilis*) fueron liberados en las parcelas orgánicas. Durante el período de conversión de tres años, se monitoreó los niveles de población de ácaro de dos manchas, se liberó al depredador y se cuantificaron las respuestas. Al final del tercer año, tasas ideales y cantidades de liberación del depredador—la norma para la industria—se había elaborado.[4]

Sin embargo, el agroecosistema seguía siendo básicamente un monocultivo de fresas y los problemas con las enfermedades aumentaron. Después del estudio comparativo de tres años, nuestro grupo de investigación siguió observando cambios y Jim, como agricultor, siguió haciendo ajustes en el uso de insumos y en sus prácticas. Esto fue especialmente cierto con respecto a las enfermedades transmitidas a través del suelo. Después de unos años de gestión orgánica, enfermedades como *Verticillium dahliae*, fuente

Un estudio paralelo de la conversión de fresas cultivadas convencionalmente a manejo orgánico. En este estudio de Nivel 2, insumos convencionales son sustituidos por sus equivalentes insumos más sostenibles. Tomada en Swanton Berry Farm, Davenport, California durante 1986-1989. Foto de Steve Gliessman

de podredumbre de las raíces, comenzaron a ocurrir con mayor frecuencia. La primera respuesta fue intensificar la investigación sobre la sustitución de insumos. Se realizaron experimentos iniciales con la biofumigación con mostaza, se realizaron ajustes en el manejo de fertilidad orgánica y se probaron inoculantes de suelo micorrizado.

Comenzamos nuevas investigaciones para sustituir la fumigación con MeBr con una práctica llamada desinfectación anaeróbica del suelo (ASD, siglas en inlés). Este enfoque incorpora al suelo diferentes fuentes de materia orgánica, desde el residuo de los cultivos de brócoli hasta la tarta de semillas de mostaza, inunda el suelo con agua y luego cubre el suelo con plástico impermeable. La combinación de condiciones anaeróbicas y productos de degradación de la materia orgánica cumple la misma función que el MeBr, pero con materiales aceptados por los estándares de certificación orgánica.[5] La gran pregunta era si esta sustitución continuaría permitiendo la producción de monocultivos de fresas orgánicas o si se podrían encontrar formas creativas de fortalecer el sistema de producción de fresas a través de la diversificación y el rediseño del sistema.

Nivel 3 de Conversión: Rediseño

Fue en este punto, al inicio de los 1990s, cuando comenzó a desarrollarse un enfoque global del sistema. Basados en la noción de que la estabilidad del ecosistema se consigue a través de la interacción dinámica de todos los componentes del sistema, nuestros investigadores trabajaron con Jim para encontrar maneras de diseñar resistencia a los problemas creados por el sistema de monocultivo. Jim se dio cuenta de que necesitaba volver parcialmente a la práctica tradicional de rotaciones de cultivos que se habían utilizado antes de la aparición de MeBr (ver Cuadro 2). Nuestros investigadores utilizaron su conocimiento de las interacciones ecológicas para rediseñar el agroecosistema de la fresa de manera que la diversidad y la complejidad pudieran ayudar a hacer las rotaciones más eficaces y, en algunos casos, más cortas. La prueba de estas ideas ha producido avances considerables. Por ejemplo, diseñamos las rotaciones de cultivos cubriéndolos de mostaza para probar su capacidad para reducir alelopáticamente (efecto por químicos producidos por la planta) malas hierbas y las enfermedades mediante la liberación de sus compuestos naturales tóxicos. El brócoli demostró ser muy importante como cultivo de rotación ya que no aloja el organismo de enfermedad *V. dahliae* y los residuos de brócoli incorporados en la tierra liberan fumigantes biológicos que reducen la presencia de organismos de enfermedad.[6] Otros cultivos que no albergan la enfermedad también se han utilizado con éxito en rotación con fresas, tales como espinacas, guisantes-arveja y alcachofas. Elegir las especies correctas y lograr el mejor impacto y entender la ecología de las interacciones requirió más investigación.

En lugar de confiar en los biopesticidas, que todavía tienen que ser comprados fuera del sistema y liberados, incorporamos agentes de control naturales en el sistema, manteniéndolos presentes y activos de manera continua. Por ejemplo, probamos la idea de que podían proporcionarse refugios para el ácaro predador de *P. persimilis*, ya fuese en plantas de fresa remanentes o en cultivos trampa en filas alrededor de los campos. Tal vez la idea de rediseño más novedosa fue la introducción de filas de alfalfa en los campos de fresa (ver Cuadro 1). Algunos de los cambios a este nivel vienen de la nueva investigación agroecológica y otros se sustentan en el "re-aprendizaje" de algunas de las prácticas utilizadas para la producción de fresas antes de los años 1960.

Nivel 4 de Conversión: Redes Alternativas de Alimentos

Los consumidores han sido una fuerza muy importante en la transición del agroecosistema de la fresa de Jim hacia un diseño y manejo más sostenibles. Respondiendo a la demanda de productos orgánicos, permitiendo que

CUADRO 1. Alfalfa como cultivo trampa para insectos

Un aspecto innovador y exitoso de nuestro rediseño de la granja fue el uso de alfalfa como cultivo trampa para la Chinche manchadora (*L. hesperus*). La plaga puede causar una seria deformación de la fresa y debido a que es una plaga que ataca toda la planta, es muy difícil de controlar mediante la sustitución de insumos. Al reemplazar cada fila 25 en un campo de fresa con una hilera de alfalfa (aproximadamente el 3% de la plantación) y concentrando después las estrategias de control en esa fila (aspiración, aplicación de biopesticidas, liberaciones de depredadores o parasitoides, etc.) fue posible reducir Lygus (*L. hesperus*) a niveles aceptables.[7] La habilidad de estas filas de alfalfa para funcionar también como depósitos de insectos beneficiosos para un mejor control natural de las plagas también ha sido ensayada, con muestreo de campo revelando una abundancia de enemigos naturales en las filas de alfalfa. Un endoparasitoide selectivo (*P. relictus*) de España ha sido introducido con éxito en las filas donde ahora cría y ayuda en el control biológico parasitando ninfas de la Chinche manchadora.[8]

la agricultura orgánica sea cada vez más importante, Jim vendió directamente a los consumidores a través de los mercados de agricultores, de un puesto de granja con productos elaborados como pasteles y mermeladas, de la recolección de fresas en la granja, de la entrega directa a tiendas y restaurantes, y

Fresas en rotación con otros cultivos y rodeadas de vegetación natural. Este agroecosistema utiliza los principios de rediseño del Nivel 3, pero también requiere conexiones con los consumidores en el Nivel 4, y un cambio en los valores y conocimientos en el Nivel 5. Swanton Berry Farm, Davenport, CA. Foto de Steve Gliessman

otras ventas a consumidores, negocios u organizaciones que mostraron solidaridad con los esfuerzos de transición de Jim. En un ejemplo, los estudiantes de UC Santa Cruz convencieron a los directores del servicio de comedor del campus para que iniciaran a integrar alimentos locales, orgánicos y de comercio justo—incluyendo las fresas orgánicas de Jim—en el servicio del comedor. La creación de estos nuevos mercados permitió a Jim construir relaciones directas con sus clientes y obtener un mayor porcentaje del precio de venta.

Jim se conectó no sólo con los consumidores sino también con otros productores, extendiendo los resultados de la transición mucho más allá de su granja. Al inicio de nuestra colaboración, tuvimos días de aprendizaje para productores en su granja, para mostrar los resultados de nuestra investigación y las prácticas agrícolas que él estaba desarrollando (ver Cuadro 2). También compartimos nuestra visión de otras formas de producción. Con los años, hemos publicado resultados de investigación; hemos participado en una variedad de talleres, conferencias y cursos cortos sobre producción de fresas orgánicas; y utilicé la granja de Jim como un lugar para vincular continuamente la investigación y la práctica. Incluso ayudamos a diseñar, presentar y publicar los resultados de un taller de fresas orgánicas.[9] A pesar de ello

CUADRO 2. El proceso de transición en las palabras de Jim Cochran

"La granja que empecé a trabajar a principios de 1980s estaba sembrada la mitad con alcachofas y la otra mitad con coles de Bruselas. Me di cuenta de que a las fresas que planté en la mitad de las coles les estaba yendo mucho mejor que a las plantadas en la mitad de alcachofa. Así que recordé algo sobre las rotaciones de cultivos que había leído hace años. En ese momento no había información disponible sobre rotaciones de cultivos. Si me dirigía al asesor de la granja para pedir ayuda, él me diría: 'Jim, estás loco, la solución para eso es fumigar, funciona de maravilla'. Cuando le dijera que no quería hacerlo de esa forma, me diría que no tenía nada más que ofrecer.

"Pero entonces, Steve me dijo que existe una potente historia de análisis científico de las rotaciones, que en los últimos 50 o 60 años se había perdido ese conocimiento, cuando el uso extendido de productos químicos era popular. Steve realizó pruebas en mi terreno y comenzó a mirar particulares rotaciones de cultivos. Finalmente encontró pruebas de su efectividad y ratificó que no sería necesario utilizar más productos químicos. Así comenzó nuestra colaboración.

"Así que cuando Steve participó, realmente allanó el camino, porque antes caminaba a ciegas. No escribía mi plan de rotación, no anotaba el rendimiento por bloque. Sólo observaba esas cosas. Él me proporcionó la matriz científica para escribir la información que estaba empezando a recopilar. Cabe destacar que Steve y yo teníamos una perspectiva similar. La idea era estudiar el sistema que yo estaba desarrollando y añadirle un fundamento científico. Desarrollaríamos una metodología alternativa para cultivar fresas, principalmente de forma orgánica. No había nada de eso en ese momento.

"Decidimos hacer una parcela pública que estaba abierta para que otros agricultores vinieran y la visitaran. Esto fue a finales de 1980. La mitad de la parcela estaba manejada orgánicamente y la otra mitad con químicos. Hicimos una serie de reuniones públicas y varios grupos de agricultores e investigadores vinieron a visitarnos. Fue entonces cuando la gente empezó a ver que sería posible cultivar fresas orgánicamente. A partir de ese momento, cada vez más agricultores empezaron a experimentar por su cuenta con el cultivo orgánico de fresas".

Fuente: Entrevista para *Farming Matters* por Jessica Milgroom, ILEIA, marzo de 2016

nuestras exhortaciones a diversificar han sido grandemente desatendidas. Se necesitará mucha más investigación sobre el complejo proceso de rediseñar los sistemas de producción de fresas para convencer a los agricultores para que se arriesguen a ir más allá de la sustitución de insumos y la producción de monocultivo. La continua y creciente demanda de fresas orgánicas por parte de los consumidores es un incentivo importante para que esto suceda.

Nivel 5 de Conversión: Reconstruyendo el Sistema Alimentario

Nuestra asociación ha producido cambios inmensos, como se puede observar en la Tabla 3. A pesar de estas tendencias positivas, varios desafíos de sostenibilidad están relacionados con este dramático crecimiento en la producción de fresas. Por ejemplo, observamos la erosión del suelo y la pérdida de nutrientes donde se plantan fresa orgánica en un área extensa, así como la disminución del agua subterránea y la intrusión de agua salada en los acuíferos. Lo que podría llamarse "pensamiento del Nivel 5" debería incluir la consideración de estos temas, como parte de una preocupación por la salud de todo el sistema. Como se puede observar en la Tabla 3, el número de productores de fresa orgánica ha descendido desde el año 2000, incluso cuando la superficie cultivada ha aumentado. Estas tendencias continúan hasta el presente.

El "pensamiento del Nivel 5" también debe incluir asuntos sociales más complejos, como los derechos laborales y la justicia alimentaria. Dado que las fresas orgánicas por lo general requieren más trabajo, tienen el potencial de proporcionar excelentes oportunidades laborales. Pero la salud, la seguridad y la equidad de remuneración del trabajador deben convertirse en la norma. La Granja Swanton Berry de Jim es una de las pocas operaciones de cultivo de fresa orgánica que en 1998 firmó un contrato con el Sindicato de Trabajadores Agrícolas (United Farm Workers, UFW, siglas en inglés), garantizando beneficios salariales, de salud y vacaciones para los trabajadores. En 2013, la granja de Jim se convirtió en una de las dos primeras en lograr lo que se denomina Certificado de Justicia Alimentaria (Food Justice Certification) obtenido por la forma como ha integrado la justicia social en sus prácticas agrícolas y en su relación con sus trabajadores. Su enfoque del sistema como un todo en la agricultura es un ejemplo importante de los pasos que se pueden dar para reconstruir el sistema alimentario. Esto implica el siguiente paso importante y necesario para los investigadores: ir más allá de los Niveles 2 y 3, y vincular su trabajo con los cambios más transformadores del sistema alimentario.

Los Resultados

El éxito de Jim se convirtió en un incentivo para otros productores locales para comenzar la transición en sus granjas (ver Tabla 2), especialmente utilizando el Nivel 2 de substitución para obtener la certificación orgánica. En los dos condados de la costa central de California, hubo un total of 35,630 acres (14,419 hectáreas) certificadas orgánicas en 2012, más de siete veces la superficie orgánica registrada en 1997. Los ingresos totales de agricultura orgánica en estos condados fue de US$247.7 millones de dólares en 2012, lo que representa un dramático ascenso de más del 2000 % desde 1997.[10] Un aumento paralelo en la producción de fresa orgánica se produjo en el mismo periodo, como puede verse en la Tabla 3.

TABLA 3. Cambios en la producción orgánica de fresa en California, 1997 a 2011[b]

Año	Área en producción orgánica acres[a] (hectáreas)	Valor bruto declarado (US$ en Millones)	Número de productores orgánicos
1997	134 (54)	n/a	n/a
1998	244 (99)	2.5	82
1999	805 (326)	8.7	99
2000	545 (220)	9.7	119
2001	756 (306)	9.3	113
2002	1,278 (517)	12.5	105
2003	1,290 (522)	24.6	99
2004	1,382 (559)	28.4	n/a
2005-2010	n/a	n/a	n/a
2011	1,638 (663)	63.5	95

[a] Puede haber sobreestimación de la superficie ya que también puede incluir tierras en barbecho o sin sembrar reservadas para futuras siembras.

[b] Datos de CDFA disponibles sólo para 1997-2004; datos más recientes sólo disponibles hasta 2011 de USDA.

Fuente: California Department of Food and Agriculture, California Organic Program (www.cdfa.ca.gov/is/i_%26_c/organic.html); United States Department of Agriculture, Department of Agricultural Statistics (http://usda01.library.cornell.edu/usda/current/Organic Production/OrganicProduction-10-04-2012).

Lecciones Aprendidas y Siguientes Pasos

Cuando Jim decidió por primera vez cambiar a la agricultura agroecológica, todos le dijeron que no era posible hacerlo con éxito. Y cuando unimos fuerzas en 1986, se consideró que nuestro pensamiento era demasiado radical, si no directamente loco. Pero, de hecho, una de las partes más valiosas de la colaboración ha sido tener un amigo con la misma línea de pensamiento. Realmente fue un proceso de co-creación de dos caminos, con los resultados de la investigación presentados a Jim, discusiones de ir y venir sobre posibles cambios en el sistema y prácticas agrícolas, trayendo ideas de investigación de otros proyectos, compartiéndolas y proponiendo posibles formas de ponerlas en práctica en la granja. Nos ayudamos mutuamente a seguir avanzando durante más de 30 años de desafíos.

Construir una relación de confianza entre los investigadores y los agricultores que pueda crecer, evolucionar y persistir no es fácil. Construir esta relación requirió tiempo, confianza, flexibilidad y una voluntad de compartir conocimientos, valores y sistemas de creencias. Esta relación participativa y orientada a la acción es un componente esencial de la forma en que la agroecología debe operar para promover la participación de más agricultores y aumentar en el sistema alimentario para promover un cambio real.

En muchos sentidos, un compromiso de pensar en los sistemas alimentarios fue necesario desde el principio. En nuestro caso particular, las dimensiones del cambio social de la agroecología estaban presentes cuando iniciamos nuestros estudios comparativos en 1986. Guiaron nuestra interacción y trayectoria de investigación e influyeron en el propio enfoque agrícola y desarrollo de Jim. Hemos tenido que estar constantemente a la espera de la cooperación de la agroecología, ya sea por la industria de la fresa a gran escala, integrada verticalmente y orientada al mercado, o por las universidades o instituciones de investigación agrícola convencionales. Por ejemplo, la investigación actual sobre las alternativas a MeBr, que está programada para concluir en 2017, se centra principalmente en encontrar un reemplazo para el fumigante tóxico, ya sea otra sustancia química o una práctica orgánicamente aceptable, para que las fresas puedan ser cultivadas continuamente. Hay muy poco énfasis en rediseñar el sistema monocultivo de la fresa con diversificación, rotaciones o cultivos múltiples, como Jim ha decidido hacer.

Mirando hacia el futuro, será un reto para los agricultores de California adaptarse a la continua crisis de sequía. Los cinco niveles de transición pueden servir de guía en este proceso. Las prácticas agroecológicas en torno a la reducción y la sustitución de insumos (Niveles 1 y 2) reducirán la necesidad de riego intensivo y los rediseños de Nivel 3 requerirán prácticas agrícolas menos intensivas. Sin embargo, esto también implicará probablemente rendimientos más bajos por acre, razón por la que la creación de nuevos mercados directos con mejores precios para los productores (Nivel 4) será crucial. Y el Nivel 5 de pensamiento tendrá que ponerse al frente ya que los agricultores se dan cuenta de que el agua es limitada, que debe ser compartida tanto con la gente como con la naturaleza y que la sostenibilidad futura debe convertirse en el principal objetivo a largo plazo.

Jim y yo hemos tenido muchas conversaciones a lo largo de los años acerca de cómo hemos hecho agroecología juntos. Con nuestra colaboración durante más de 30 años, hemos desarrollado nuestra firme creencia en la necesidad de un cambio completo en el sistema alimentario. Hemos aprendido juntos que la agroecología trata sobre la profunda integración de la investigación, la práctica agrícola y las acciones de cambio social. Sin las tres, no es realmente agroecología.

Agradecimiento

Este estudio de caso se ha adaptado del material presentado en el capítulo 22 de la tercera edición de mi libro de texto, *Agroecology: The Ecology of Sustainable Food Systems*. Aprecio especialmente el intercambio abierto y la relación que tengo con Jim Cochran y el manejo de su granja Swanton Berry Farm. Además, sin la contribución de una gran cantidad de investigadores y estudiantes colaboradores de la UC Santa Cruz, esta relación participativa no habría sido posible.

Referencia

[1] Gliessman, S.R. 2015. *Agroecology: The Ecology of Sustainable Food Systems*. Boca Raton, FL: CRC Press/Taylor & Francis Group.

[2] Ibid.

[3] Sances, F., N. Toscano, L.F. LaPr, E.R. Oatman, M. W. Johnson. 1982. "Spider mites can reduce strawberry yields." *California Agriculture*, 36(1):14-16.

[4] Gliessman, S.R., M.R. Werner, S. Swezey, E. Caswell, J. Cochran, and F. Rosado-May. 1996. "Conversion to organic strawberry management changes ecological processes." *California Agriculture* 50(1):24-31.

[5] Shennan, C., J. Muramoto, S. Koike, M. Bolda, O. Daugovish, M. Mochizuki, E. Rosskopf, N. Kokalis-Burelle, and D. Butler. 2010. "Optimizing anaerobic soil disinfestation for strawberry production in California." *Proceedings of the Annual International Research Conference on Methyl Bromide Alternatives and*

Emissions Reductions, 23.

[6] JMuramoto, J., S.R. Gliessman, S.T. Koike, C. Shennan, D. Schmida, R. Stephens, and S. Swezey. 2005. "Maintaining agroecosystem health in an organic strawberry/vegetable rotation system." White Paper and Muramoto, J., S.R. Gliessman, S.T. Koike, C. Shennan, C.T. Bull, K. Klonsky, and S. Swezey. 2014. "Integrated Biological and Cultural Practices Can Reduce Crop Rotation Period in Organic Strawberries." *Agroecology and Sustainable Food Systems,* 38(5):603-631.

[7] Swezey, S.L., D.J. Nieto, J.R. Hagler, C.H. Pickett, J.A. Bryer, and S.A. Machtley. 2013. "Dispersion, Distribution, and Movement of Lygus spp. (Hemiptera: Miridae) in Trap-Cropped Organic Strawberries." *Environmental Entomology* 42(4): 770-778.

[8] Ibid.

[9] Koike, S., C. Bull, M. Bolda, and O. Daugovish. 2012. "Organic Strawberry Production Manual." University of California Division of Agriculture and Natural Resources, Publication number 3531, Oakland, CA.

[10] Monterey County Agricultural Commissioner. 2013. "Monterey County Crop Report 2012." Salinas, CA, 2013; and Santa Cruz County Agricultural Commissioner. "Santa Cruz County Crop Report 2012." Watsonville, CA.

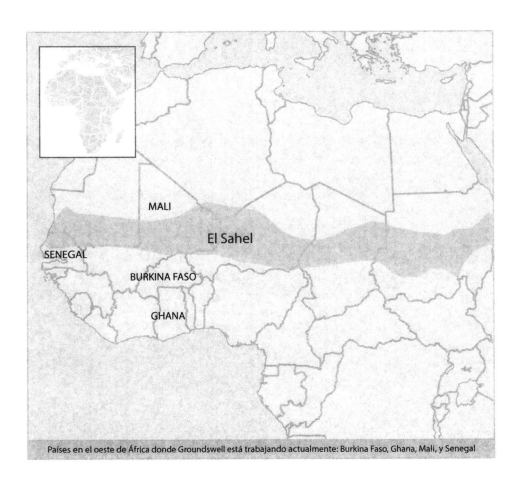

Países en el oeste de África donde Groundswell está trabajando actualmente: Burkina Faso, Ghana, Mali, y Senegal

CAPÍTULO 6

Contexto de África Occidental: Desafíos a los que se Enfrentan los Campesinos en el Sahel[i]

Peter Gubbels y Steve Brescia

Resumen: *Las familias rurales de Sahel en África Occidental se enfrentan a un conjunto de desafíos comunes. Una tormenta perfecta de presiones demográficas, económicas y ecológicas les ha llevado a abandonar las prácticas tradicionales de barbecho de árboles y arbustos, que anteriormente apoyaban la producción sostenible de alimentos. Ahora, sus suelos están agotados y muchas personas se enfrentan al hambre crónica y a la inseguridad alimentaria. Como respuesta, los gobiernos de África Occidental han prometido 10 % de sus presupuestos nacionales para apoyar la agricultura, pero la pregunta sigue siendo si esa promesa apoyará el mismo ciclo de agotamiento de suelo y de hambre, o si puede convertirse en un apoyo a la transición agroecológica. Este contexto enmarca el trabajo de los tres procesos de innovación agroecológica descritos en los siguientes estudios de caso sobre Burkina Faso, Mali y Ghana.*

Hambre, Barbecho y Fertilidad del Suelo

Cada año, desde 2012, casi un cuarto de la población de Sahel—más de 20 millones de personas[1] de un total de 86,8 millones[2]—sufre hambre y desnutrición, de seria a extrema. Este es un aumento dramático respecto a patrones anteriores que datan de 1966 (ver Gráfica 1). La mayoría de las

---

i Sahel es la región de transición entre el desierto de Sahara al norte y la Sabana Sudaní al sur. Tiene un eco-clima semi-árido. Se extiende desde el Océano Atlántico hasta el Mar Rojo. Incluye los siguientes países de oeste a este: el norte de Senegal, sur de Mauritania, centro de Mali, norte de Burkina Faso y extremo sur de Argelia y Níger, el extremo norte de Nigeria, el centro de Chad y Sudán, el extremo norte de Eritrea, Camerún, República Central de África y el norte de Etiopía.

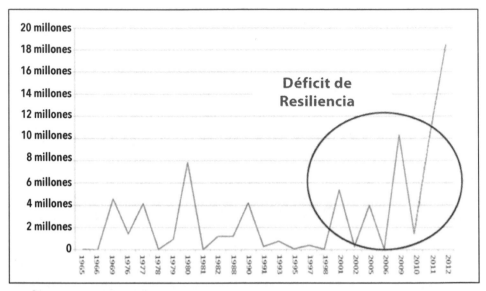

GRÁFICA 1. Cantidad de Personas Afectadas por la Sequía y el Hambre en Seis Países de Sahel (1965-2011)

Fuente: USAID, Sahel *JPC Strategic Plan: Reducing Risk, Building Resilience and Facilitating Inclusive Economic Growth*, 2012, 2.

personas que se enfrentan al hambre son campesinos de pequeña escala que dependen de la agricultura cultivando productos como mijo, sorgo y frijol de ojo negro en plantaciones de tierra seca.[ii,3] Más de 20 % de los hogares agrícolas del Sahel viven ahora con menos de US$ 0.50 al día, que es la definición de "ultra pobres".[4]

En el pasado, las familias rurales tenían estrategias para mantener el suelo y sobrevivir a las sequías periódicas. Estas estrategias ya no funcionan y las comunidades rurales están atrapadas en una espiral que agrava los bajos rendimientos de las cosechas, el hambre y la desnutrición. Un paradigma de desarrollo agrícola que está fracasando contribuye a la pérdida de resiliencia de las comunidades agrícolas—se erosionan sus capacidades, estrategias y recursos para responder a las crisis temporales. La causa subyacente de esta creciente crisis de inseguridad alimentaria es la disminución de la fertilidad del suelo.

Durante siglos, los campesinos de pequeña escala de producción de las zonas de Sahel y de la sabana en África occidental mantuvieron la fertilidad del suelo empleando una estrategia de barbecho natural. Después de cuatro o cinco años de cultivar una parcela, una familia campesina despejaría nuevas

---

[ii] Las estimaciones del % de la población de campesinos de producción en pequeña escala varía según el país, pero la mayoría indica que este grupo constituye al menos de 50% a 60% del total.

tierras y dejaría la parcela original en barbecho, descansando sin explotar, durante 10 años o más. A pesar de que los campesinos limpiaban tierras de labranza cortando y quemando árboles y arbustos, éstos se regenerarían a partir de la red viva de raíces y tocones que yacían debajo de la superficie cuando el área quedara en barbecho. Dando suficientes años la re-vegetación natural de los árboles y arbustos restauraría lentamente la materia orgánica del suelo con la hojarasca producida y la fertilidad al traer nutrientes a la capa superior del suelo de capas más profundas, proporcionando sombra y la reproducción de la vida silvestre. Finalmente, las familias podrían volver a cultivar esa parcela de nuevo.

De esta manera, las familias campesinas trabajaban con la naturaleza, manejando la dinámica regeneradora de árboles y arbustos para sostener tanto su base de recursos naturales como sus medios de subsistencia. Sin embargo, actualmente esta práctica de barbecho de árboles y arbustos naturales casi ha desaparecido. Desde 1970, la población de las zonas de Sahel y la sabana de África Occidental ha aumentado más del doble. Por consiguiente, las parcelas de tierra disponibles han disminuido de tamaño. Los campesinos han sido presionados para reducir los periodos de barbecho porque tienen menor cantidad de tierra disponible para hacer la rotación. Como cultivan la misma tierra año tras año, van eliminando más nutrientes del suelo de los que se devuelven. La Organización de las Naciones Unidas para la Agricultura y la Alimentación (FAO) estima que actualmente 80 % de la superficie de Sahel está agotada de nutrientes vitales.[5]

Estos suelos agotados e infértiles producen menores cosechas, lo que significa que cada familia debe cultivar una mayor área de tierra para producir la misma cantidad de alimento. Para hacerlo, han talado más tierras y están ampliando enormemente el área cultivada, contribuyendo además a un círculo vicioso de reducción de la cubierta vegetativa. En algunos casos, el aumento del uso de arados (tirados por animales o, en el norte de Ghana, por tractores) ha arrancado y reducido considerablemente la reserva subterránea de tocones y raíces vivas, degradando así el potencial regenerativo de la tierra. Los campesinos también continúan cortando árboles para obtener forraje para su ganado y para satisfacer sus necesidades de madera de construcción y leña combustible para las poblaciones rurales y urbanas.

Una presión adicional en muchas áreas de Sahel es que la tierra también es compartida con grupos nómadas que tienen ganado vacuno, ovejas y cabras. Estos pastores se enfrentan a las mismas limitaciones de acceso reducido a la tierra y la vegetación para mantener sus ganados. Su necesidad de los mismos recursos menguantes ha llevado a tensiones crecientes con los campesinos establecidos.

Cuando los árboles más viejos de los campos mueren, actualmente no hay árboles nuevos que los reemplacen. Los estudios realizados por el Centro Internacional de Agroforestería (ICRAF) verifican que desde las décadas 1970 y 1980, los campesinos de Sahel han experimentado grandes pérdidas de árboles debido tanto a las sequías como a las presiones de la población. No hay suficiente materia orgánica para mantener los suelos, alimentar a la gente y al ganado.

Los suelos frágiles están expuestos a la erosión provocada por el viento y el agua, cuando son golpeados por las tormentas torrenciales de la corta temporada lluviosa que dura cuatro meses. En algunos casos en las tierras secas, la capa superficial del suelo ha sido casi completamente eliminada. Se desarrolla entonces una costra gruesa, parecida al cemento, que hace más difícil que el agua de lluvia penetre y que las semillas que germinan puedan emerger.

Por último, el cambio climático está haciendo que los patrones de lluvias sean cada vez más erráticos. A veces no hay suficiente lluvia y otras veces hay demasiada, o a menudo cae en el momento equivocado, retrasando o acortando la temporada de crecimiento y llevando al fracaso de las cosechas.[6] Lo más alarmante es que los científicos proyectan para el año 2050 un aumento de la temperatura de tres a cinco grados Celsius sobre las ya altas temperaturas actuales. La producción podría caer si las temperaturas suben por encima de un nivel tolerable. Con el maíz, por ejemplo, la producción disminuye 0.7 % por cada 24 horas que la planta esté expuesta a una temperatura superior a 29 grados Celsius (84,2 grados Fahrenheit). Los científicos predicen que en 2050 habrá una disminución de la producción agrícola de 13 % en Burkina Faso, 25.9 % en Malí y 44.7 % en Senegal.[7] Incluso si la precipitación global sigue siendo la misma, la disminución de la humedad del suelo causada por el aumento de la evaporación debido al alza de temperaturas amenazará el rendimiento de los cultivos.

Respuestas de Movilización

En respuesta a la creciente crisis de seguridad alimentaria en las tierras secas, la comunidad internacional necesita recaudar cerca de US$2 mil millones al año para la asistencia humanitaria para sólo nueve países entre 2014 y 2016. Los gobiernos de los países de la región Sahel se han comprometido a aumentar el apoyo a la agricultura con 10 % de sus presupuestos nacionales. Los principales donantes internacionales y las agencias de cooperación, como la Fundación Gates con la Alianza para una Revolución Verde en África (AGRA), el Banco Mundial, el gobierno de Estados Unidos de América con el programa Alimentar el Futuro, y la Nueva Alianza para la

Seguridad Alimentaria y Nutrición que incluye gobiernos, proveedores multinacionales de insumos agrícolas y a representantes de la sociedad civil, han asumido compromisos importantes para desarrollar la agricultura y sacar a decenas de millones de personas de la pobreza.

Pero el asunto crítico es: ¿Qué tipo de agricultura que sea más adecuada para las tierras secas se debe apoyar? ¿Qué vías, programas y políticas permitirán a los campesinos de pequeña escala aumentar sustancialmente la productividad, salir del hambre y la pobreza, y volverse resilientes al cambio climático?

Desafortunadamente, la mayoría de los gobiernos africanos y los donantes internacionales están apoyando predominantemente la modernización de la agricultura a través de una "nueva revolución verde". Este modelo se basa principalmente en fertilizantes, pesticidas y herbicidas químicos; semillas híbridas y modificadas genéticamente (OGMs); mecanización e irrigación. Aunque algunos están proporcionando un apoyo limitado para fortalecer la resiliencia en las áreas más afectadas a través de estrategias más sostenibles, en general están invirtiendo poco en enfoques agroecológicos o en investigación para determinar comparativamente su efectividad. El objetivo general de estos programas es abordar la crisis del hambre a la que se enfrentan los campesinos productores en pequeña escala, pero en la práctica tienden a invertir donde se pueden generar buenos rendimientos de las inversiones. Estas estrategias agrícolas convencionales a menudo se aplican en las mejores tierras, con los campesinos de producción a mediana y gran escala que tienen más recursos, para apoyar la producción de cultivos de exportación como algodón, arroz irrigado o cacahuetes-maní. La suposición parece ser que el aumento de los niveles generales de producción nacional generará beneficios que se filtrarán a gotas hasta los más pobres.

La realidad es que estos enfoques no son eficaces para la masa de campesinos de producción en pequeña escala que viven en zonas secas, ecológicamente frágiles y propensas a riesgos, que ganan menos de US$ 1 o 2 al día. Si el objetivo es aliviar el hambre y la pobreza, entonces los esfuerzos deben centrarse en estas personas. Ellos no pueden permitirse costosos gastos agroindustriales, e incluso los campesinos de producción en pequeña escala que obtienen acceso a los insumos a través de subsidios, están cultivando un suelo tan degradado que el uso de fertilizantes puede producir sólo un beneficio marginal, en el mejor de los casos. Incluso para los campesinos de una escala algo mayor, el precio de los fertilizantes químicos hace económicamente irracional usarlos para los cultivos de productos básicos. Más bien, los utilizan para cultivos de exportación de alto valor, pero aún así son vulnerables tanto al clima como a la volatilidad del mercado. La inversión en elementos externos los pone en mayor riesgo de caer en deuda si pierden sus cultivos o mercados. Lo fundamental es que, los fertilizantes químicos no abordan el problema subyacente que es generar más materia orgánica y mejorar la salud biológica y la fertilidad innata de los suelos.

Muchas agencias internacionales de desarrollo buscan expandir la agricultura convencional y trabajar activamente para dar forma a las perspectivas, programas y políticas de los gobiernos nacionales y de los ministerios de agricultura. Los responsables de la implementación de los programas de desarrollo agrícola carecen de conocimientos sobre la producción agroecológica y sus beneficios, así como también desconocen los impactos negativos de la agricultura convencional y de la "nueva revolución verde". Una creencia común y prejuicios de quienes formulan políticas y de los donantes, es por ejemplo, que la integración de árboles en los campos de producción (agroforestal) limitará la productividad porque inhiben el uso de maquinaria para cultivar monocultivos "modernizados". Ellos creen que los fertilizantes químicos son necesarios para aumentar la producción. Tales creencias erróneas también afectan a muchos campesinos.

Otro problema importante es que los extensionistas agrícolas promueven estas técnicas agrícolas industriales a través de tecnología con enfoques rígidos: "de arriba hacia abajo" y "el mismo tamaño es bueno para todos". Las necesidades complejas y diversas de los campesinos y de las comunidades se ignoran a favor del suministro de paquetes técnicos predefinidos.[8] El

Mujer campesina en su parcela manejada con FMNR en el este de Burkina Faso.
Foto de Tsuamba Bourgou

trabajo de extensión tradicional generalmente no considera adecuadamente las normas, actitudes, objetivos ni los diferentes niveles de recursos de los campesinos.[9] La expansión rápida asume que la población y sus condiciones agrícolas son homogéneas, lo cual no refleja las realidades locales.

Estos sesgos son presentados en un análisis de la agricultura en Sahel elaborado por el Instituto de Estudios sobre Desarrollo, que aplicó una perspectiva de economía política. Identificaron una triple negligencia: de la *agricultura* como un sector; de las necesidades de los *pequeños propietarios* en áreas marginales mal servidas por las tecnologías de la revolución verde; y de un *enfoque alternativo y multifuncional* de la agricultura mejor adaptada a millones de campesinos de tierras secas. Este abandono persiste, según el informe, debido a la falta de voluntad política, a la falta de capacidad de los campesinos con pequeñas propiedades para ejercer una fuerte demanda de servicios agrícolas apropiados y a estrategias ineficaces para abordar las complejidades involucradas en la ampliación de las innovaciones agroecológicas.[10]

Para contrarrestar esto, Dennis Garrity, Presidente de la Alianza para la Agricultura de EverGreen y Embajador de las Naciones Unidas en las Tierras Secas, ha enfatizado la necesidad de incorporar los conceptos de producción agroecológica en los corazones y las mentes de los agrónomos convencionales y de los creadores de políticas que aún ven la agricultura industrial a gran escala como la solución a la seguridad alimentaria en África Occidental. En particular, el Dr. Garrity pidió que se hicieran esfuerzos para aumentar drásticamente el uso de los árboles en las tierras de cultivo y de pastoreo de los campesinos con pequeñas propiedades.

Cada vez hay más pruebas de que una intensificación ecológica de la agricultura, sustentada en las prácticas agrícolas tradicionales y en principios como el barbecho, es el camino a seguir. Un enfoque probado y prometedor es el llamado *Manejo Campesino para la Regeneración Natural de los Árboles* (FMNR, siglas en inglés), en el cual los campesinos integran los árboles en sus sistemas agrícolas. En efecto, esta estrategia agroecológica equivale a "barbecho simultáneo", o aprovechando la dinámica del barbecho mientras se cultivan alimentos.

Los principios de la producción agroecológica son esenciales para permitir a los campesinos de pequeña escala de África Occidental superar las crisis relacionadas que sufren: colapso de la fertilidad del suelo y el hambre. La aplicación de los principios agroecológicos a mayor escala, sin embargo, sigue siendo un desafío. La convencional estrategia de "transferencia de tecnología" influye y predispone incluso a las organizaciones que buscan expandir las prácticas agroecológicas.

Este es el contexto general en que se desarrollan los siguientes tres estudios de caso de Burkina Faso, Malí y el norte de Ghana. En cada uno de ellos, las ONGs locales, las organizaciones campesinas y otros aliados científicos, gubernamentales y de la sociedad civil, han emprendido iniciativas para lograr una adaptación y adopción generalizadas de prácticas mejoradas que permitan a los campesinos de pequeña escala hacer progresivamente una transición hacia una agricultura agroecológica, productiva y resiliente. También han trabajado para crear políticas que apoyen su gestión.

Referencia

[1] Eijkennar, Jan. 2015. "End of Mission Report: Resilience and AGIR." European Commission Directorate-General For Humanitarian Aid And Civil Protection – ECHO Regional Support Office For West Africa, 7. April; and USAID. 2014. "Latest Sahel Fact Sheet." September. Accessed November 7, 2016 www.usaid.gov/crisis/sahel.

[2] Haub, Carl and Toshiko Kaneda. 2014. "World Population Data Sheet." Population Reference Bureau.

[3] IRIN. 2008. "Backgrounder on the Sahel, West Africa's poorest region." June. Accessed November 7, 2016. www.irinnews.org/report/78514/sahel-back-grounder-on-the-sahel; and Mathys, E., E. Murphy, M. Woldt. "USAID Office of Food for Peace Food Security Desk Review for Mali, FY2015-FY2019." Washington, DC: FHI 360/FANTA.

[4] Eijkenaar, "End of Mission Report." Op. Cit, 5.

[5] Steyn, Anne-Marie. 2015. "Opinion: To Solve Hunger, Start with Soil." *Inter Press Service News Agency*, April. Accessed November 7, 2016. www.ipsnews./net/2015/04/opinion-to-solve-hunger-start-with-soil; and IRIN. "Backgrounder on the Sahel." Op. Cit.

[6] IPCC. 2008. "Synthesis Report: Contribution of Working Groups I, II and III to the Fourth Assessment Report of the Intergovernmental Panel on Climate Change." IPCC, Geneva.

[7] Potts, M., E. Zulu, M. Wehner, F. Castillo, C. Henderson. 2013. *Crisis in the Sahel: Possible Solutions and the Consequences of Inaction*. Berkeley: The Oasis Initiative.

[8] Watt, Robert. 2012. "Adopt or Adapt: The political economy of 'climate-smart agriculture' and technology adoption among smallholder farmers in Africa." CARE International SACC Project Report.

[9] USAID. 2014. "Organizational Survey and Focus Groups on Adaptive Practices." November. Accessed November 7, 2016. http://community.eldis.org/.5c1fe9f0.

[10] Watt. "Adopt or Adapt." Op. Cit.

Regiones referenciadas en el capítulo

CAPÍTULO 7

Regenerando Árboles, Paisajes y Medios de Vida en Mali: Un Caso de Transformación Dirigida por Campesinos

Pierre Dembele, Drissa Gana, Peter Gubbels, y Steve Brescia

Resumen: *Durante las décadas de 1960 a 1990, el manejo ambiental centralizado y la presión poblacional en Mali provocaron la degradación masiva del suelo y la expansión de la inseguridad alimentaria. En la región de Mopti, las comunidades se movilizaron para frenar el ciclo de desertificación y de vulnerabilidad mediante la restauración de prácticas agrícolas tradicionales y la organización comunitaria. Este trabajo, en combinación con la descentralización del control gubernamental y el apoyo de ONGs, les ha permitido expandir las estrategias agroecológicas en Mali y más allá. Aquí, narramos su historia desde el punto de vista de las ONGs aliadas.*

Historia: del Manejo Ambiental Local al Control Centralizado

Salif Aly Guindo entiende la relación poderosa entre los árboles y la organización comunitaria en el desafiante ecosistema en el que vive. Justo al norte de su comunidad de Ende en el centro de Mali, se extiende el vasto desierto del Sahara. "Aquí nuestra estación lluviosa para cultivar dura menos de tres meses", señala, parado entre los árboles que ahora rodean la tierra agrícola de Ende. "Producimos con nuestras propias semillas, que fueron conservadas

Salif Aly Guindo, líder del Barahogon, Ende, Mali. Foto de Steve Brescia.

por nuestros ancestros. Incluso cuando nos falta comida y compramos de fuera, siempre conservamos nuestras semillas. Pero antes de que el *Barahogon* se fortaleciera de nuevo, el suelo era tan pobre que nuestras semillas no producían adecuadamente. Ahora que hemos podido restaurar el suelo, nuestras semillas han vuelto a producir".[1] Salif es el presidente del *Barahogon*, una organización tradicional comunitaria que está regenerando los árboles y la fertilidad del suelo y, como resultado, está revirtiendo y frenando la desertificación que viene desde el norte y que había amenazado en convertir a Ende en un lugar inhabitable.

Desde que los Dogon, Fulani y Dafing se asentaron en la zona en el siglo XII, la población ha cultivado mijo, sorgo, frijol de ojo negro y ha criado ganado. Actualmente la región es conocida como el *Cercle de* Bankass (una subdivisión administrativa) en la región Mopti de Mali. El ecosistema seco, en donde la precipitación anual varía entre 400 a 850 mm, es desafiante, pero mediante una combinación de buenas estructuras sociales y prácticas agrícolas ecológicamente apropiadas, esta población ha construido una sociedad exitosa. En 2009, la población del *Cercle* Bankass había crecido a 263,446 habitantes.[2]

Durante siglos las comunidades locales de Dogon se organizaron bajo el liderazgo de un *hogon*, o rey, quien supervisaba varios departamentos administrativos. Uno de estos departamentos se llamaba *Barahogon*, que en el idioma Dogon significa "Rey del Bosque". El mandato tradicional del *Barahogon* era el manejo sustentable de la producción, la subsistencia y los recursos naturales. Las personas que han trabajado en esta unidad desarrollaron un conocimiento profundo sobre su ecosistema local y lo integraron a sus prácticas culturales. Ellos eran responsables de monitorear las tierras de bosques; conservando especies importantes de plantas, árboles y animales; imponiendo regulaciones locales para la cosecha de frutos silvestres; estableciendo el calendario para los festivales tradicionales; y regulando la poda de árboles y la liberación de animales para pastar. Los miembros del *Barahogon* también eran responsables de comunicar y hacer cumplir las leyes tradicionales de regulación ambiental, incluyendo la prohibición de la caza de hembras embarazadas o en lactancia; el no cortar árboles frutales; el utilizar prácticas higiénicas alrededor de las fuentes de agua; y la resolución de conflictos locales relacionados con la tierra y los recursos ambientales. Al igual que la mayoría de las instituciones tradicionales responsables del manejo ambiental, los *Barahogon* se deterioraron durante la colonización y más aún a partir de 1960 cuando Mali se independizó de Francia. Durante las siguientes tres décadas, el gobierno de Mali centralizó la regulación y administración ambiental, reemplazando el control de las comunidades locales por el del Departamento de Agua y Bosque recientemente creado. Aunque la intención del estado de Mali era promover un manejo ambiental sustentable, sus medidas tuvieron el efecto contrario.

Acelerando la Degradación, Aumentando el Hambre

Entre las décadas de 1960 y 1990, una combinación de diversos factores crearon un ciclo desastroso de cada vez mayor degradación del suelo, pérdida de árboles y de vegetación, y patrones de lluvia menos predecibles en el *Cercle de* Bankass, la Región Mopti y demás áreas secas de Mali. Las principales causas de la degradación del suelo incluyeron: el aumento de la presión poblacional; la centralización del poder político y de la toma de decisiones sobre el manejo de los recursos naturales; la limitada capacidad de las organizaciones comunitarias para generar innovaciones agroecológicas con rapidez suficiente que permitieran proteger el acelerado declive ambiental; y el cambio climático.

En los 900 años anteriores, las prácticas agrícolas y de manejo ambiental tradicionales del pueblo Dogon y de otros grupos étnicos en Bankass les habían permitido satisfacer sus necesidades, sobrellevando las sequías ocasionales y los años malos. El proceso de manejo comunitario de los

Terreno limpio para la siembra. Foto de Steve Brescia.

recursos naturales funcionaba. Una de las prácticas más importantes era el uso del barbecho (descrito en mayor detalle en el Capítulo 6—sobre el Contexto de África Occidental). Cuando empezaba a decaer la fertilidad del suelo en una parcela los agricultores la dejaban descansar durante 10 a 20 años y limpiaban una nueva para sembrar. Durante el período de descanso, la vegetación y los árboles se recuperaban, añadiendo materia orgánica al suelo y haciéndolo fértil de nuevo para siembras futuras.

Mientras la capacidad y autoridad del *Barahogon* para manejar y estimular prácticas sustentables decrecía, la población aumentaba paulatinamente y presionaba cada vez más a la tierra. Como resultado, en muchos lugares de Bankass, los campesinos tuvieron que reducir sistemáticamente la cantidad tiempo que dejaban descansar la tierra. Incluso algunos dejaron de practicar el barbecho del todo. Ya que el poder del *Barahogon* había decaído, no tenía la capacidad de promover prácticas más sustentables y benéficas ante estas presiones. Como resultado, disminuyó tanto la fertilidad del suelo como la productividad. Los campesinos entraron en un círculo vicioso de reducción del tiempo de barbecho, disminución de la fertilidad y de la retención de agua, el aumento de la erosión, y la necesidad de compensar cultivando más tierra, talando árboles y demás vegetación. Los árboles – también utilizados como combustible para el fuego de cocina – eran tan escasos que las mujeres tenían que caminar largas distancias para colectar leña. Salif Aly Guindo recuerda que cuando no se podía conseguir leña "quemaban estiércol de vaca y tallos de sorgo para cocinar. Esto es lo que antes se usaba como abono para la tierra", comenta, "pero si lo quemas para cocinar [en lugar de reincorporarlo al suelo], entonces nada crece".[3] Estas dinámicas intensificaron la degradación del suelo.

Al mismo tiempo que las/los campesinos de Dogon se hicieron más vulnerables a la inseguridad alimentaria, el cambio climático también comenzó a provocar un aumento en la frecuencia e intensidad de las sequías. Las fuertes sequías Sahelianas de 1973 y 1985, otras cinco sequías entre 1992 y 2005, y la plaga de chapulines de 2004-2005, aceleraron la destrucción de la cobertura vegetal. La erosión provocada por el viento aumentó y por primera vez surgieron dunas de arena en el área de Bankass.

Ante la crisis, los líderes locales actuaron. Trabajaron para revitalizar el *Barahogon* y sus prácticas culturales de manejo sustentable de la tierra. Intervinieron para cambiar las leyes que se habían convertido en un obstáculo para la acción, el control y la innovación local.

Prácticas Agroforestales: El Poder de la Ley

Las leyes forestales establecidas por el gobierno independiente de Mali en los 1960s, no reconocían adecuadamente los derechos ni las necesidades de los agricultores para manejar los árboles en sus tierras, como tampoco reconocían su participación en el manejo sustentable del bosque. Las mismas leyes que pretendía proteger el bosque, también requerían que los campesinos obtuvieran permisos del Departamento de Agua y Bosques para podar o cortar árboles en sus propios terrenos. Esto les quitó poder de decisión a los agricultores y creó un proceso burocrático que desincentivó la participación activa de los agricultores en la conservación de los árboles de sus tierras.

Al inicio de los 1990s, el gobierno de Mali reconoció la necesidad de hacer reformas, y dio importantes pasos legales y legislativos para descentralizar el poder y otorgárselo a las autoridades regionales y comunitarias de nuevo. Por ejemplo, el gobierno modificó el Código Nacional Forestal en 1995 para catalogar a los árboles en tierras campesinas o en barbecho menores de diez años de edad como parte de la "agricultura" y no del "manejo forestal". Mientras que esto redujo las restricciones a los agricultores, el Código dejó algunos detalles importantes indefinidos. ¿Podían los agricultores podar o talar árboles? ¿Cuál era la división exacta de responsabilidades entre las comunidades locales y los ministerios gubernamentales nacionales?

La Importancia de la Cultura

En ese mismo período, en 1994, una ONG ambiental de Inglaterra llamada SOS Sahel empezó a trabajar con las/los campesinos del área de Bankass. SOS Sahel buscaba ayudar a las comunidades a afrontar las crisis que padecían mediante la promoción de técnicas de agroecología y de conservación de suelo y agua. Drissa Ghana, coautora de este estudio de caso, reporta lo siguiente: "Empezamos realizando diagnósticos participativos con las comunidades sobre las amenazas ambientales en el área. En los pueblos Dogones más antiguos gradualmente tomamos consciencia de las instituciones tradicionales de protección ambiental que habían existido, incluyendo el *Barahogon* en el norte de Bankass, y el *Alamodiou* en el sur".[4]

Mamadou Diakité, también del personal de SOS Sahel, observó que las comunidades empezaron a promover las técnicas agroforestales tradicionales y a reconocer el valor que ciertos árboles tenía para la cultura local. El árbol localmente llamado *balazan* (*Faidherbia albida o Acacia*) es nativo de la región y tiene múltiples características benéficas. Tiene una raíz primaria profunda que le permite sobrevivir las sequías, tiene espinas que lo protegen de los animales, y es leguminoso. El *balazan* conserva la tierra en su lugar, recoge nutrientes del subsuelo para regenerar y mantener la fertilidad, aporta materia orgánica con las hojas que bota y fija nitrógeno en el suelo. La mayor ventaja de estos árboles es que se pueden integrar a las parcelas campesinas porque pierden sus hojas en la estación lluviosa, por lo que no obstruyen el sol ni absorben nutrientes cuando los cultivos los necesitan. Por ello, no es sorprendente que el *balazan* se considere como una fuente de vida en las historias sobre la creación de las culturas locales.

Para celebrar la vida, estimular la recuperación agroforestal con árboles *balazan*, y para aprovechar estas raíces culturales profundas, Diakité escribió un poema sobre la interdependencia entre los campesinos y estos árboles. El poema fue ampliamente divulgado a través de las radios locales y resonó fuertemente entre la población local:[5]

> *Llamado del campesino al Balanzan:*[i]
>
> Árbol Balanzan, (no me dejes) no me abandones. . .
> Balanzan, no me abandones
> Balanzan, tú que proteges las parcelas del viento y del enorme calor de la época seca.
> Balanzan, no me abandones. . .

---

[i] Balanzan es la manera local como escriben el nombre del árbol "balazan".

Llamado del Balanzan al Campesino

Campesino de Seno, ven ayúdame, sé la esperanza que me salva;
Campesino de Seno, protégeme de los azadones
Campesino de Seno, protégeme de los arados
Campesino de Seno, protégeme del corte de las hachas de los pastores
Campesino de Seno, protégeme de los incendios forestales.

Pero después de algunos años de apoyar a los campesinos de la zona, SOS Sahel tuvo que suspender su trabajo y trasladarse a otra área de Mali. Sin embargo, los líderes campesinos de las comunidades de Dogon continuaron el trabajo de restauración del ambiente y de su forma de vida por su cuenta. En 2004, SOS Sahel experimentó cambios estructurales en su cede en Inglaterra, y apoyó al personal basado en Mali en la creación de una ONG local llamada Sahel Eco que continúa el importante trabajo. En 2005, después de ocho años de ausencia, gente de Sahel Eco visitó el área de nuevo para aprender sobre lo qué había estado pasando. Se asombraron con los cambios que encontraron. "Cuando nuestro personal regresó a Ende en 2005, además de encontrar los pocos árboles maduros que habían sobrevivido las sequías de

Los campos anteriormente infértiles de Ende, Mali restaurados a través del Manejo Campesino para la Regeneración Natural de los Árboles (FMNR, siglas en inglés), aumentando así la producción de alimentos, forraje y leña combustible. Foto de Steve Brescia.

los años 1970s y 80s, vimos un bosque de árboles jóvenes emergiendo del suelo arenoso. Nos dimos cuenta que algo significativo estaba ocurriendo", afirmó Drissa Gana.[6]

El Barahogon se Auto-Revitaliza

Reconociendo la crisis que enfrentaban, varias comunidades de la región Mopti decidieron realizar acciones radicales para revitalizar sus estructuras organizativas tradicionales y las prácticas sostenibles de manejo del suelo a mediados de los 1990s. Trabajaron para fortalecer la Asociación *Barahogon*, la cual abarcaba los tres distritos (cercles) de Kani Bozon, Bankass y Koporo Na, alrededor de Ende. Los líderes del *Barahogan* trabajaron con familias tanto para recuperar prácticas y conocimientos culturales que habían sido efectivos, como para innovar ante el cambio climático acelerado.

El *Barahogon* resucitado, dirigido por líderes comunitarios como Salif Aly Guindo, instauró reglas comunitarias sencillas estableciendo que nadie podía cortar ramas o árboles de un terreno sin la autorización del agricultor. Anunciaron las reglas a través de las radios locales a todas las comunidades vecinas y le comunicaron a los taladores de madera que sus licencias eran válidas únicamente en los bosques controlados por el Estado. Promovieron numerosos cambios en las prácticas de la población local. Como recuerda Pierre Dembele, Director de Sahel Eco y coautor de este estudio, "Algunas veces la población se resistía a estos cambios, pero los líderes comunitarios se dieron cuenta de que eran necesarios para regenerar y proteger los árboles, y regenerar el suelo".[7]

Las/los campesinos tuvieron que aprender nuevas estrategias para regenerar árboles en sus tierras y ajustar sus prácticas de siembra para integrar árboles en los sistemas agrícolas. Aprendieron a identificar y seleccionar brotes tiernos de raíces vivas y troncos, a marcarlos y permitirles crecer. Experimentaron con la poda de árboles para obtener los beneficios máximos y controlar su sombra sin obstruir el sol de los cultivos. Probaron diferentes combinaciones de variedades de árboles hasta encontrar las mejores para sus tierras, aprendieron sobre los usos y beneficios de cada variedad (p. ej., fertilidad del suelo, forraje, leña, herramientas y materiales de construcción, etc.), y sobre los niveles idóneos de densidad de árboles por hectárea. Las mujeres, responsables de recolectar la leña y el forraje, tuvieron que aceptar que durante uno a tres años debían dejar crecer los árboles hasta que pudieran ser usados de manera sustentable para esos propósitos. Como lo señaló Salif Aly Guindo en 2011, "Vea cómo han crecido estos árboles. Si podamos las ramas pequeñas cuando inicie la estación lluviosa, obtendremos mucha

TABLA 1: Cambios en Prácticas Identificadas por Campesinos

Prácticas Favorables a ser Aumentadas	Prácticas Desfavorables a ser Disminuidas
Preservar los brotes jóvenes de los árboles cuando se hace la siembra	Destruir las semillas de los árboles
Estrategias mejoradas para limpiar los campos	Limpia y quema de ramas y troncos
Producción de vástagos de árboles	Recoger los residuos de la cosecha y los tallos (en lugar de integrarlos al suelo)
Vender vástagos de árboles	Explotación comercial de raíces y cortezas
Sembrar árboles	Explotar las raíces para artesanía
Podar los árboles	Mutilar los árboles
Recoger las ramas cortadas (para forraje y leña)	Recoger las ramas cortadas (para forraje y leña)
Utilizar estufas mejoradas	Utilizar la paja de mijo como combustible de cocina
Mejorar los métodos de recolección de frutos	Recolectar frutos inmaduros
Arar en dirección perpendicular a la inclinación	Arar en dirección paralela a la inclinación
Técnicas de abono y mantillo	
Integración semi-directa de estiércol	
Manejo de los animales en el campo	

madera. Esto ayuda a las mujeres porque podrán llevarla en carretas jaladas por burros a sus casas. No tienen que viajar tan lejos".[8] El *Barahogon* también intervino en desacuerdos entre campesinos, madereros y funcionarios de gobierno. Al hacerlo, tuvo que trabajar para construir legitimidad y confianza en las comunidades para garantizar que estas nuevas reglas fueran aceptadas por todos.

En un período relativamente corto de diez años, el *Barahogon* alcanzó un resultado increíble alrededor de Ende. Se logró una gran restauración ecológica y transformación de las tierras mediante innovaciones campesinas propias, organización y trabajo, siguiendo principios agrícolas y viviendo en armonía con los recursos naturales. No sólo se frenó la degradación del suelo y el ambiente en la zona, sino que incluso se *revirtió* en más de 3,000 hectáreas. Entre 1999 y 2008 realizaron este trabajo sin apoyo externo alguno.

Restauración de árboles en tierra anteriormente desértica alrededor de la comunidad de Ende, Mali. Foto de Steve Brescia

Comprendiendo y Expandiendo el Éxito: la Colaboración entre una ONG y *el Barahogon*

Observando el enorme progreso y la transformación agroecológica generada por el *Barahogon*, Sahel Eco decidió apoyar la consolidación de su trabajo y expandirlo. Ellos invirtieron en estudios para entender y documentar el proceso y las técnicas agroforestales desarrolladas por el *Barahogon* en Ende. Posteriormente, comenzaron a colaborar con otras comunidades alrededor de Ende para que éstas inspiraran, revitalizaran y capacitaran a los miembros de las demás asociaciones tradicionales que se encontraban generalmente inactivas a lo largo de Bankass. Utilizaron técnicas como el aprendizaje a través de visitas de intercambio, programas de radio, concursos en los cuales las/los campesinos más exitosos recibían premios, y el fortalecimiento de organizaciones campesinas comunitarias. Esto impulsó la expansión de innovaciones agroecológicas a una masa crítica en todo el *Cercle* de Bankass. El conjunto de técnicas agroecológicas desarrolladas por el *Barahogon* de manera independiente finalmente se denominó "Manejo Campesino para la Regeneración Natural de los Árboles" (FMNR, siglas en inglés), (*Régénération Naturelle Assistée*, en francés RNA) y ha sido promovido ampliamente más allá de Bankass y de Mali (como lo demuestra el estudio de caso de Burkina Faso y Ghana).

Como un paso en la ampliación del proceso, Sahel Eco trabajó intensamente con las nuevas autoridades descentralizadas del gobierno local de Bankass para buscar el reconocimiento legal de las asociaciones del *Barahogon* y *Alamodiou*. Posteriormente, Sahel Eco trabajó para promover acuerdos oficiales (*conventions locales*) entre las autoridades del gobierno local y el *Barahogon*, en los cuales se definieron las responsabilidades de las comunidades en el manejo de los recursos naturales.

Sahel Eco promovió activamente la expansión de estas prácticas agroecológicas campesinas a lo largo de Mali. La comunidad de Ende pronto se convirtió en anfitriona de numerosas visitas de grupos de otras comunidades, de funcionarios de gobierno, de ONGs nacionales e internacionales, y de delegados de otros países de la región Saheliana. Todos querían conocer el trabajo excepcional de la asociación *Barahogon*. Sahel Eco trabajó para establecer vínculos de campesino a campesino y de comunidad a comunidad para expandir el FMNR y demás prácticas sostenibles complementarias, ampliando los esfuerzos para influir en la política y fortalecer las redes de trabajo nacionales e internacionales.

Investigación, Documentación y Comunicación Participativas

Sahel Eco trabajó con miembros de la comunidad para realizar investigaciones, análisis participativos, y escribir y socializar numerosos artículos y estudios. También produjo videos cortos y documentales más largos, y los compartió con otras comunidades, con la sociedad civil, y con redes campesinas para informar sobre el trabajo, las técnicas, y los beneficios del FMNR. Además, Sahel Eco y *Barahogon* utilizaron las radios locales para difundir historias y poemas, compartir las prácticas efectivas e informar a las comunidades sobre las regulaciones para el manejo de árboles.

A continuación hay algunos ejemplos de estrategias participativas utilizadas por Sahel Eco para generar conocimiento y cambiar prácticas:

Visitas de Intercambio: Sahel Eco promovió visitas a la zona de Bankass para que los delegados de otros lugares conocieran el trabajo de FMNR. Participaron delegados de cercles de la región de Mopti (Koro, Bandiagara, Douentza y Mopti) y de Tominian – el *cercle* vecino de la región de Segou. Por ejemplo, en 2009 Sahel Eco organizó una "caravana" especial para los campesinos y autoridades gubernamentales locales de Tominian, quienes viajaron en varios buses a Ende, Bankass. Cuatro organizaciones campesinas de Tominian seleccionaron a 61 participantes, incluyendo a 25 mujeres, quienes asumieron la responsabilidad de compartir y enseñar todo lo aprendido a su regreso a casa. La visita de la caravana fue un catalizador poderoso para expandir el trabajo en Tominian.

Competencias y Premios: Sahel Eco y la Asociación *Barahogon* organizaron una competencia para elegir a los "Mejores Campesinos FMNR", la cual fue promovida por la radio y de boca en boca entre las organizaciones comunitarias. En 2010, por ejemplo, 228 campesinos se inscribieron en la competencia y 50 campesinos provenientes

> ### Diálogo Durante la Visita de Intercambio a Ende en 2009:
>
> *"Me gustaría saber ¿cómo han podido regar esta gran plantación (de árboles) si la fuente de agua más cercana está a 4 kilómetros?"*
>
> *- Naomie Dembele, campesina de Tominian*
>
> *"Señora, aquí los árboles no han crecido porque los reguemos. El crecimiento del bosque es producto de dos actividades. Primero, protegemos el área de la tala devastadora a través de un acuerdo con los servicios forestales. Y segundo, muchos campesinos aplican la tecnología de FMNR."*
>
> *- Salif Aly Guindo, Presidenta de la Asociación Barahogon*

de diez municipalidades de la región de Mopti fueron seleccionados. Cada ganador recibió un rollo de tela con diseños que decían "Reverdeciendo el Sahel" para hacer ropa. También elaboraron videos en los cuales aparecían siete de los campesinos ganadores y que después fueron utilizados por los promotores comunales para capacitar a otros campesinos.

Abogacía y "Convenios Locales": Como hemos visto, el abogar por la descentralización del control y la toma de decisiones sobre el manejo de la tierra y los árboles fue un elemento crucial para la expansión exitosa del FMNR. Sahel Eco también facilitó la creación de acuerdos en los 12 pueblos de Bankass por medio de procesos de investigación-acción participativa y negociación involucrando a accionistas locales. Los acuerdos formalizaron el control de los campesinos locales sobre el manejo de los árboles e incluyeron incentivos para su regeneración y mantención, brindando la seguridad de que serían capaces de obtener beneficios a largo plazo.

Construcción de redes: Sahel Eco, con el apoyo de organizaciones internacionales y donantes, desarrolló programas para expandir estas estrategias más allá de Bankass a los *cercles* de Koro, Bandiagara, Mopti y Djenne. Ellos crearon redes más amplias con investigadores y representantes de ONGs y organizaciones campesinas que compartían las mismas metas. Sahel Eco también descubrió que estaban surgiendo esfuerzos paralelos de FMNR en otros países como respuesta a dinámicas y crisis similares. Por ejemplo, un grupo de investigadores y organizaciones de Niger identificaron alrededor de 5 millones de hectáreas de tierra agrícola regeneradas mediante técnicas de FMNR desde los 1980s. Otras organizaciones del norte de Burkina Faso también regeneraron 300,000 hectáreas.

En abril de 2009, estas organizaciones y grupos se reunieron para lanzar ampliamente la "Iniciativa para Reverdecer el Sahel". Además de Sahel Eco y de organizaciones campesinas, la reunión también incluyó a representantes del Ministerio del Ambiente de Mali, el Presidente de la Asamblea Nacional de Mali, la Coordinación Nacional de Organizaciones Campesinas (CNOP, siglas en inglés), y muchas ONGs, técnicos locales y representantes de otros países. Los campesinos dieron testimonios convincentes sobre su trabajo regenerando la tierra, su sustento y su forma de vida por medio del FMNR.

Resultados

Todas estas estrategias se acumularon para crear un efecto de auto-expansión del FMNR entre los campesinos y las comunidades en muchas áreas, como lo han señalado evaluadores externos y personas y funcionarios comunitarios. La auto-expansión y adopción voluntaria son frecuentemente los mejores indicadores de que las tecnologías apropiadas brindan beneficios reales y valiosos para las vidas de la gente.

En general, el trabajo iniciado por el *Barahogon* y apoyado por Sahel Eco ha revertido la deforestación y la desertificación notablemente, ha expandido el FMNR a una masa crítica de campesinos en la Región Mopti, y ha hecho contribuciones significativas al movimiento Reverdeciendo el Sahel en Mali y África occidental. Los resultados son evidentes y tangibles para quienes viven y cultivan en la Región Mopti. Como describe Salif Aly Guindo:

"Antes aquí no había pasto. El suelo no era fértil, nada crecía. Ahora, lo que siembres crece…

Antes sólo había algunos pocos árboles aislados. Ahora sembramos sorgo, mijo, frijol de ojo negro y todo crece bien. Las hojas que caen de los árboles fertilizan la tierra. Esos árboles *nabana* (*Piliostigma reticulatum*) fijan el nitrógeno, lo mismo que aquellos árboles pequeños. Antes de 1999, el viento era un gran problema. La arena que volaba cubría las semillas y nada crecía, además había plagas de insectos. Pero ahora la densidad de los árboles frena el viento y las semillas pueden germinar y crecer. También cosechamos el pasto como forraje para animales, lo que nos ha permitido criar más ganado.

Antes de 1999, cosechábamos de 4 a 5 costales de mijo o sorgo (100 kg por costal). Actualmente obtenemos de 4 a 5 graneros llenos. Cada granero puede conservar 15 costales (*nota: es un aumento de entre 400-500 kg y 6,000 kg de mijo o sorgo por año*).

Este trabajo lo iniciamos en 1999. Actualmente producimos suficiente comida para todo el año, ya no hay estación de hambre. Antes realmente sufríamos inseguridad alimentaria, dependíamos de la ayuda alimentaria de familiares que vivían en otras áreas. Con mucho esfuerzo colectivo hemos trasformado esta área"[9]

Más allá de este poderoso relato, dos evaluaciones dirigidas por Sahel Eco destacan la dimensión de los resultados hasta el momento. La primera, finalizada en 2010, se enfocó en los procesos del área de Bankass de entre 1999 y 2010. Se encontró que aumentó entre 30 y 50% la tasa de adopción de diez de las "mejores prácticas" del FMNR identificadas por campesinos para manejar los recursos forestales.[10] La tasa de adopción de la mayoría de estas prácticas ha sobrepasado la "masa crítica" (estimada en 40%), lo cual indica la probabilidad de auto-sustentación y extensión de estas prácticas a otros campesinos. Las/los campesinos han recuperado una conciencia profunda sobre el valor y la importancia de los árboles en sus vidas y en su ambiente. Como resultado, de 13 *communes* en Bankass, seis han revertido la deforestación y alcanzado un nivel de "balance" entre su producción agrícola y la regeneración y manejo de árboles (i.e., los mayores recursos de madera/leña exceden los niveles de consumo anual).

Pero ¿qué nos dicen estos indicadores cuantitativos sobre los beneficios reales del FMNR para las familias? Para evaluar esto más a fondo, Sahel Eco y *Barahogon* realizaron evaluaciones profundas con grupos focales de mujeres y hombres en las comunidades de la Meseta y Seno en el *Cercle* de Bankass. Encontramos que en la Meseta, por ejemplo, las mujeres que utilizaban paja de mijo y estiércol de vaca como combustible para el fuego de cocina cinco a diez años antes, actualmente sólo usan leña sustentable de su parcela. La Tabla 2 resume los cambios y beneficios del FMNR percibidos por la población de la Meseta entre 2005 y 2010 (según una escala del 1 a 10, 1 siendo lo más bajo y 10 lo más alto).

En Sena, las/los participantes evaluaron los cambios en la situación de sus recursos naturales entre 2000 y 2010 (Ver Tabla 3). Utilizando una escala de 1-10, indicaron el año en el que los varios recursos forestales estuvieron en su nivel más alto en los últimos 10 años (siendo 10 el nivel máximo), y después valoraron la evolución de los recursos durante ese período (siendo 1 el nivel más bajo de árboles disponibles).

TABLA 2: Beneficios del FMNR entre 2005 y 2010 según las Comunidades de la Meseta (escala de 1-10)

Indicadores de que gran parte de las necesidades comunitarias se alcanzan con árboles locales	Situación en 2005	Situación en 2010
Medicinas naturales	2	8
Frutos de árboles para alimentación	3	7
Abundancia de productos	1	8
Leña	3	7
Madera para construcción	2	10
Mejora de la fertilidad del suelo	1	9
Regreso de la fauna salvaje	1	10
Hojas para cocinar en salsas	1	10
Producción de forraje para animales	3	8
Sombra	1	10
Abundancia de árboles	2	9
Reducción de la erosión provocada por el viento	1	10
Aumento del ingreso familiar	1	10
Regreso de los pájaros	1	10
Introducción de especies de árboles exóticos	NA	10
Fortalecimiento de la cohesión social	NA	10
Promedio	1.5	9.1

Los campesinos también identificaron beneficios significativos en relación al fortalecimiento de sus organizaciones locales y la creación de un contexto más favorable. Por ejemplo, el establecimiento de los *Convenios Locales* en la mayoría de las comunas, mejoró notablemente el manejo comunal del bosque y llevó a la creación de una Organización para el Manejo Forestal Inter Comunitario alrededor de la zona forestal de Samori. Tanto la población como los funcionarios del gobierno local, expresaron gran entusiasmo y un sentimiento fuerte de identificación con el trabajo local. Ellos crearon mayor transparencia en la venta de licencias de tala y uso de árboles, aumentaron los ingresos de la venta de licencias e invirtieron esos recursos en el desarrollo local. Disminuyó la cantidad de gente migrando del área, se redujo la muerte de ganado y los artesanos locales revitalizaron actividades lucrativas de artesanía con su acceso mejorado a recursos naturales.

TABLA 3: Evolución de los Recursos Naturales

Tipo de Recursos Forestales	Año 2000	Año 2005	Año 2010
Bosques sagrados	10	3	1
Bosquecillos	3	5	10
Setos vivos	2	3	10
Árboles en espacios públicos	4	5	10
Árboles en barbecho	3	5	10
Árboles en tierras de labranza	3	5	10

La segunda evaluación, realizada en 2013, se enfocó en un programa desarrollado entre 2010 y 2013 dedicado a la expansión del FMNR en las comunas de Sokura en la Región Mopti.[11] En 11 de las comunidades evaluadas (de un total de 28), los campesinos aumentaron la tasa de utilización del FMNR de 18.8% de hogares en 2010 a 41.3% en 2013. Los campesinos regeneraron 56,500 árboles (12 especies nativas) en sus parcelas y en tierras en barbecho mediante el FMNR. Sembraron un total de 25,241 árboles de "alto valor" (17 variedades distintas incluyendo árboles frutales, baobab, moringa, etc.), de los cuales 96% sobrevivieron.

Miembros de la comunidad de Sokura identificaron muchos de los mismos beneficios derivados de la expansión del FMNR. La cantidad de trabajo y los gastos de las mujeres se redujeron, al mismo tiempo que aumentó su acceso a la leña. Los campesinos mejoraron la fertilidad del suelo, mientras que redujeron la erosión de tierra y arena provocada por el viento y las tormentas. Además mejoró la germinación de semillas. Al aumentar la disponibilidad de forraje para animales en ramas y hojas de los árboles, aumentó la producción de carne y leche, así como los ingresos por la posibilidad de engordar y vender animales más rápidamente. También aumentó el acceso de los campesinos a otros productos no maderables del bosque, como frutos y medicinas naturales para uso y venta. Crecieron los ingresos de las mujeres con, por ejemplo, la venta de frutos *Faidherbia abida* (las mujeres dicen cosechar un costal de 100 kg de fruta de cada árbol en las parcelas de FMNR, y los venden a $4.40 dólares por costal). Las familias tienen mayor acceso a madera de construcción, vigas y postes para hacer casas. Los participantes informaron que el acceso y uso de estos recursos ha mejorado su salud.

La evaluación encontró que los impactos positivos fueron más fuertes en 15 comunidades rurales de áreas secas, en comparación con 13 comunidades periurbanas (debido a la presión comercial y la inseguridad en la tenencia de la tierra), o en comparación con los terrenos inundables arroceros (que son ecosistemas distintos con otros patrones agrícolas). Una lección es que debemos adaptar mejor las estrategias de FMNR a las áreas periurbanas en donde existen otras oportunidades de mercado al igual que a otros contextos agroecológicos.

Un análisis aproximado de costos y beneficios del programa en Sokura demuestra un nivel impresionante de efectividad y eficiencia. El programa implicó una inversión de aproximadamente $165,000 dólares en tres años, aproximadamente $55,000 por año. Con esta inversión, alrededor de 40% de los campesinos adoptaron técnicas FMNR en al menos 15 de las 28 comunidades, revirtiendo sustancialmente la deforestación y la desertificación; aumentando la fertilidad del suelo, la producción de alimentos, los ingresos y otros beneficios de manera sustentable.

Lecciones y Próximos Pasos

El colapso de la fertilidad del suelo y el aumento de la vulnerabilidad crónica y del hambre en las poblaciones rurales son de las principales amenazas que afronta Mali y el resto de la región del Sahel en África. Los campesinos y sus organizaciones tradicionales, como el *Barahogon*, han demostrado tener una capacidad extraordinaria para aprender del conocimiento tradicional, continuar innovando, trabajar en armonía con la naturaleza y regenerar su ambiente y su modo de vida. En base a los grandes logros iniciales del *Barahogon* utilizando el Manejo Campesino para la Regeneración Natural de los Árboles (FMNR), Sahel Eco ha trabajado efectivamente para expandir esta estrategia ampliamente con otras organizaciones tradicionales del área de Bankass. Igualmente importante ha sido su trabajo con múltiples aliados para negociar regulaciones y acuerdos apropiados para descentralizar la toma de decisiones y el manejo de árboles y tierra, para que sean controlados por los campesinos y sus comunidades. Está claro que cuando los campesinos se sienten libres para proteger, cuidar y beneficiarse de los árboles de sus parcelas, pueden surgir soluciones organizativas y tecnológicas. El FMNR y las técnicas agroecológicas relacionadas tienen un gran potencial para ayudar a reverdecer y revertir el ciclo de degradación en la región de Sahel.

A pesar de este importante progreso, en muchas áreas de Mali las comunidades continúan teniendo altas tasas de deforestación y son cada vez más vulnerables. Aunque el gobierno de Mali tiene muchas políticas públicas favorables a la agroecología, en la práctica no han priorizado su expansión. Por el contrario, la inversión agrícola gubernamental favorece la agricultura comercial a gran escala y a los intereses de los agronegocios internacionales.

Por ejemplo, se les ha otorgado acceso a tierra altamente productiva a países extranjeros mientras que se abandona a la mayoría de los campesinos de las áreas secas.

Para cambiar esta tendencia y expandir la agroecología en Mali, se necesitan tomar varios pasos. Se deben continuar revisando las leyes y las regulaciones para garantizar que los campesinos sean fortalecidos en el manejo sustentable de sus árboles y su tierra, y para reconocer formas de propiedad de tierra tradicionales.   Los departamentos gubernamentales de agricultura y bosques, las autoridades locales, las ONGs, los campesinos y sus organizaciones tradicionales deben reunirse y armonizar principios alrededor de estas metas. Las organizaciones tradicionales deben continuar fortaleciendo su capacidad para manejar sus recursos naturales, mientras que las municipalidades debieran crear planes de desarrollo territorial que les deleguen responsabilidades a las organizaciones locales. Existe la necesidad de apoyar los procesos innovadores dirigidos por los campesinos para lograr integrar una amplia variedad de principios y prácticas agroecológicas a la prácticas ya existentes de FMNR, y para aumentar la producción y la resiliencia. Las/ los campesinos y sus aliados deben mejorar las cadenas de valor agroforestal para los mercados locales, mientras que las instituciones de investigación podrían colaborar con el desarrollo y documentación de todas estas estrategias.

En mayo de 2014, muchas organizaciones en Mali se reunieron para crear la Plataforma Agroecológica Nacional para alcanzar estas metas de forma más coherente. Aprendiendo de éxitos inspiradores como el del *Barahogon* en Ende, la lección es clara: sí es posible transformar los sistemas de producción agrícola que están en crisis para que sean productivos, resilientes y sustentables. Sin embargo, para lograrlo se requiere trabajar junto con los aliados del movimiento agroecológico de Mali para garantizar la expansión desde la base, al igual que la creación de políticas favorables. Como lo expresa Salif, "Esto requiere un esfuerzo colectivo. Aun con la creación del *Barahogon,* puedes ver que algunas personas aún vienen y tratan de cortar algunos árboles. Tenemos que estar organizados. Un campesino individual no puede hacerlo solo".

Referencia

[1] Aly Guindo, 2011. Salif. Interview by Steve Brescia, Fatoumata Batta, and Peter Gubbels, June 14.
[2] République de Mali Institut National de la Statistique. 2010. "Resultats Provisoires RGPH 2009."
[3] Aly Guindo, interview, Op.Cit.
[4] Ghana, Drissa. 2015. Internal Report to Groundswell International.
[5] Diakité, Mamadou. 1995. *Natural Regeneration Poem.* Excerpt translated by authors.
[6] Ghana, Internal Report, Op. Cit.
[7] Dembele, Peter. 2015. Internal Report to Groundswell International.
[8] Aly Guindo, interview, Op. Cit.
[9] Aly Guindo, interview, Op. Cit.
[10] Gubbels, Peter, Ludovic Conditamde, Mamadou Diakite, Salifou Sow, Drissa Gana, Housseini Sacko. 2011. "Raport Final: Auto-evaluation Assistee du projet "Trees for Change," Cercle de Bankass, Mali." January.
[11] Gubbels, Peter, Bianovo Moukourou, Amadou Tankara, Oumar Sidibe, and Mama Traore. 2013. "End of Project (2010-2013) Evaluation Report, Sahel Eco and International Tree Foundation, Assisted Self Evaluation of the "Re-greening Sokura" Project, Commune of Sokura, Mopti, Mali." November.

Regiones referenciadas en el capítulo

CAPÍTULO 8

De los Oasis a los Ambientes de Éxito: Acelerando las Innovaciones Agroecológicas en Burkina Faso

Fatoumata Batta y Tsuamba Bourgou

Resumen: *La Asociación Alimentar sin Destruir (ANSD, siglas en francés) ha estado trabajando con 125 comunidades en la región oriental de Burkina Faso apoyando un proceso comunitario de innovación y divulgación agroecológica dirigido por campesinos. Por medio de escuelas de campo, intercambios, planes de acción comunitaria y colaboración con muchos líderes locales y agencias gubernamentales, los campesinos y colaboradores del proyecto han logrado no sólo apoyar las innovaciones agroecológicas que se realizan, sino también han encontrado formas de expandir las innovaciones a una cantidad creciente de campesinos.*

Al igual que muchos de sus vecinos, Souobou Tiguidanla trabaja en condiciones ambientales precarias para sostener a sus parientes en una pequeña granja donde siembra principalmente maíz, mijo y sorgo. "En 2010 y 2011", recuerda Souobou, "teníamos hambre. La lluvia fue muy pobre y no pudimos producir suficiente comida para nosotros mismos". La familia no pudo sobrevivir de su producción y tuvo que comprar cosas en el mercado, sabiendo que este gasto limitaría su posibilidad de inversión para las siembras del próximo año. Souobou sabía que "necesitaba cambiar algo", por ello buscó formación en agroecología con una organización local; gradualmente empezó a adoptar nuevos métodos que además de ser más productivos y benéficos para el ambiente, también son menos caros.

La *Asociación Alimentar sin Destruir* (ANSD, siglas en francés)— una organización dirigida por uno de nosotros (Bourgou) y co-creada por el otro (Batta)—apoya la adaptación e innovación agroecológica en la región oriental de Burkina Faso. Mediante el estímulo de la experimentación, el reconocimiento de la innovación y la priorización del aprendizaje descentralizado de Campesino a Campesino, ANSD ha encontrado rutas exitosas hacia vidas más ecológica y económicamente viables. Trabajamos por un cambio amplio y duradero enfocándonos en la **profundidad** de las prácticas agroecológicas de cada finca, en la expansión **horizontal** de prácticas de Campesino a Campesino, y en la adopción **vertical** de la agroecología en organizaciones gubernamentales y civiles.

Desafío: Oasis de Éxito

Según el Reporte de Desarrollo Humano de Naciones Unidas de 2015, Burkina Faso es el sexto país más pobre del mundo.[1] La región este del país es una de las áreas más marginadas; estudios recientes estiman que 43.9 porciento de la población vive en pobreza extrema.[2] La población está atrapada en un círculo vicioso de degradación de los recursos naturales, deterioro de la fertilidad del suelo, disminución de la producción alimentaria y hambre. La escasez de alimentos es frecuente particularmente en la "temporada austera" entre cosechas. En el caso de Souobou, es aún peor cuando hay sequía. Para sobrevivir, muchas familias se saltan comidas. Los pequeños productores que están entre el 30% más pobres, frecuentemente venden sus animales y bienes de hogar en esta temporada para comprar comida en los mercados locales. Cuando no tienen algo para vender, obtienen préstamos con altos intereses. Esta pérdida de recursos hace a esta población aun más vulnerable en la próxima temporada austera o ante la siguiente sequía. La mayor parte de la población del este de Burkina Faso, al igual que en otras partes del Sahel, no tiene la capacidad de salir de este círculo vicioso sembrando a base de prácticas que antes funcionaban (como el barbecho).

Testimonio de un Campesino: Adjima Thiombiano Comunidad de Gayéri[3]

"El desafío que afrontamos es que la lluvia es insuficiente y la fertilidad del suelo está disminuyendo. Desde que esto sucede, la producción también ha disminuido. No tenemos la misma productividad que teníamos antes. En mi hogar somos 11 personas. Por supuesto que estamos angustiados. Si eres el responsable de otras personas y no tienes suficiente comida, te preocupas mucho".

Un facilitador de ANSD muestra cómo usar el aparato "A" para crear curvas de nivel para la conservación de suelo y agua. Foto de Tsuamba Bourgou

En este contexto desafiante, las/los campesinos, las ONGs locales y los investigadores agrícolas en Burkina Faso han desarrollado una variedad de soluciones viables. En los últimos 30 años, han probado y adaptado numerosas prácticas agroecológicas efectivas—algunas nuevas, otras tradicionales—que han demostrado ser capaces de restaurar la fertilidad del suelo y aumentar la producción de alimentos de los pequeños productores. Éstas incluyen técnicas de conservación de suelo y agua basadas en prácticas tradicionales, como por ejemplo el "zai", los hoyos de siembra micro captadores de agua "media luna" y diques de contorno de piedra permeables; el uso de composta para aumentar la materia orgánica del suelo; y la promoción del "manejo campesino para la regeneración natural" de árboles (FMNR, siglas en inglés). El FMNR es un método de agroforestería en el cual los campesinos permiten que los árboles se regeneren en sus parcelas a partir de troncos y raíces existentes en vez de talarlos, podando los brotes e integrando los árboles en su sistema agrícola de tal manera que se restaure la fertilidad y productividad del suelo. Algunas familias campesinas también han adoptado el uso de semillas de ciclo corto para lidiar con la lluvia irregular.

Innovación Aislada

Mariam Ouango, una campesina de la comunidad de Tibga de 57 años que tiene seis hijos, ha encontrado una forma inusual de aumentar su producción agrícola sin utilizar fertilizantes químicos. Además de cultivar y criar ganado, Mariam crea productos con valor agregado, como por ejemplo la manteca de karité (un árbol africano). Durante muchos años ella luchó por producir tomates, pero frecuentemente se "quemaban" por la falta de lluvia y el impacto severo de los fertilizantes químicos. Un día, Mariam notó que el suelo donde tiraba las sobras del proceso de extracción de la manteca de karité estaba más suelto, con más humedad, y sin termitas ni otros insectos. Ella intuyó que esta podía representar una alternativa y empezó a experimentar echando manteca líquida en su parcela en lugar de fertilizantes químicos. Las plantas de tomate ahí sembradas eran doblemente altas y productivas. La nueva técnica ha tenido resultados magníficos para Mariam y su familia. Ella está orgullosa de su innovación y está motivada a seguir experimentando con otras estrategias agroecológicas. Aún falta que su innovación sea adoptada por otros campesinos. Una limitante es que la mayoría de los campesinos no tienen acceso a la manteca de karité. Para determinar si los programas agrícolas deberían enfocarse en aumentar su acceso y diseminar esta técnica, es importante realizar más investigación para verificar el impacto de la manteca de karité en el acondicionamiento del suelo.

Aunque estas prácticas son muy efectivas, son pocas las personas que las han adoptado. Los campesinos que las utilizan representan un "oasis de éxito" dentro de un contexto más amplio de lucha. Es esencial expandir la agroecología de una manera más dramática y rápida para revertir el deterioro alarmante del suelo y los recursos naturales, para regenerar la productividad, y para reducir la pobreza, la vulnerabilidad y el hambre crónica en las comunidades campesinas, y así crear mayor bienestar.

Respuesta: Expandiendo los Ambientes de Éxito

La misión general de ANSD es fortalecer a las comunidades rurales para que superen el hambre y promover su desarrollo socio-económico. En 2010 iniciamos un programa nuevo en la región oriental en base a nuestro trabajo anterior. Este programa promueve el desarrollo agrícola comunitario a través de la agroecología en tres distritos que agrupan 125 pueblos. Los distritos son Bilanga, Gayéri y Tibga.

ANSD cree que los campesinos y sus organizaciones comunitarias deben dirigir sus propios procesos agrícolas y de desarrollo comunitario, y que nuestra función es fortalecer sus capacidades de manera sostenible. También creemos que los proyectos individuales deben estar ligados a iniciativas más amplias de cambio y de diseño de políticas públicas. Para ello, ANSD trabaja estrechamente con organizaciones campesinas comunitarias; con dos ONGs locales, la Asociación de Investigación y Educación Agroecológica (ARFA, siglas en inglés) y la Asociación de Promoción Rural Gulmu (APRG, siglas en inglés); con el Instituto Nacional de Investigación Ambiental y Agrícola (INERA, siglas en inglés); y con funcionarios del gobierno local y líderes tradicionales.

Como Fumata Batta (cofundador de ANSD y coautor de este capítulo) describe en un reporte para Groundswell International:

"Cuando empezamos a trabajar en 2010, nos dimos cuenta de que habían innovaciones campesinas que demostraban que las prácticas agroecológicas eran efectivas aún en condiciones extremas como las del este de Burkina Faso, pero que no se expandían suficientemente rápido para provocar un cambio. Sabíamos que teníamos que encontrar una forma efectiva para 'expandir' la agroecología. Entonces fuimos a las comunidades y facilitamos numerosas discusiones con los campesinos para comprender por qué todo se movía tan lento. Los pobladores comunitarios entendían claramente el problema. Ellos dijeron que aunque algunos habían escuchado de las innovaciones agroecológicas, la mayoría de ellos no las había visto o sabía muy poco sobre ellas. Casi no existían servicios de extensión agraria que apoyaran a los campesinos para aprender sobre estas alternativas. En general el gobierno se enfoca en los productores de exportación a gran escala, proveyendo insumos convencionales, y no atiende a los pequeños productores interesados en tecnologías sustentables. Los campesinos analizaron que desde su realidad, sus comunidades generalmente carecen de la capacidad organizativa para expandir ellos mismos las estrategias y para abogar por ellas. Los altos niveles de analfabetismo también suponen un desafío.

"Decidimos que íbamos a trabajar para apoyar la experimentación campesina con prácticas agroecológicas efectivas y que las compartiríamos de Campesino a Campesino. Además del conocimiento técnico, también se necesita fortalecer las capacidades organizativas de las organizaciones locales para dirigir el proceso. Nos comprometimos a priorizar la participación de lideresas y de grupos de mujeres utilizando estrategias que hicieran más fácil su participación y se beneficiaran. También planeamos fortalecer sistemáticamente la capacidad de las organizaciones comunitarias para crear redes de trabajo para compartir el conocimiento y las prácticas efectivas con otras comunidades, para tener mejor acceso a los mercados locales y para contribuir a las políticas públicas que apoyen la soberanía alimentaria".[4]

La población local elaboró estrategias junto con ANSD, realizó actividades y sesiones regulares de reflexión para evaluar y revisar su progreso, identificó aprendizajes y ajustó sus estrategias con vistas al futuro. Iniciando en pequeño, ANSD utilizó una estrategia multiplicadora para expandir las prácticas agroecológicas de Campesino a Campesino y de comunidad a comunidad, trabajando en tres direcciones complementarias. Primero trabajamos en **profundizar** el conocimiento individual de los campesinos cada vez con más principios y prácticas agroecológicas que diversificaron la innovación y experimentación campesina. Después, algunos socios del proyecto trabajaron en expandir este conocimiento **horizontalmente** mediante talleres y de Campesino a Campesino. Finalmente, nuestro equipo trabajó para expandir **verticalmente** la agroecología a través de redes campesinas más amplias y de trabajo político.

Profundidad Agroecológica: examinando a fondo el conocimiento campesino

Los campesinos tienden a escuchar a otros campesinos que viven en sus mismas condiciones—especialmente si ven que sus prácticas funcionan. Por ello, ANSD organizó visitas de aprendizaje para líderes de organizaciones campesinas locales, funcionarios de gobierno y de ministerios locales, y líderes religiosos y tradicionales, para ver técnicas agroecológicas exitosas practicadas por campesinos innovadores.

Los líderes trabajaron con sus comunidades para identificar retos clave y oportunidades, y para determinar las formas de probar y expandir las innovaciones agroecológicas prioritarias que habían observado. Se formaron grupos de campesinos interesados en aplicar las nuevas técnicas agroecológicas. ANSD facilitó auto-evaluaciones organizativas participativas con grupos campesinos y les dio seguimiento con apoyo adecuado. Esto llevó a que los miembros de las comunidades gradualmente establecieran comités

Mujeres en Bilanga-Yaga creando hoyos de siembra "zai" y añadiendo composta
Foto de Amy Montalvo

agrícolas locales en cada una de las 60 comunidades. Uno de los criterios de los comités era garantizar que hubiera una representación diversa en base al género, estatus económico, edad, organizaciones tradicionales y religiosas. Estos comités construyeron su capacidad organizativa para analizar, planificar, aumentar la consciencia, la coordinación de Campesino a Campesino, y el monitoreo y evaluación del proceso de compartir la agroecología.

A través de este proceso seleccionamos innovaciones agroecológicas "fundamentales": los hoyos de siembra *zai*, los diques de contorno de piedra, los hoyos captadores de agua "media luna", y el FMNR/manejo agroforestal. Éstas formaron la base de la capacitación técnica y práctica de Campesino a Campesino que recibe el creciente número de personas interesadas en la agroecología.

Tsuamba Bourgou, el director de ANSD, describe el proceso de expansión y experimentación con estas técnicas de la siguiente manera:

"Apoyamos a campesinos innovadores en comunidades piloto para realizar experimentos de técnicas agroecológicas en parcelas de prueba, evaluar sus costos y beneficios, y compararlas con otras prácticas utilizadas. Posteriormente, organizamos a las 60 comunidades participantes en 17 grupos de tres o cuatro comunidades

ESTRATEGIA DE EXPANSIÓN GEOGRÁFICA

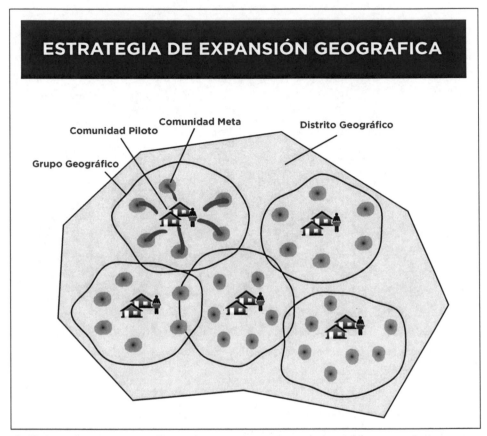

GRÁFICA 1: Estrategia de Expansión Geográfica de la Agroecología

cada uno de acuerdo a su ubicación geográfica, grupo socio-cultural, clan de afiliación y uso de los mismos mercados. Los líderes comunitarios designaron a una comunidad piloto en cada grupo, y dentro de esa comunidad seleccionaron a campesinos motivados (mujeres y hombres) para iniciar experimentos en las principales zonas de la comunidad. Estos campesinos trabajaron como en una escuela de campo y experimentaron con un número limitado de prácticas agroecológicas en parcelas de prueba dentro de sus propias granjas. Le dimos seguimiento a la adopción de prácticas nuevas mediante un sistema de monitoreo y evaluación participativo simple manejado por la comunidad establecido en reuniones de planificación en las cuales se usaron herramientas visuales, como por ejemplo un mapa social de todos los hogares y gráficas sencillas que evaluaron los niveles de adopción".[5]

Si los programas de desarrollo no están bien diseñados pueden aumentar la brecha entre los hogares más pobres y los menos pobres, o entre los hombres y las mujeres. ANSG trabajó con miembros de la comunidad para abordar este peligro y evitar este resultado. Identificamos a los hogares más vulnerables y con mayor inseguridad alimentaria, priorizamos la participación de las mujeres y adaptamos el tipo de apoyo que se le dio a ambos. Las organizaciones

Visita de intercambio de Campesino a Campesino para aprender técnicas agroecológicas con la técnica para captar agua "media luna".
Foto de Tsuamba Bourgou

comunitarias garantizaron que al menos 30 % de los campesinos involucrados en las actividades clave fueran mujeres.

Expandiendo la agroecología a más hogares

Las prácticas agroecológicas se difunden más allá de los participantes iniciales a través de visitas de intercambio y experimentos. Para acelerar esta expansión, nuestros grupos crearon un plan para juntar a comunidades geográficamente dispersas mediante capacitaciones de Campesino a Campesino. Los comités agrícolas comunitarios reclutaron a una extensa red descentralizada de líderes campesinos voluntarios (tanto mujeres como hombres) para preparar a otros. Estos voluntarios fueron seleccionados en base a sus propios intereses y prácticas agroecológicas, su deseo de enseñar a otros y su ubicación geográfica para llegar a todas las comunidades. Todos los voluntarios son parte de una estrategia descentralizada de capacitación multiplicadora de Campesino a Campesino. Ellos organizan parcelas de experimentación en varias comunidades para evaluar prácticas agroecológicas. Cuando estos campesinos voluntarios se convencen de la eficacia de las prácticas agroecológicas en sus parcelas, los comités agrícolas comunitarios organizan días de campo para que otros campesinos de los grupos comunitarios puedan visitar y aprender de esos experimentos. ANSD brinda formación metodológica para que los campesinos voluntarios puedan compartir sus nuevas prácticas y asesorar efectivamente a círculos crecientes de campesinos interesados.

Adicionalmente, los líderes campesinos trabajaron con ANSD para desarrollar programas radiales en la lengua local transmitidos en las radios comunitarias para compartir los beneficios de ciertas técnicas agroecológicas.

También produjeron videos documentando las experiencias de campesinos locales para ser compartidos con otros campesinos y comunidades. Bourgou reportó:

> "Todo esto es parte de nuestro esfuerzo de trabajar con campesinos para generar, documentar y diseminar el conocimiento de manera vibrante e interactiva. En ANSD complementamos el monitoreo y la evaluación dirigidos por la comunidad con procesos de evaluación adicionales para aprender del programa y evidenciar su creación. Esta información—al igual que la información de nuestras evaluaciones internas—aporta a los informes, videos, fotos, estudios de casos e historias de interés humano que divulgamos local e internacionalmente para promover la agroecología".[6]

Expansión Vertical: Creando un contexto político y social favorable para la agroecología

Aunque el gobierno de Burkina Faso sí brinda cierto apoyo a las prácticas agroecológicas, no considera la agroecología como una prioridad de desarrollo. La mayoría de las inversiones públicas agrícolas se hacen en las zonas de mayor producción (como en zonas algodoneras), y promueven prácticas convencionales a través de paquetes tecnológicos de semillas comerciales y fertilizantes químicos subsidiados. Es un desafío comprometerse con cambiar las políticas a nivel nacional—especialmente para los ciudadanos rurales de áreas ecológicamente frágiles, propensas a múltiples riesgos, y que tienen un nivel muy limitado de influencia . Por ello, los participantes de los programas primero se enfocaron en influir en los planes, presupuestos y prioridades de desarrollo de los gobiernos y ministerios locales y regionales. La mayoría de la gente de estas agencias tiene un conocimiento limitado de la agroecología. El involucrarlos en los procesos de aprendizaje en las comunidades rurales ayuda a desarrollar una comprensión compartida así como una mayor valoración de la agroecología y de la estrategia de compartir conocimiento de Campesino a Campesino. Muchos se convierten en aliados.

En 2014 ANSD convocó a dos talleres distritales y un taller regional en los cuales un grupo de representantes campesinos y de ANSD compartieron aprendizajes sobre estrategias agroecológicas con organizaciones campesinas, funcionarios de gobierno locales y tomadores de decisiones, para aumentar su conocimiento y discutir planes para fortalecer y expandir la agroecología.

Estas reuniones ayudaron a que los líderes campesinos y ANSD compartieran sistemáticamente con actores claves a nivel distrital y regional, y permitieron que múltiples agencias y organizaciones compaginen sus estrategias y utilicen conceptos similares de agroecología. También brindaron mayor apoyo institucional para las visitas de Campesino a Campesino, talleres, visitas de campo, y sesiones de evaluación y planificación intercomunitarias. ANSD es miembro activo de varias redes de trabajo regionales, nacionales y globales, plataformas de aprendizaje y comunidades de práctica que apoyan la expansión de la agroecología en Burkina Faso y otras áreas. Todas estas redes y actividades de aprendizaje también ayudan a reforzar la agroecología en las agencias de gobierno y abren la puerta a más recursos y a políticas favorables para la agroecología.

Resultados: Aumento en la Innovación y Adopción Agroecológica

Después de que Souobou (el campesino descrito al inicio del capítulo) asistió a un evento educativo sobre agroecología, empezó a experimentar con las nuevas prácticas. "Construí diques de contorno de piedra en mi granja", afirmó. "Esto impide que el agua de lluvia se escape. También comenzamos a hacer composta con los residuos de la cosecha y el estiércol de vaca". Como resultado, su suelo es más húmedo y fértil, y su producción ha aumentado más de 100% en sólo un año. Souobou fue el primer campesino que adoptó estas prácticas agroecológicas en su comunidad, pero dejará de ser el único pronto. "Mis hijos ya están aprendiendo a utilizar las nuevas prácticas y yo estoy listo para enseñarle a otros también", dijo.

ANSD inició su trabajo en 2010 en diez comunidades solamente, pero con el interés y esfuerzo de campesinos como Souobou, se ha extendido a 60 comunidades. Aunque el proyecto inició como una colaboración entre líderes comunitarios y campesinos, actualmente también se trabaja con INERA, la agencia gubernamental de investigación agrícola, para promover la experimentación agrícola. Más de la mitad de los campesinos del programa ahora practican agroforestería (FMNR), lo cual solía ser escaso en la región. También se está expandiendo la rotación anual de cultivos.

Gran parte de este éxito ha sido posible gracias a la oferta de múltiples oportunidades para la experimentación campesina descentralizada y para la transferencia horizontal de conocimiento. Esto genera un compromiso y un interés continuo en la agroecología a un costo mucho más bajo que el de los programas de desarrollo de agricultura convencional. El proyecto ha tocado a muchas personas: entre 2014 y 2015 se organizaron 221 talleres de aprendizaje en el campo con más de 2,500 campesinos-capacitadores formados, siendo la mayoría mujeres. Gracias a estos campesinos-capacitadores, para mediados de 2015 un total de 2,945 hogares adoptaron la agroforestería (FMNR) y otras técnicas agroecológicas relacionadas (hoyos de siembra *zai*, diques de contorno de piedra, abono orgánico, etc.). Otros vecinos visitaron y aprendieron de estos campesinos por medio de visitas de campo. Estos eventos formaron a más de 1,000 hombres y mujeres en las 60 comunidades, quienes ahora son *promotores voluntarios* que proveen formación agroecológica y acompañamiento a campesinos para quienes la agroecología aun es nueva. El costo de dar formación a estos promotores campesinos voluntarios ha sido de aproximadamente $2 dólares por persona. (Otras ONGs y organizaciones de apoyo técnico frecuentemente gastan $10 dólares por campesino formado en condiciones similares, con resultados menos sostenibles).

A través de este proceso de Campesino a Campesino, el programa ha sido muy exitoso en la creación de una base diversa de campesinos agroecológicos, líderes y pensadores. Después de los procesos de experimentación campesina y las escuelas campesinas de campo iniciales, entre el 2010 y el 2014 un total de 12,325 campesinos – incluídas 8,498 mujeres – participaron en actividades de aprendizaje para conocer más profundamente las estrategias agroecológicas. Estos campesinos están comenzando a adoptar prácticas agroecológicas clave. Las evaluaciones futuras tendrán que analizar sus niveles de adopción y el impacto que han tenido en la fertilidad del suelo y en la producción de alimentos. En base a varios documentos del programa, estimamos que al menos 3,000 niños y jóvenes se han comprometido con actividades de protección del medio ambiente y muchas mujeres han organizado grupos para la práctica y el apoyo agroecológico. Todos estos campesinos son parte de un movimiento colaborativo local que se ha fortalecido para expandir la agroecología.

Una meta del programa ha sido desarrollar una "masa crítica" de campesinos en cada comunidad (30-40%) que adopte técnicas agroecológicas. Cuando esto sucede, se espera que otros campesinos adopten estas prácticas sin la necesidad de esfuerzos formales para su adopción. Una encuesta hecha en 2014 (presentada en la Tabla 1) de 15 comunidades donde el programa ha trabajado durante cuatro años revela que este punto ya fue sobrepasado en el uso de la rotación de cultivos (52.9%), el FMNR (52.4%) y los diques de contorno de piedra (40.1%).

También buscamos entender qué prácticas agroecológicas se adoptan primero y cuáles después. Esto nos ayuda entender a nosotros y a los promotores campesinos cuales son los puntos de entrada más apropiados con comunidades y campesinos nuevos. Una encuesta realizada con 72 hogares del distrito de Bilanga nos dio algunas ideas. En la mayoría de los hogares,

TABLE 1: Tasas de Adopción de Prácticas Agroecológicas (2014)

Práctica Agroecológica	Cantidad de hogares que la han adoptado	% de hogares que la han adoptado
Rotación[i]	1,078	52.9
Agroforestería (FMNR)	1,066	52.4
Diques de contorno de piedra	816	40.1
Hoyos de siembra *zai* (micro retención de agua)	406	19.9
Abono orgánico/ composta	291	14.3
Semillas mejoradas de ciclo corto	282	13.9
Cultivos diversificados	121	5.9
Retención de agua media luna	42	2.1
Zai mecanizado • 2,036 hogares en 15 comunidades	5	0.2

[i] Esto combina técnicas nuevas y tradicionales de rotación de cultivos.

cuando se les presentó un grupo de posibles técnicas, seleccionaron aquellas innovaciones "fundacionales" que brindan los mayores beneficios al menor costo, y que permiten que otras innovaciones tengan un impacto. Por ejemplo, los campesinos necesitan prevenir la erosión del suelo antes de invertir en mejorar su fertilidad o diversificar los cultivos. Por lo mismo, durante el primer año la mayoría de hogares optó por introducir diques de contorno de piedra y abono orgánico. Por su parte, la agroforestería (FMNR), se aplicó generalmente durante el segundo y tercer año. Esta secuencia de adopción también está relacionada con los recursos con los que cuenta cada hogar, particularmente la fuerza de trabajo disponible.

Además de comprender la secuencia de adopción, también es importante entender cómo se combinan las diferentes prácticas agroecológicas que los campesinos descubren que tienen beneficios sinérgicos. Como se presenta en la Tabla 2, han surgido diez combinaciones distintas en los hogares de Bilanga, pero el uso de diques de contorno de piedra junto con abono orgánico es la combinación más común, dado que el abono es inefectivo si se pierde por erosión. Más aun, los diques de piedra ayudan a retener el agua en los campos para que pueda penetrar en el suelo, brindando humedad a las siembras durante más tiempo. El FMNR, establecido después de dos o tres años, es un sistema regenerativo que necesita ser manejado, pero que genera

TABLA 2: Patrones en la Combinación de Prácticas Agroecológicas Adoptadas por los Pequeños Productores Campesinos en el distrito de Bilanga en Burkina Faso (2014) (72 hogares evaluados)

Combinación de prácticas agroecológicas	Cantidad de hogares	Porcentaje de hogares
Diques de contorno de piedra + abono orgánico	32	82
Diques de contorno de piedra + agroforestería (FMNR) + abono orgánico	23	59
Diques de contorno de piedra + *Zai* (incluye abono orgánico)	20	51
Zai (incluye abono orgánico)	16	41
Diques de contorno de piedra + agroforestería (FMNR) + *Zai* (incluye abono orgánico)	13	33
Diques de contorno de piedra + semillas de ciclo corto + rotación	12	31
Diques de contorno de piedra + agroforestería (FMNR) + *Zai* (incluye abono orgánico) + semillas de ciclo corto	11	28
Diques de contorno de piedra + abono orgánico + semillas de ciclo corto + rotación	11	28

múltiples beneficios cuando ya está funcionando. Los hoyos de siembra zai, los cuáles incluyen el uso de abono orgánico, son muy efectivos pero también requieren una cantidad de trabajo relativamente alta.

Más allá de estas "prácticas fundacionales", otros campesinos están experimentando con sus propias innovaciones y las están compartiendo con otros. El crear este tipo de procesos continuos de innovación agrícola dirigida por campesinos es una de las metas finales del proyecto. Tani Lankoandé de Sagadou es un ejemplo perfecto de esto. Ella se propuso encontrar formas nuevas de aumentar la producción agrícola ante el cambio climático. "Todo empezó con una observación sencilla", señala. Observó que cuando caían hojas de los árboles en su tierra por la lluvia, el suelo se enriquecía. "Estas hojas se convierten en humus y hacen la tierra más fértil y arable", explica. "Entonces yo recolecto estas hojas caídas, las pongo en pequeños montones en toda mi granja, y les agrego ceniza. La ceniza previene que las termitas ataquen los montones de hojas e impide que las hojas vuelen cuando hay vientos Harmattan".

Después de probar este método en un pedazo de su tierra y compararlo con un área de control, Tani confirmó la utilidad de la práctica. ANSD apoyó a Tani a realizar más experimentos y le presentó a investigadores de INERA. Ella se siente orgullosa de que muchos campesinos de la comunidad han adoptado la práctica. "Lo mejor", dice ella, "es que estas técnicas pueden ser adoptadas por campesinos sin tener que invertir recursos económicos en insumos nuevos ni herramientas".

Una encuesta desarrollada en 64 escuelas de campo campesinas en 2014 reveló que la productividad de cultivos básicos producidos en condiciones agroecológicas era entre 40 y 300% mayor que el de las parcelas de control. En base a estos éxitos, los campesinos quieren expandir la experimentación y el uso de diferentes técnicas agroecológicas. Esto es importante porque en el Sahel no existe una técnica agroecológica única que pueda revertir la degradación del suelo y la disminución de la productividad. El transformar las granjas tradicionales en sistemas altamente diversificados, sustentables y resilientes al cambio climático requerirá de un proceso de continuas innovaciones agroecológicas mediante los cuales la gente aprenda y adopte una creciente gama de prácticas agroecológicas progresivamente. Los campesinos que están convencidos de la eficacia de la agroecología estarán motivados a seguir experimentando e implementando nuevas prácticas, haciendo que el *proceso* de innovación agroecológica sea sostenible a futuro.

Con este fin, el mayor logro del proyecto ha sido la creación de comités agrícolas en las 60 comunidades participantes. Cuarenta y siete de ellas han desarrollado su propio plan de acción para promover la agroecología. Con la intención de fortalecer la capacidad de estos comités y líderes comunitarios de ejecutar estos planes y administrar los procesos de innovación agroecológica que se desarrollan, ANSD facilitó procesos de autoevaluación para que miembros del comité identificaran qué capacidades creían necesitar, y cómo evaluar sus propias fortalezas y debilidades en relación a esas capacidades. ANSD también les brindó formación práctica a estos líderes comunitarios sobre el uso de herramientas participativas de planificación y elaboración de informes, la definición de funciones y responsabilidades, la administración de caja chica, la colaboración con otros grupos y actores, y la coordinación de capacitadores campesinos voluntarios. Al igual que con las habilidades agroecológicas técnicas, los líderes formados en manejo organizativo utilizaron un método multiplicador para formar a otros 800 líderes comunitarios (43% eran mujeres).

Para promover la coordinación entre comités comunitarios y otros grupos locales, ANSD realizó talleres a nivel distrital para crear planes de acción del distrito. Se espera que estas redes inter-comunitarias funcionen en cada

Kiribamba Pakouma, un Ejemplo de Liderazgo Femenino en la Agroecología

Gracias al proyecto, muchas más mujeres se han involucrado en la producción de vegetales durante la estación seca, tanto para consumo propio como para la venta. Además han implementan prácticas mejoradas de cría de ganado. Adicionalmente, están usando métodos simples (como el secado al sol) para procesar, almacenar y vender sus productos, y han creado grupos de ahorro y crédito para apoyar estos esfuerzos. Kiribamba Pakouma, por ejemplo, empezó a cultivar vegetales después de participar en una sesión de aprendizaje de ANSD. Ella es parte de un grupo de mujeres que se apoyan entre sí con ahorros, trabajo colectivo en las tierras de unas y otras, e intercambio de consejos agroecológicos. Kiribamba empezó invirtiendo únicamente 1,000 CFA (US$2 dólares) en semillas e insumos, y con el apoyo de los recursos facilitados por el grupo de mujeres, actualmente provee gran parte de la alimentación de su familia. En la última temporada, donó 20 % de su excedente a otras familias y vendió el resto obteniendo US$460 dólares – lo suficiente para reinvertir en su granja y pagar parte de las cuotas escolares de sus hijos. "Estoy orgullosa de contribuir financieramente a los gastos de mi hogar", dice ella.

uno de los tres distritos para promover y acelerar la expansión de las prácticas agroecológicas y así superar la degradación del suelo y el hambre.

Algunas autoridades clave se han vuelto más activas en la expansión de la agroecología. Por ejemplo, nueve funcionarios locales de los Ministerios de Ambiente y Agricultura impartieron sesiones de formación sobre el FMNR, los hoyos de siembra *zai*, las medias lunas y los diques de contorno de piedra. Otros tres miembros del personal del Ministerio de Ambiente organizaron reuniones informativas con las comunidades sobre las leyes y regulaciones del manejo de

Una mujer regando sus cebollas como parte del proyecto de siembra de vegetales durante la temporada seca de un grupo de mujeres en Bassieri. Foto de Tsuamba Bourgou

árboles. El Ministerio de Ambiente cooperó con la radio pública local para elaborar programas radiales promoviendo el FMNR y otras técnicas agroecológicas. Además, gente del gobierno local y algunos líderes religiosos están apoyando el FMNR y la agroecología dentro de sus organizaciones.

Avanzando: Confiar en el Proceso, Crear Capacidades, Habilitar Ambientes

El aspecto más importante de la estrategia de ANSD para expandir la agroecología es que no tiene paquetes tecnológicos predeterminados que busca promover. En vez, ANSD trabaja con campesinos para que ellos identifiquen una serie de posibles innovaciones, fomenta la experimentación campesina y el intercambio, y hace posible que cada hogar aplique la combinación de prácticas agroecológicas que más le convenga. A través de esta colaboración, ANSD genera un *proceso* mejorado para acelerar las innovaciones agroecológicas y crear sinergias positivas. Este proceso tiene el potencial de ayudar a la población local a revertir el círculo vicioso de disminución en la fertilidad del suelo y en la producción de alimentos, a regenerar las granjas, y a mejorar el bienestar de las familias a nivel regional.

Batta reflexiona:

"Este programa ha mostrado la importancia de no enfocarse únicamente en el trabajo técnico, sino también en las estrategias de expansión, abogacía, y creación de un *ambiente favorable* para la agroecología. En el proceso, ANSD ha visto la importancia de seleccionar comunidades piloto, de apoyar la experimentación campesina continua, y de obtener logros iniciales para generar entusiasmo. Ha sido clave trabajar con técnicas agroecológicas 'fundacionales' que permiten la adopción posterior de otras técnicas y que "profundizan" el conocimiento y las prácticas agroecológicas continuamente. Ha sido igualmente importante el expandirse geográficamente hacia nuevas áreas. Desde el inicio sabíamos que era importante enfocarse en las capacidades agrícolas de las mujeres y en la creación de diversas alianzas. Se ha comprobado que esto es esencial".[7]

Conforme avanza el proyecto, ANSD sigue trabajando con campesinos y organizaciones comunitarias con la intención de llegar a las 125 comunidades del área. Aunque ya hemos presenciado cambios significativos y tangibles, creemos que nos llevará entre seis y diez años más crear un sistema agrícola verdaderamente sostenible en los tres distritos. Cada nueva etapa de innovaciones agroecológicas se puede ir construyendo sobre las anteriores, siempre y cuando exista una organización social fuerte para dirigir el proceso. Los campesinos han identificado una mayor integración de ganado a sus sistemas agrícolas y un mejor manejo integrado de plagas como pasos siguientes en sus planes de innovación agroecológica.

Muchos campesinos como Souobou – presentado al inicio del capítulo – han alcanzado grandes logros durante sus primeros años de experimentación y expansión de prácticas agroecológicas, pero aún no están conformes y seguirán trabajando. Souobou lucha no sólo por aumentar su productividad, sino también para que su granja sea resiliente ante el cambio climático y para enseñarles prácticas agroecológicas a otros. "En 2013, cuando la lluvia fue muy escasa, muchos campesinos que sembraban maíz tuvieron cosechas muy pobres", dice. "Yo fui uno de los pocos campesinos con una buena cosecha de maíz. Tuve la capacidad de ayudar a vecinos y familiares con comida durante la temporada austera. Antes de adoptar las técnicas agroecológicas, yo cultivaba seis hectáreas. Actualmente produzco el doble de alimentos aunque sólo cultivo cuatro hectáreas. Tengo muchos planes para mejorar mi granja. Ya estoy ampliando los diques de contorno de piedra a más partes de mi granja. También estoy empezando a implementar la técnica *zai* (micro recolección de agua). Voy a invertir en algunas herramientas pequeñas, como una carreta para mover piedras y en más ganado para tener estiércol para composta. Estas prácticas agroecológicas son altamente relevantes. Estoy muy orgulloso de haberlas aprendido, y estoy listo para ayudar a otros parientes y otros miembros de mi comunidad que estén listos para aprender".[8]

Referencia

[1]   Jahan, Selim. 2015. "Human Development Report 2015: Work for Human Development." United Nations Development Program, New York.
[2]   International Monetary Fund. 2012. "Burkina Faso: Strategy for Accelerated Growth and Sustainable Development 2011-2015." Country Report No.12/123, 10.
[3]   Thiombiano, Adjima. 2014. Personal Interview with Amy Montalvo, June.
[4]   Batta, Fatoumata. 2015. Internal Project Report to Groundswell International.
[5]   Bourgou, Tsuamba. 2015. Internal Project Report to Groundswell International.
[6]   Ibid.
[7]   Batta. Internal Project Report, Op. Cit.
[8]   Tiguidanlam, Souobou. 2014. interview by Tsuamba Bourgou, June.

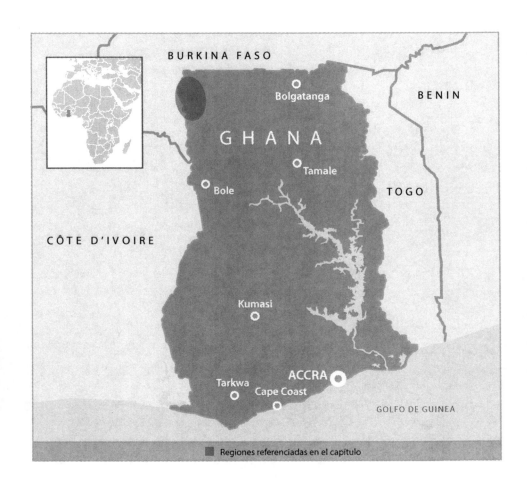

Regiones referenciadas en el capítulo

CAPÍTULO 9

Movimientos Agroecológicos de la Comunidad a la Nación en Ghana

Bernard Guri y Daniel Banuoko

Resumen: *Algunas políticas gubernamentales están promoviendo la producción tradicional y monocultivo en el sur, sin embargo en la región norte de Ghana están construyendo en base a su cultura tradicional para desarrollar una respuesta local agroecológica ante las crisis de inseguridad alimentaria y ecológica. En sólo dos años el Centro para el Conocimiento y Desarrollo Organizativo Indígena (CIKOD, siglas en inglés) ha creado una estructura para apoyar a las/los campesinos y promover los intercambios agroecológicos. Trabajando con los medios de comunicación, líderes, agencias gubernamentales y otras asociaciones, están ayudando a promover de manera más amplia el conocimiento sobre agroecología (específicamente agroforestal) a nivel nacional y trabajan para obtener políticas y programas que apoyen más estas iniciativas.*

Abubakar Sadique Haruna es un campesino de la región norte de Ghana, que fue el granero de producción de cereales y tubérculos. Actualmente el hambre aumenta en la región. Haruna también vende insumos agrícolas. Con apoyo del Programa Mejorar el Desarrollo Agrícola y la Cadena de Valor, creado por US-AID (Agencia Internacional para el Desarrollo de Estados Unidos), Haruna alquila su tractor para arar la tierra a unos 400 campesinos locales; les provee semillas mejoradas, fertilizantes y agroquímicos; y enseña las prácticas para aumentar la producción con esos insumos. Por cada acre (0.4 hectárea) de terreno arado, después de la cosecha el campesino paga en efectivo o en especie el valor de 84 kilogramos (185 libras) de maíz.

Haruna dice que "desafortunadamente algunos campesinos después que han arado su tierra no tienen dinero para comprar los agroquímicos (porque su cosecha anterior fue mala)". 2011 fue particularmente malo, 200 de sus clientes habían agotado sus recursos y no pudieron siquiera arar su tierra. El oficial de evaluación del Ministerio de Alimentación y Agricultura (MOFA, siglas en inglés), Festus Aaron Langluu, concluyó: "Aunque el gobierno apoya a algunos campesinos con fertilizantes, el punto de partida es que si no hay lluvias los campesinos no pueden producir y esto arruina la posibilidad de alcanzar el objetivo de disminuir la pobreza".[1]

Política Gubernamental de Desarrollo: Apoyando una "Nueva Revolución Verde", Ignorando la Agroecología

Mientras, el gobierno de Ghana ha logrado avances importantes reduciendo el hambre a nivel nacional, sin embargo los avances se concentran en las áreas agrícolas ricas del sur. Las regiones de sabana en el norte de Ghana, donde se concentran los pequeños productores de subsistencia, comparten las mismas características de las áreas secas de otros países de Sahel (región transversal en África entre el desierto y la sabana, caracterizada por un clima semi-árido). El informe de 2012 del Programa Mundial de Alimentos indica que 22.3% de la población de la región—más de 680,000 personas—padecen inseguridad alimentaria, de ellas 140,000 personas fueron clasificadas como severamente inseguras.[2] En la región norte la producción de maíz se redujo 50% en nueve años, de 164,200 toneladas métricas en 1991 a 78,800 toneladas métricas en 2000.[3] La desnutrición crónica en la región, que afecta a niños menores de cinco años, es la tasa más alta del país.[4] Las/los niños afectados por la desnutrición severa probablemente sufrirán daños mentales y físicos el resto de sus vidas.

Las principales causas para esta creciente crisis son la presión alrededor de la tierra y la reducción del barbecho tradicional, que lleva al colapso de la fertilidad del suelo (como fue descrito en el Capítulo 6 en el contexto de África oeste). El cambio climático también está afectando los patrones de lluvia. Aunque las alternativas efectivas de agroecología abordan la fertilidad del suelo y la creciente vulnerabilidad al cambio climático, el gobierno y muchas agencias de ayuda casi no invierten en esto. Por el contrario, típicamente apoyan paquetes de insumos y servicios externos, como los distribuidos por Abubakar Sadique Haruna.

Los objetivos a nivel nacional de la política agrícola de Ghana son: reforzar la seguridad alimentaria aumentando la productividad, crear empleo rural, aumentar las ganancias de la agricultura de exportación, y reducir los riesgos de la producción agrícola y el mercado. En la práctica, el gobierno implementa su política priorizando la promoción de productos de exportación, particularmente cacao y producción agrícola a gran escala de las áreas sur donde hay abundante lluvia. Se da un fuerte empuje a la "modernización" de la agricultura a través de la "revolución verde" procedimiento que entrega paquetes tecnológicos a los campesinos. Estos incluyen variedades de semillas mejoradas, fertilizantes químicos subsidiados, servicios de tractor, pesticidas y herbicidas químicos. En 2012, el Ministerio de Alimentación y Agricultura gastó 46% del presupuesto nacional en subsidiar fertilizantes químicos, principalmente para la producción a gran escala en el sur, sugiriendo que ello aportará mayor ganancia a la inversión.

Ghana firmó la Alianza para Seguridad Alimentaria y Nutricional de G8 (G8 es el Foro político de los 8 países con economías industriales más fuertes a nivel mundial: Alemania, Canadá, Estados Unidos, Francia, Inglaterra, Italia, Japón y Rusia, creado en 1980), acuerdo legal que favorece la comercialización de la agricultura de África y hace la tierra disponible para inversionistas extranjeros y compañías multinacionales. Además, el gobierno y aliados internacionales han formulado las leyes, Ley para Reproductores de Plantas y Ley de Semillas, para privatizar la propiedad de las semillas, comercializar su producción, apoyar la introducción de semillas genéticamente modificadas (OGM) y limitar los derechos y tradiciones de las/los campesinos en su rol de mejorar, guardar y reproducir sus semillas.

Incluso en la región norte, controlada por productores campesinos, el gobierno y los programas internacionales de desarrollo aplican la misma lógica de la "revolución verde". La mayor parte del personal del MOFA participa promoviendo los paquetes tecnológicos con los pequeños productores, pero conocen muy poco sobre la producción agroecológica. "Aunque haya esfuerzos para afrontar la creciente crisis ambiental, el personal del ministerio es mal orientado y no considera las estrategias endógenas" señala Bern Guri (co-autor de este capítulo). "El programa que pretende reverdecer el norte con la reforestación, Autoridades para el Desarrollo Acelerado de la Sabana (SADA, siglas en inglés) es un caso a señalar. En lugar de trabajar con las comunidades y promover especies nativas, el programa ha talado la tierra y promueve especies no nativas. La iniciativa ha sido un fracaso, la mayoría de los árboles pequeños han muerto a causa de la sequía, fuego o animales. Estas estrategias no están funcionando".[5]

Por supuesto que los fertilizantes químicos pueden producir el aumento de la producción durante un corto período. Sin embargo, la experiencia de Haruna revela que muchos campesinos no pueden pagarlos, así que no se benefician de lo que promueven los programas gubernamentales. A quienes pueden adquirirlos, los programas desincentivan a utilizar formas agroecológicas en el manejo del suelo. En lugar de abordar la crisis en el norte, las políticas y programas actuales en Ghana aumentan la deuda, la vulnerabilidad al cambio climático y la desigualdad entre los pequeños productores. Por el contrario, si apoyaran las estrategias agroecológicas campesinas, en la región habría un incremento sustentable de la productividad y las comunidades locales recibirían los beneficios en general.

Respondiendo a la Crisis: el Centro para el Conocimiento y Desarrollo Organizativo Indígena

Los jefes y autoridades tradicionales juegan un importante papel en la cultura y la estructura social de Ghana. En junio de 2015 el Jefe Principal Naa Puowelleh Karbo de Lawra, en la Región Alta Oeste de Ghana, se dirigió al Foro Nacional de Desertificación. Entre los asistentes estaban los ministros de Alimentación y Agricultura, Ambiente, y Ciencia e Innovación. "Sustentado en lo que está sucediendo en las comunidades de Lawra, los exhorto a apoyar la iniciativa Manejo Campesino para la Regeneración Natural de los Árboles (FMNR, siglas en inglés). Esta forma de manejo agroforestal es una estrategia crucial para recuperar la fertilidad del suelo y la producción de alimentos en nuestra región", señaló Karbo.[6]

El Centro para el Conocimiento y Desarrollo Organizativo Indígena

Mujeres del FMNR con ramas podadas que utilizan como forraje y leña. Eremon, Región Alto Oeste de Ghana. Foto de Daniel Banouko

(CIKOD), fundado en 2003, ha trabajado para integrar la cultura y las capacidades—como aquellas en que se sustenta FMNR—en los enfoque de desarrollo. CIKOD es una ONG de Ghana que promueve el desarrollo endógeno (generado localmente) construyendo sobre bienes y activos locales, integrando recursos externos apropiados para fortalecer a las comunidades. Nosotros creemos que esto les permitirá mejorar la producción de alimentos, la salud, el manejo de los recursos naturales y el gobierno tradicional.

En 2013, sustentados en los programas existentes en los Distritos de Lawra y Nandom en la Región Alta Oeste, CIKOD inició un programa con el apoyo de Groundswell International, para afrontar de manera más sistemática las crisis de degradación ambiental y desnutrición. Las metas eran fortalecer la innovación y expansión de los métodos agroecológicos; fomentar un movimiento de amplia base de organizaciones de pequeños productores ensayando y expandiendo la agroecología en Ghana; y documentar e influir este trabajo de base con campañas mayores que creen más políticas de apoyo local y nacional. Al desarrollar este trabajo también priorizamos el involucramiento y liderazgo de las mujeres campesinas.

Dado que el programa sólo tiene dos años de existencia, se requiere más tiempo para documentar la adopción de técnicas y medir sus impactos en la vida de las/los campesinos. A pesar de su modesta escala inicial, el trabajo comunitario ha influido en la creación de un poderoso movimiento social en Ghana a favor de la soberanía alimentaria y los derechos de los campesinos en contra de la Ley para Reproductores de Plantas.

Expandiendo la Agroecología Horizontalmente

El trabajo a nivel comunitario se enfoca en 34 comunidades agrupadas en cuatro clanes tradicionales (Tanchara, Gbengbe, Ko y Sibr Tang) en los Distritos Nandom y Lawra. Con todos sus programas CIKOD prioriza comprometerse y crear confianza con las autoridades tradicionales, incluyendo los jefes, líderes comunales, reinas-madres y *tingandem* (sacerdotes de la tierra). Las/los respetados líderes locales facilitan la colaboración con las comunidades y ayudan a coordinar las actividades para promover la agroecología. Esto ayudó a acelerar la experimentación y promovió una rápida adopción de las prácticas agroecológicas mejoradas, especialmente la agroforestería con FMNR.

"Al inicio mostramos a los líderes comunitarios el video sobre 'la historia de Nigeria'", informó Daniel Banuoko. "Los líderes se conmovieron al ver lo que podría suceder en su área si continúan las actuales tendencias de deforestación y erosión". Posteriormente vieron la activa respuesta de las comunidades de Nigeria para promover FMNR, restaurar la fertilidad de su suelo y generar muchos beneficios para ellos mismos. Después, trabajamos con las/los campesinos para realizar una evaluación participativa de la deforestación y de las tendencias de los recursos naturales en sus comunidades, clasificando las benéficas y las nocivas. Ellos se comprometieron a no permitir que en la Región Alta Oeste de Ghana suceda lo mismo que sucedió en Nigeria".

CIKOD y Groundswell International también trabajaron juntas para organizar visitas directas de líderes comunales, autoridades tradicionales y representantes del gobierno local. A través de estas visitas pudieron aprender de otras comunidades rurales de Ghana y Burkina Faso que afrontaban retos similares o más difíciles, pero que estaban implementando prácticas agroecológicas efectivas. "Yo fui uno de los afortunados elegidos por CIKOD para ir a Bolga (Región Alta Este de Ghana) para ver los campos de FMNR en 2013", dijo Lagti Gyellepuo, un campesino de Tanchara quien se convirtió en un líder voluntario promotor en su área. "Regresé muy inspirado porque me di cuenta que tenemos una mejor oportunidad que la gente en Bongo. Tenemos más palos y arbustos que los que ellos tienen allá. Por ello no hay razones para que nosotros fracasemos".[7]

Durante las visitas de aprendizaje, las/los participantes identificaron un conjunto de prácticas agroecológicas a evaluar, y de considerarlas exitosas las extenderían en la Región Alta Oeste. Esto incluyó: la iniciativa Manejada por los Campesinos para la Regeneración Natural de los Árboles (FMNR) para mejorar la fertilidad del suelo; conservación de suelo y agua, incluyendo el uso de bordes a nivel y surcos conectados (que mantiene y canaliza el agua en un área específica conectando por los bordes); el uso de plantas leguminosas cobertoras; producción variada maíz/mijo/sorgo; promover el uso de semillas locales para diversificar la producción; fortalecer los mercados locales y los

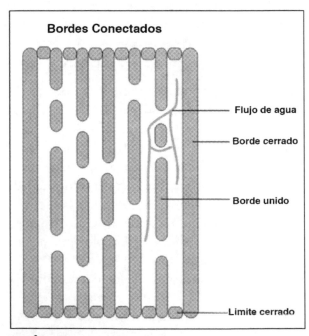

Bordes Conectados

Flujo de agua

Borde cerrado

Borde unido

Limite cerrado

GRÁFICA 1: Bordes Conectados

sistemas alimentarios. "Hemos escuchado de la población local los beneficios de FMNR, que incluyen mejora de la seguridad alimentaria y la nutrición; tener más forraje para el ganado lo que eleva su productividad y sobrevivencia; y que las mujeres tengan leña disponible durante todo el año", informó Juliana Toboyee, funcionario de CIKOD. "El orgullo y la alegría de las/los miembros de la comunidad era evidente. Lo que antes fue una colina estéril y quemada se ha convertido en un área reforestada con abundantes frutos, hojas y tubérculos, leña, forraje para los animales y vida silvestre".[8]

Durante los viajes de aprendizaje ellos también identificaron factores esenciales que han permitido la expansión de FMNR y otras prácticas sustentables. Estas incluyen el apoyo de las autoridades tradicionales, la propiedad comunal de las iniciativas y sus beneficios, la ley para el manejo comunal de la vegetación y los incendios.

Después de un viaje, Lagti Gyellepuo explicó, "De inmediato trabajé para persuadir a otras personas de la comunidad y empezar a formarlas como parte del programa CIKDO. Actualmente mi finca es diferente. Mañana toda mi comunidad será diferente".

CIKOD también trabajó con las comunidades identificando prácticas tradicionales de producción agrícola y manejo de la tierra que reflejen principios agroecológicos. También analizaron cómo comprenden las/los

Visita educativa con FMNR a una producción agroecológica, Región Alta Oeste, Ghana.
Foto de Daniel Banouko

campesinos la lógica de estas prácticas. Sustentados en este conocimiento, trabajaron juntos para mejorar estas prácticas y diseminarlas más rápidamente para abordar la creciente crisis.

Por ejemplo, las/los campesinos identificaron el término local *tiru guollu* para sus prácticas agroecológicas, y el manejo y regeneración de los árboles, discutieron cómo lo comprendían y qué significaba el término y qué prácticas involucraba. Posteriormente discutieron y experimentaron cómo podían mejorar *tiru guollu*, obteniendo lecciones de otras experiencias de FMNR con el objeto de maximizar las mejoras a la fertilidad del suelo y la producción de los cultivos, forrajes, nueces, leña y madera para la construcción. Entre las prácticas efectivas esenciales se incluyen: aumento significativo en la densidad de árboles que pueden ser manejados en la finca al mismo tiempo que se tienen siembras para producir alimentos (algo a lo que no estaban acostumbrados); poda de estos árboles de manera que permiten su coexistencia con otros productos; utilización de la materia orgánica y la leña generadas con el manejo de la siembra y prácticas domiciliarias; aprender y valorar el uso de diferentes especies de árboles.

En las comunidades se reclutaron campesinos como Voluntarios para Promover los Árboles (VTPs, siglas en inglés), se priorizó a mujeres y hombres interesados en experimentación, ellos tenían acceso a tierra para hacerlo, y eran motivados a realizar actividades educativas de Campesino a Campesino. Ellos organizaban intercambios y visitas al campo de Campesino a Campesino, entonces los campesinos visitantes podían aprender de las experiencias de otros. Esto llevó a la creación de redes de líderes y voluntarios de Campesino a Campesino promoviendo agroecología y FMNR en los Distritos de Lawra y Nandom.

También utilizamos otras estrategias para fortalecer la capacidad endógena para promover la agroecología. Las/los VTPs realizaban exhibiciones y compartían información sobre los principios y prácticas efectivos en festivales comunitarios tradicionales en Kobine y Kakube. Mucha población asiste a los festivales, por lo que son una oportunidad para llegar rápidamente a gran masa de población, incluyendo a comunidades que no están directamente involucradas en el programa. CIKOD también trabaja estrechamente con la Asociación de Mujeres Campesinas Rurales de Ghana (RUWFAG, siglas en inglés), que cuenta con más de 5,000 miembros en la Región Alta Oeste, habilitándolas para educar y organizar a más mujeres en sus comunidades. En escuelas apoyamos a los jóvenes a formar clubes FMNR, realizamos siembra de árboles y creación de canciones y teatro popular para compartir en los festivales. Nuestro programa ayudó a fortalecer los mecanismos tradicionales de gobernabilidad para controlar los incendios de terrenos. En CIKOD también hemos trabajado con líderes locales para apoyarlos a producir programas de radio en el idioma local para informar a los miembros comunitarios sobre técnicas agroecológicas y estimular la discusión a través de la línea telefónica. Finalmente, hemos utilizado la radio y las reuniones comunales para promover concursos y dar premios a los mejores campesinos agroecológicos.

Los Resultados de la Expansión Horizontal

Después de los primeros dos años del programa, la colaboración entre CIKOD y las comunidades rurales promoviendo la agroecología ya está dando resultados significativos. Los VTPs han creado sus propias canciones sobre *tiru guollu*, las cuales cantan en grupo mientras podan los árboles. La canción más popular es "*Tikon sage, ti sagkebo*" que al traducir dice: "No permitiremos que nuestra tierra se degrade. ¿Por qué?" Esta canción ya forma parte de las canciones tocadas con xilófono en los eventos culturales de los 34 pueblos. En el segundo año las/los campesinos se organizaron en cuatro grupos "*Tikon Sage*" ("No lo permitiremos") en las áreas de los clanes Gbengbe, Tanchara, Ko y Sibr Tang. El eslogan se ha convertido en un estandarte para el creciente movimiento local que promueve FMNR en la región y evita la degeneración de la tierra como ha ocurrido en otras áreas.

Resultados adicionales del programa:

- Dos Jefes Principales y diez jefes de división, formados por CIKOD sobre los beneficios de la agroecología y agroforestería participan activamente promoviendo estas prácticas en las áreas tradicionales de su clan.
- Las/los campesinos en dos pueblos adicionales (además de los 34 involucrados directamente en el programa), por sí mismos han empezado a adoptar y expandir prácticas esenciales. Con su apoyo y el de otros campesinos planeamos expandir el programa a 60 pueblos más en los próximos dos años.
- Las comunidades han elegido a 157 Voluntarios Promotores de los Árboles (VTPs), CIKOD los ha formado y actualmente son activos defensores de FMNR y de otras técnicas agroecológicas.
- Hemos planificado la formación de 785 campesinos más (cinco cada VPT) durante el tercer año del programa.
- El programa ha llegado a 1,200 hogares, más del 89% de estos campesinos están probando y adoptando formas innovadas de FMNR y otras prácticas agroecológicas.

- Las/los campesinos han medido el aumento de 60% de la densidad de los árboles en su terreno, el 90% de los árboles son la regeneración de tocones de árboles.
- Las autoridades tradicionales apoyaron para que las mujeres tengan acceso seguro a una finca de 50 acres (20.23 hectáreas) durante tres a cinco años, para mejorar su manejo agroecológico y producir maní con el objeto de mejorar la dieta familiar.
- Grupos campesinos han creado 43 campos demostrativos de "tala y abono verde" en 34 pueblos y cuatro campos para producir semillas.
- Experimentaciones de los campesinos han permitido realizar innovaciones sencillas para adaptar FMNR y la agroecología al contexto local.
- Al final de 2015 se realizó un concurso para reconocer y celebrar los logros alcanzados por los campesinos de FMNT.

Percepciones de las/los campesinos

En 2015 CIKOD realizó una evaluación para comprender cómo perciben las/los campesinos los aspectos positivos, los retos y las recomendaciones para mejorar la agroecología y el trabajo de FMNR. Los campesinos expresaron lo siguiente:

- Las técnicas han mejorado el sistema tradicional de regeneración de árboles. Es una práctica sustentable para cultivar y mejorar las cosechas.
- La biomasa de las hojas después de podar (como se muestra en la Gráfica 2) mejora la materia orgánica del suelo, aumenta su fertilidad así como las cosechas, especialmente cuando se usa para producir composta.
- Se produce aumento en la humedad del suelo con técnicas como las barreras que impiden la fuga del agua de lluvia.
- Se da una mejora gradual en la estructura y cantidad de organismos vivos en el suelo, comparando con el método de tala y quema.
- Leña y frutas del bosque son más accesibles para las mujeres en las fincas. Las mujeres tienen fuentes adicionales de ingreso.
- Los troncos de los árboles podados son rectos y pueden ser posteriormente usados para la construcción.
- Las comunidades están reduciendo la tala indiscriminada de árboles.

Testimonio Campesino: Amata Domo[9]

"Por costumbre yo cultivaba sin podar. Arrancaba las raíces de los árboles de mi terreno y las quemaba. Sin embargo, después de adoptar las prácticas de FMNR y las tecnologías de podar, siempre tengo troncos de árboles rectos en mi granja que puedo utilizar para construcción. Siempre hay leña disponible proveniente de las ramas podadas. Esto me ahorra tiempo y recursos al no tener que ir a buscarla para usar en casa. Incluso sembré maní donde hubo hojas de la poda que incorporé a la tierra, también sembré en tierra sin abono verde para experimentar. Me impresionó el magnífico resultado de la producción donde había agregado abono verde. Por ello recomendé agroforestería y FMNR a una amiga, quien incorporó la siembra de okra en el terreno donde había podado. Ella estaba muy agradecida, porque obtuvo troncos rectos para su construcción, muy diferente a tener que buscar o comprar, ella ahorró tiempo y dinero."

Testimonio Campesino: Kelle Gregory[10]

"Antes del programa mi finca no era fértil. Al finalizar la cosecha casi no tenía producción. Sin embargo, después de adoptar y practicar las técnicas FMNR obtengo mayor y mejor producción. (Nota: La cantidad de árboles ha aumentado de 80 a unos 300 en la finca de Gregory de 3.5 acres—1.4 hectáreas.) Yo lo combino con otras técnicas tradicionales como bordes amarrados. En 2013 sólo coseché cinco costales de productos, pero en 2014 coseché siete, aunque la lluvia fue mala. Mi esposa no tiene que sufrir para obtener leña, porque yo aporto las ramas después de podar. Esto también impide que queme las raíces o tale árboles de la finca para leña. Comparto estos conocimientos de FMNR con mi familia y con tres amigos que los practican en sus fincas. Debemos agradecer a nuestros ancestros por guiarnos continuamente a pesar de los retos económicos. Lo mejor es tener esperanza y trabajar para dar a nuestros hijos el ambiente en que merecen vivir."

Estrategias para Crear un Ambiente Político que Posibilite la Agroecología

A través de CIKOD hemos trabajado uniendo el nivel comunitario (Campesino a Campesino, expansión horizontal) con esfuerzos para crear un contexto institucional y políticas que apoyen y permitan la expansión vertical de la agroecología. Existe un fuerte traslape entre estas estrategias. En el contexto de Ghana el primer reto que CIKOD y las comunidades rurales afrontaron fue desarrollar y demostrar de manera práctica que la agroecología es una alternativa viable para la "modernización de la agricultura". Una vez iniciado en 36 comunidades en la Región Alta Oeste, CIKOD, grupos campesinos y otros aliados utilizaron esta experiencia para influir en otros actores en los Distritos de Lawra y Nandom, los otros 15 Distritos de la Región Alta Oeste y en el contexto nacional.

Nivel de Distrito y de la Región Alta Oeste

En dos Distritos y en el borde de la Región Alta Oeste utilizamos numerosas estrategias para crear un ambiente permisivo. A través de la **promoción y la comunicación de conocimientos culturales tradicionales** en festivales tradicionales y utilizando el idioma local en programas de radio, educamos a un público más amplio. CIDOK también ayudó a crear consciencia realizando **reuniones de las Asambleas de Distritos** en ambos Distritos, con campesinos participantes presentando testimonios y mostrando videos sobre las prácticas comunitarias. Esto ayudó a formar a los oficiales electos sobre la eficacia de FMNR y la agroecología, comparándolas con las iniciativas gubernamentales de la "nueva revolución verde" y siembra de árboles.

Facilitamos actividades con miembros de las comunidades para crear **mapas institucionales** de los principales actores e instituciones en la Región Alta Oeste sobre: agricultura, seguridad alimentaria, adaptación al cambio climático y manejo de los recursos naturales. Esto ayudó a identificar oportunidades y obstáculos y en algunos casos, permitió establecer alianzas y colaboraciones. Por ejemplo, nosotros desarrollamos una colaboración entusiasta con el Servicio de Bomberos de Ghana para prevenir los incendios de arbustos. El jefe de bomberos de Nandom dijo "CIKOD nos ha dado todo el apoyo necesario para poder entrenar brigadas contra incendios en las tres comunidades beneficiarias Goziir, Ko y Monyupelle. Este entrenamiento en la prevención de incendios de arbustos ha creado un ambiente que permite el desarrollo de FMNR y la agroecología en el distrito. Como parte de la toma de consciencia, las tres comunidades han sido convencidas de que los incendios no son provocados por enanitos, como se creía tradicionalmente".[11]

CIKOD también ha sido invitada a unirse a una plataforma múltiple dirigida por la iniciativa de investigación Iniciativa de Cambio Climático y Seguridad Alimentaria (CCAFS, siglas en inglés) que ayuda a las/los pequeños productores a adaptarse al cambio climático. Ayudamos a financiar y organizar un taller consultivo con múltiples agencias, ocho líderes tradicionales, mujeres líderes y oficiales locales del gobierno. Esto ayudó a armonizar y coordinar las intervenciones de las ONGs en el distrito Lawra y crear un plan consolidado para responder colectivamente al cambio climático y la seguridad alimentaria usando agroecología y enfoques relacionados. CIKOS también utilizó la **cobertura mediática**, estableciendo buenas relaciones con los periódicos y las instituciones de radio en los dos Distritos, logrando una favorable cobertura de las iniciativas de agroecología y FMNR.

Finalmente, CIKOD priorizó la comprensión y apoyo a las/los **líderes tradicionales**. Organizamos talleres para autoridades y mujeres líderes tradicionales en los Distritos de Lawra y Nandom, y posteriormente en la Casa Regional de Líderes, para aumentar la conciencia y conocimiento sobre las iniciativas de agroecología y FMNR, así como para desarrollar una visión crítica sobre las políticas y prácticas agrícolas existentes. Esto fue seguido de un taller para los dirigentes de las 17 Asambleas Distritales de la Región Alta Oeste.

Testimonio: Lawra Naa Puowelw Karbo III, Principal Líder Tradicional del Área Lawra[12]

"Yo era el presidente de CCFAS de la Plataforma del Distrito Lawra, inicié en 2014. Hemos organizado reuniones y programas especialmente para sensibilizar a las 30 comunidades distritales sobre cambio climático. . . Para que la gente comprenda el cambio climático tienen que aceptar la idea y ver su impacto y el cambio que está provocando, han de ver que el cambio climático es real y no un chiste de algunos meteorólogos. Dimos importancia a los roles autóctonos de las comunidades y a través de esto crearon reglamentos para suprimir la quema y proteger los arbustos, así como manejar los sistemas de agua. Como ex presidente de planificación de Ghana, me di cuenta que entre la población y el gobierno existe un enorme vacío que se debe llenar. La implementación y refuerzo efectivo de las leyes locales sólo se puede alcanzar si va de la base hacia arriba, no si va de arriba abajo. El nexo que falta es el rol del Consejo Tradicional en cada comunidad. Cuando las comunidades, con apoyo de sus autoridades tradicionales, hacen reglamentos para sí, será más fácil que la Asamblea los adopte y refuerce. Esto se puede realizar posteriormente a nivel nacional".

Nivel Nacional

Además de trabajar con la Región Alta Oeste, CIKOD ejerció liderazgo y brindó apoyo a coaliciones nacionales emergentes defendiendo más ampliamente la soberanía alimentaria y la agroecología en Ghana. Un factor que galvanizó fue la "Ley para Reproductores de Plantas" (Plant Breeders' Bill, PBB, en inglés) , que estaba siendo diseñada por el Parlamento y aliados internacionales, buscando ser aprobada habiendo limitada información y comprensión, sin discusión o debate democrático público sobre la misma. Al comprender el contenido de la "Ley para Reproductores de Plantas" las/los campesinos se angustiaron por la forma cómo podía perjudicar sus derechos a guardar y producir sus semillas locales, así como del impacto que tendría permitir y promover el uso de OGMs (organismos genéticamente modificados) en Ghana. Se conformó una coalición en la cual participan organizaciones de la sociedad civil, grupos de campesinos y mujeres, iglesias y científicos, quienes exigieron tener más tiempo para realizar debates informados, como lo establece la ley en Ghana. CIKOD colaboró con esta coalición desarrollando estrategias; elevando la toma de consciencia y educación, e informando por los medios de comunicación. Bern Guri informó en el reporte general "Nuestro objetivo no es sólo oponernos a esta negativa propuesta y a las falsas soluciones que ofrecen con la tecnología de la 'nueva revolución verde' y los OGMs,

Variedades de semillas locales presentadas en una feria de la semilla organizada por CIKOD y la Asociación de Mujeres Campesinas Rurales de Ghana. Foto de Daniel Banuoko.

nosotros construimos y reforzamos una agricultura sustentable que es la que nuestro país requiere. Nos centramos en un mensaje 'pro-agroecología' y en los beneficios que ella traerá para el bienestar nacional".[13]

La campaña ha desarrollado actividades claves para educar y estimular el debate democrático público. Por ejemplo, CIKOD colaboró con *Daily Graphic*, el mayor periódico de Ghana, para organizar un taller de un día para formar al personal de más de 40 organizaciones de comunicación en Accra, la capital. Esto permitió una amplia cobertura a nivel nacional a través de la televisión, la radio y los periódicos.

La coalición por la Soberanía Alimentaria de Ghana dirigió una demostración el 28 de enero de 2014, demandando al Parlamento no aprobar la Ley para Reproductores de Plantas. Esto ayudó a ampliar la toma de consciencia y generó muchas demandas de otros grupos de sociedad civil y de organizaciones de fe. Una coalición de ActionAid, la Asociación de Campesinos de Ghana (PFAG, siglas en inglés) y CIKOD, recibieron una subvención de la agencia STAR de Ghana para facilitar y promover el aporte de la sociedad civil y las organizaciones campesinas democráticas en la revisión de la ley PBB. CIKOD organizó una serie de talleres con miembros de PFAG en las regiones sur y norte de Ghana, para brindar más información sobre FMNR y agroecología, fortaleciendo la participación de la Asociación de Mujeres Campesinas Rurales de Ghana (RUWFAG, siglas en inglés) y su campaña "Nosotras Somos la Solución".

"Previamente, aunque ambos estábamos centrados en la agricultura de los pequeños productores, no teníamos una relación de colaboración con PFAG", señaló Ben Guri. "Ahora hemos construido colaboración y alianza vital, aprendiendo recíprocamente y trabajando por objetivos compartidos. Ningún sector, ni organización puede hacerlo sola. También estamos construyendo esta colaboración con la Asociación Campesina de Ghana y con la Asociación de Mujeres Campesinas Rurales de Ghana, siendo estrategias vitales para crear un movimiento más amplio para un cambio positivo".[14]

Adicionalmente, CIKOD trabajó con el Dr. Kofi Boa, profundamente respetado, para documentar y divulgar el reporte sobre su experimentación con enfoques y formas de trabajo agroecológicas en el sur de Ghana, resaltando la efectividad de estas estrategias y ayudando a promoverlas entre más personas.

Resultados de los Esfuerzos para Crear un Contexto Habilitador

Aunque es una lucha desafiante, el trabajo comunal apoyando a las/los campesinos a experimentar y expandir FMNR y las prácticas agroecológicas, así como realizar una campaña más extensa para educar a un amplio público y crear políticas de apoyo, ha tenido buenos resultados a nivel local, distrital e incluso nacional.

Niveles de Distrito y Región Alta Oeste

A lo largo de la Región Alta Oeste, este trabajo ha elevado la consciencia, construido coaliciones de aliados e iniciado a crear influencias y programas con un diseño e implementación que apoyan positivamente los planes y políticas. Las/los campesinos, las mujeres, los ciudadanos y los líderes tradicionales han desarrollado formas más efectivas de comprometerse. CIKOD fue invitado por la Agencia para la Protección Ambiental (EPA, siglas en inglés) para compartir a nivel comunitario las estrategias y resultados de FMNR/iniciativa agroecológica en el Día Nacional del Ambiente en un evento en Lawra. Obtener recursos financieros adecuados sigue siendo un reto, sin embargo los Distritos de Lawra y Nandom—que abarcan 34 pueblos originalmente involucrados en el programa—actualmente incluyen FMNR y agroecología en sus planes y presupuestos a desarrollar. Los 34 pueblos han creado brigadas contra incendios y están fortaleciendo la tradición comunal con reglamentos para controlar la quema de arbustos.

En 2015 el gobierno de la Región Alta Oeste invitó a CIKOD a participar en un taller sobre planificación regional. Como resultado, en el plan quinquenal para la seguridad alimentaria y el desarrollo de la Región Alta Oeste, FMNR fue incluido exitosamente como una estrategia clave. Este mandato ha permitido que CIKOD y otros aliados promuevan FMNR en los planes y presupuestos de desarrollo en otras 17 Asambleas Distritales de nivel inferior. Influenciar los planes de desarrollo local y garantizar estar incluidos en los presupuestos es un avance clave.

Después del primer éxito compartiendo FMNR y las tecnologías agroecológicas en los festivales tradicionales de Kobine y Kakube, los dos líderes Principales Tradicionales de los Distritos solicitaron que estas exhibiciones sean incluidas en todos los festivales anuales. CIKOD también ha colaborado estrechamente con RUWFAG para integrar FMNR y agroecología en su trabajo en los Distritos de Lawra y Nandom. "Es crucial trabajar con las mujeres", afirmó Bern Guri, "porque ellas tienen grandes responsabilidades en la agricultura, pero también porque participan en la deforestación cortando leña de manera no sostenible. Ellas necesitan la leña para su hogar y para generar ingresos y generalmente no tienen alternativas viables. Al mismo tiempo, las mujeres son esenciales en la alimentación de sus familias. A través del programa RUWFAG tiene actualmente 133 Promotoras Voluntarias para los

Árboles , quienes forman a otras mujeres sobre FMNR. Juntos trabajamos para desarrollar estrategias alternativas para generar ingresos, como crianza de animales domésticos, producción de vegetales y fortalecimiento de grupos de ahorro y crédito, para que las mujeres tengan alternativas a la deforestación".[15] El programa también trabaja con gente joven. Más de 1,800 jóvenes escolares crearon la Federación Juvenil Tanchara, la cual educa y promueve FMNR a través de poesía, teatro, protegiendo y sembrando árboles.

Nivel Nacional

A nivel nacional, la campaña estratégica envió un fuerte mensaje a los parlamentarios, informando que el público estaba consciente e interesado en el rumbo en que la Ley para Reproductores de Plantas conduciría al país. En 2015, esto obligó al vocero del Parlamento a suspender la discusión de la ley durante un tiempo, y solicitó a los responsables de los comités parlamentarios a realizar amplia consulta con la sociedad civil y el público en general

GRÁFICA 2: Cobertura de los medios de comunicación informando al público del debate sobre la Ley para Reproductores de Plantas y contra la introducción de OGMs en Ghana. Fuente: *The Graphic,* 25 de marzo, 2014.

antes de reconsiderar aprobar la ley. Aunque en Arusha, Tanzania en 2016, Ghana fue uno de los primeros países africanos que firmó el protocolo de la Organización Regional Africana de Propiedad Intelectual (ARIPO, siglas en inglés) para consolidar las leyes sobre semillas, en septiembre de ese año debido a las fuertes protestas de las organizaciones de la sociedad civil y campesinas, los parlamentarios de Ghana aún no habían realizado el debate requerido ni habían ratificado la ley.

CIKOD, la Asociación de Agricultores Campesinos de Ghana, ActionAid y otros grupos de campesinos, mujeres y organizaciones de la sociedad civil iniciaron una plataforma nacional apoyando la producción agroecológica. Esto va a crear un espacio regular para el diálogo con funcionarios nacionales que toman decisiones sobre cómo promover la producción agroecológica y afrontar asuntos de interés como la Ley sobre Bioseguridad e introducción de OGM, la Ley para Reproductores de Plantas, y la participación de Ghana en la Nueva Alianza para la Seguridad Alimentaria y Nutricional de G8.

"Estamos mirando el avance de algunos pasos importantes que inicial-mente no visualizamos", afirmó Bern Guri. "Al comenzar el diálogo con PFAG, ellos demandaban el aumento de subsidios gubernamentales para los fertilizantes químicos para los campesinos. Este es el programa y la estrategia a las que se habían acostumbrado. A través del diálogo y el aprendizaje com-partido, ellos actualmente se centran en expandir el manejo agroecológico de la fertilidad del suelo y no promueven los subsidios para los fertilizantes químicos. Al haber discutido el asunto de los subsidios a los fertilizantes químicos a los niveles nacionales más altos, el gobierno ha acordado brindar algunos subsidios para composta y los fertilizantes orgánicos. Con este apo-yo, en 2016 la compañía nacional de manejo de desechos, Zoomlion, inició un negocio para separar los desechos orgánicos, producir abono orgánico y transportarlo donde va a ser usado en las plantaciones campesinas en la Región Alta Oeste y en otros lugares".[16]

Los Próximos Pasos y las Lecciones para la Regeneración Agroecológica

Aunque este trabajo es bastante nuevo, importantes pasos se han dado desa-rrollando estrategias para expandir la producción agroecológica en la Región Alta Oeste, y para contribuir con las coaliciones distritales y nacionales para una implementación más efectiva de los programas en funcionamiento y crear políticas y alianzas que apoyen más la agroecología. El ambiente polí-tico en Ghana continua imponiendo grandes restricciones para la expansión de la agroecología, sin embargo el trabajo realizado ha demostrado que es

Protesta en contra de la Ley para Reproductores de Plantas. Foto de Daniel Banuoko

posible lograr en pocos años el efectivo enlace de estrategias a nivel local (horizontal) y nacional (vertical) que influyen para un cambio positivo. CIKOD seguirá trabajando con grupos campesinos y de mujeres, y con aliados claves como Groundswell International, para continuar desarrollando estas estrategias y expandir este progreso inicial.

Nuestra experiencia revela numerosas enseñanzas claves y factores de éxito, los cuales resuenan con las experiencias promoviendo la agroecología y el desarrollo local positivo alrededor del mundo. Primero, es crucial **fortalecer el desarrollo endógeno** valorando y construyendo sobre la cultura, el conocimiento y el liderazgo tradicionales locales. Nuestro programa trabaja con las/los campesinos para comprender sus métodos tradicionales de producción desde sus propias perspectivas. Los cuales frecuentemente se sustentan en principios agroecológicos. Es importante entender los términos y el lenguaje que las/los campesinos usan para describir estos métodos, y para integrar la comprensión tradicional de las nuevas lecciones y prácticas con expresiones culturales a través de canciones, teatro, programas de radio en idiomas locales y festivales tradicionales.

Segundo, en la búsqueda de mejorar las estrategias agroecológicas para afrontar las crisis y los retos, un paso inicial importante es **identificar las**

prácticas agroecológicas efectivas apropiadas al contexto. Esto lo hemos logrado aprendiendo de pequeños productores innovadores practicando agroecología en ecosistemas similares y afrontando retos parecidos, compartiendo información y realizando visitas de aprendizaje a comunidades y Distritos cercanos e incluso países vecinos.

Tercero, **expandir de Campesino a Campesino** es una etapa crucial después de identificar las estrategias efectivas. Al hacerlo es fundamental incluir a las/los líderes tradicionales y oficiales de gobierno local; formar a personal voluntario local y enfatizar el rol directivo de las mujeres y la juventud.

Cuarto, además reconocemos cómo la ***descentralización* del poder y la toma de decisiones** a nivel local en Ghana ha creado valiosas oportunidades para la participación ciudadana comprometida, lo cual representa que los grupos de campesinos y de mujeres tienen espacio para desarrollar alternativas y propuestas viables.

El quinto comprende numerosas lecciones que hemos aprendido sobre construir alianzas y movimientos más amplios. Para lograrlo lo primero fue **identificar y elaborar un mapa de actores**, quienes influyen local y nacionalmente la producción agrícola y los sistemas alimentarios, y comprender las limitaciones y oportunidades para establecer colaboraciones y ayudar a los aliados a integrar la agroecología de manera más amplia en sus funciones y programas. Desarrollar **fuertes relaciones de colaboración con los medios de comunicación** es importante tanto para formarlos a ellos como al público en general. También trabajar para convocar a quienes toman las decisiones y proveer plataformas y oportunidades para las/los campesinos y las organizaciones de la sociedad civil para informar y compartir sus perspectivas .

Al trabajar construyendo **movimientos sociales** más amplios por la soberanía alimentaria y la agroecología estamos colaborando con un círculo de actores más amplio y comprometiéndonos con un trabajo, a veces difícil, para la construcción de extensas alianzas. Pequeños productores como Abubakar Sadique Haruna, el vendedor de agro-insumos presentado al inicio de este capítulo, al igual que las/los participantes en PFAG, RUWFAG, los dirigentes tradicionales y las mujeres líderes, oficiales de gobierno y amplias gamas de actores de la sociedad civil, quienes aún pueden no estar promoviendo la agroecología pero sí afrontan retos comunes, así como las mismas oportunidades para construir Ghana como el país que deseamos tener en el futuro. Nosotros construiremos con la sabiduría y tradición de nuestros ancestros, mientras trabajamos para crear alternativas viables que den vida para afrontar las crisis actuales y satisfacer las necesidades de las nuevas generaciones.

Referencia

[1] Oppong-Ansah, Albert. 2012. "Surviving on a Meal a Day in Ghana's Savannah Zone." Inter-Press Service, August 15. Accessed November 7, 2016, http://www.ipsnews.net/2012/08/surviving-on-a-meal-a-day-in-ghanas-savannah-zone.

[2] Hjelm, Lisa and Wuni Dasori. 2012. "Ghana Comprehensive Food Security and Vulnerability Analysis, 2012." World Food Programme, April.

[3] Northern Regional Office of the Ministry of Food and Agriculture as quoted in Oppong-Ansah, "Surviving on a Meal a Day." Op. Cit.

[4] Ghana Statistical Service. 2015. "Demographic and Health Survey 2014." Accra, October, 155.

[5] Guri, Bern. 2015. Internal Report to Groundswell International.

[6] As quoted by Daniel Banuoko during the National Desertification Forum for the Northern Region, June 17, 2015.

[7] Gyellpuo, Lagti. 2014. Interview by *CIKOD*, July 11.

[8] Toboyee, Juliana. 2013. "Report on a Trip to FMNR Sites in Upper East Region, Bolga, Ghana." CIKOD, June 20-22.

[9] Domo, Amata. 2014. Interview with Daniel Banuoko, June 10.

[10] CIKOD. 2015. "The Hope is Now a Reality: FMNR on its Second Year," *FMNR Newsletter*, Vol 2, Issue 1, July.

[11] Yussif, Mohammed Mudasir and Laminu Moshie-Dayan. 2016. "Evaluation of the 'Eco-agriculture in Sahel Project in Ghana': A report of the findings from quantitative and qualitative fieldwork." March, 33.

[12] Lawkra Naa Puowelw Karbo III. 2014. Interview with Daniel Banuoku, November.

[13] Guri. Internal Report, Op. Cit.

[14] Ibid.

[15] Ibid.

[16] Ibid.

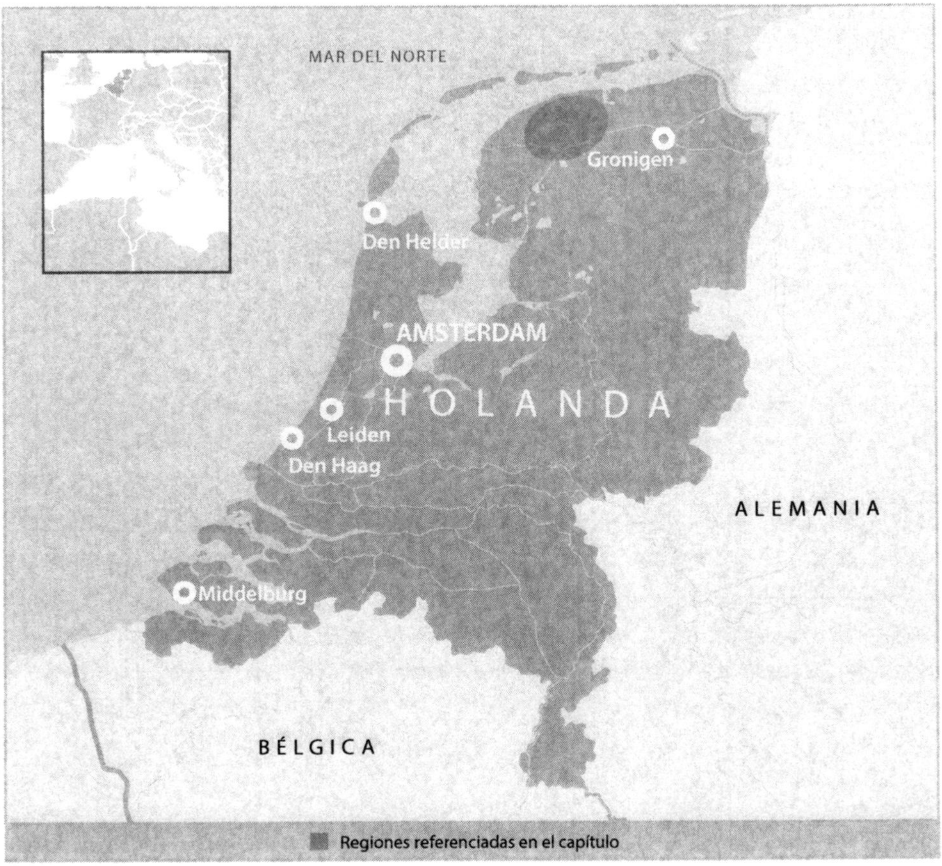

MAR DEL NORTE

Gronigen

Den Helder

AMSTERDAM

H O L A N D A

Leiden
Den Haag

ALEMANIA

Middelburg

BÉLGICA

Regiones referenciadas en el capítulo

CAPÍTULO 10

La Agricultura en Ciclo Cerrado y la Innovación Cooperativa en los Bosques Frisones del Norte de Holanda

Leonardo van den Berg, Henk Kieft, y Attje Meekma

Resumen: *En el contexto de los sistemas agrícolas altamente industrializados y de los regímenes de gestión ambiental centralizados, los productores de leche de los Países Bajos han creado el espacio para innovar y desarrollar sistemas agroecológicos "en ciclo cerrado" a través de una estructura cooperativa local. Organizando y construyendo alianzas con científicos y otros involucrados, han sido capaces de innovar prácticas de manejo agrícola y ambiental más apropiadas localmente. Han documentado y difundido el enfoque e influido en la política a niveles local, nacional y europeo.*

Los Bosques Frisones del Norte es una región al norte de los Países Bajos que cubre 50,000 hectáreas (alrededor de 193 millas cuadradas-311 km cuadrados). Tiene una fuerte identidad cultural y su propio idioma. Desde la década de 1990, los productores de leche han desafiado el modelo de la agricultura industrial a través de prácticas de conservación de setos, la aplicación de estiércol saludable en el suelo en lugar de inyectar estiércol líquido y otras prácticas diseñadas para mantener el ambiente tradicional y la biodiversidad de la región desarrollando sistemas agrícolas sanos y viables.

Los agricultores han estado involucrados en un proceso de desarrollo de soluciones locales agroecológicas a través de acompañamientos entre agricultores e investigadores universitarios. El proceso fue provocado por una

Manejo de ganado lechero en el paisaje de los Bosques Frisones del Norte.
Foto de www.duurzamestagehub.nl

regulación gubernamental sobre la inyección de estiércol que los agricultores de esta región no creían que estuviera adaptada a su contexto particular. En el proceso, han desarrollado un nuevo sistema cooperativo para el manejo del paisaje y medio agrícola, convirtiéndose en un ejemplo de cooperación entre conservación y agricultura, y pionero en la innovación agroecológica. Como resultado, la economía rural de la región es más fuerte, las cualidades de los productos mejoran y ahora hay más confianza y cooperación entre los agricultores y otros residentes de la comunidad. Además, reconociendo sus características únicas, el área ha sido incluso declarada "Paisaje Nacional" por el gobierno.

Alimentando al Mundo

Después de la segunda guerra mundial (1939-1945), la política y la ciencia se convirtieron en los principales impulsores de la transformación del campo europeo en lo que es ahora. La agricultura fue empujada hacia la industrialización y ampliación de escala. El objetivo final era aumentar la producción, aparentemente para "alimentar al mundo". Los medios para lograr ese objetivo se convirtieron en monocultivos, fertilizantes químicos, variedades y razas de alto rendimiento y alimento importado para animales. Esto estimuló el crecimiento de los fabricantes de piensos, productores de fertilizantes químicos y empresas que desarrollaron semillas híbridas o genéticamente modificadas y agrotoxinas. Su influencia creció y se entrelazó con la de la política y la ciencia.

La producción agrícola aumentó y Europa sufrió una aguda caída en la cantidad de explotaciones mixtas. A medida que la lluvia ácida, los excesos de abono y la contaminación de las aguas subterráneas y superficiales afectaron muchas partes del continente durante los años 1970 y 1980, se hizo evidente que el desarrollo agrícola tenía un costo. La Unión Europea (UE) adoptó medidas mediante la adopción de directivas para reducir las emisiones de amoníaco, responsable de la lluvia ácida, la reducción de la biodiversidad y la lixiviación de nitrato en aguas subterráneas y superficiales.[1] Por ejemplo, ya no se permitió a los agricultores esparcir el estiércol en el terreno como siempre lo habían hecho, pero ahora tenían que inyectarlo en el suelo.

Desafortunadamente, estas respuestas políticas se dirigieron a los síntomas más que a las raíces del desequilibrio ecológico y estaban muy alejadas de las realidades sobre el terreno, de la agricultura. El cumplimiento de las nuevas normas y reglamentos exigía a los agricultores comprar maquinaria cara y amenazaba el futuro de muchas explotaciones, incluso aquellas que eran relativamente menos destructivas para el ambiente. Los agricultores se enredaron en una red de reglas restrictivas, algunas de las cuales obstaculizaban su propio potencial para innovar soluciones sostenibles. Estas estrictas normas ambientales, junto con la disminución de los precios de los alimentos y el aumento en los precios de los insumos, obligaron a muchos a abandonar la agricultura o migrar a otros países.

El Inicio: Cooperativas Territoriales para la Gestión de la Conservación por los Agricultores

Aunque la conservación de la naturaleza y la agricultura se han convertido en—aparentemente contradictorios—en espacios propios de la sociedad y la política holandesas, los agricultores de los bosques frisones septentrionales siempre los han visto como interdependientes. Los campos de productores lecheros de pequeña escala de esta región, ubicados en el norte de los Países Bajos, están tradicionalmente rodeados por cinturones de alisos y embalses de alisos, robles y arbustos, que las familias campesinas han trabajado colectivamente durante generaciones para mantenerlas como parte de sus sistemas de cultivo. A finales de 1980, las nuevas políticas declararon estos setos como sensibles a los ácidos y se impusieron severas limitaciones a los tipos de actividades agrícolas que podrían ser realizadas cerca de ellos.

Mientras que algunos agricultores consideraban la posibilidad de retirar los setos antes de que las normas entraran en vigor, para evitar enfrentarse a restricciones, muchos otros sabían que podían preservar simultáneamente los setos característicos, al mismo tiempo que mantenían sus operaciones agrícolas *si* se les permitía hacerlo en sus propios términos basados en sus conocimientos directos agrícolas y ambientales. Un grupo de productores lecheros convenció a las autoridades municipales y provinciales de que los setos locales estuvieran exentos de las nuevas regu-

Manejo de setos como parte de los sistemas agrícolas.
Foto de Noardlike Fryske Walden

laciones. A cambio, prometieron mantener y proteger los setos, los estanques, las filas de alisos y los caminos de arena de la zona.

Esto dio origen a las dos primeras cooperativas territoriales de productores lecheros de los Países Bajos.[i] Otras cuatro organizaciones se formaron poco después y en 2002 se fundó la cooperativa Bosques Frisones del Norte (Noardlike Fryske Wâlden, NFW siglas en inglés). Actualmente cuenta con más de 1,000 productores de leche (casi el 80 % de todos los productores de leche del área), además de miembros de comunidades no agrícolas, y administra cerca de 45,000 hectáreas de tierra. Cuando se inició, las cooperativas territoriales eran una sola estructura organizativa para la conservación y la producción coordinadas; ninguna otra organización en el país se ocupaba de la integración de ambos.

La cooperativa NFW pudo alinearse con las organizaciones de la sociedad civil, especialmente las organizaciones de conservación de la naturaleza, en torno a un plan para dos trayectorias complementarias. Una de ellas se centró

---

[i] Los nombres holandeses de estas asociaciones son: Vereniging Eastermars Lânsdouwe y Vereniging Agrarisch Natuur en Landschapsonderhoud Achtkarspelen.

en mantener y mejorar el ambiente y la naturaleza de una manera compatible con las buenas prácticas agrícolas, mientras que la otra se orientó a desarrollar una estrategia para la agricultura sostenible. Para superar las nuevas barreras legislativas, la cooperativa y sus nuevos aliados negociaron sus ideas con el gobierno provincial y desarrollaron conjuntamente un plan detallado de manejo ecológico y ambiental. Ellos lograron obtener exenciones en varios esquemas regulatorios. El resultado es que los agricultores ahora están administrando cerca del 80 % de los recursos naturales y otros elementos ambientales en su área. Esto incluye 1,650 km de alisos arbolados y surcos de banca ,400 estanques, 6,900 hectáreas de áreas protegidas colectivamente para proteger a las aves silvestres y unas 4,000 hectáreas para los gansos.[2] La biodiversidad se ha enriquecido y los atractivos paisajes están abriendo nuevas oportunidades para el turismo rural y la recreación. Por ejemplo, la cooperativa ha trabajado para restaurar antiguos caminos arenosos como sendas peatonales y ciclovías.

Al centrar la atención en la integración de la naturaleza, el paisaje y la agricultura, los agricultores también encuentran formas de fortalecer sus prácticas agrícolas. En palabras de uno de ellos:

"Si usted maneja bien el ambiente, la biodiversidad aumenta. Usted consigue, por ejemplo, más especies de hierbas, lo que afecta positivamente la salud de las vacas. Y el mantenimiento cuidadoso de los cinturones de los árboles atrae más aves. Éstas comen insectos que destruyen las raíces de las matas de hierba. Así, mientras más aves haya, menos insecticida necesitas. El manejo de la naturaleza y el ambiental son, pues, económicamente ventajosos. Eso es lo que aprendí con el paso del tiempo".[3]

Mejor Estiércol para Mejores Suelos

El manejo de estiércol ha estado en el centro de la lucha entre los agricultores de los bosques frisones del norte y la política hegemónica agrícola y de conservación. Como se mencionó anteriormente, una de las medidas que el gobierno tomó para reducir el amoníaco y la disolución de nitratos en aguas subterráneas y superficiales fue requerir que los agricultores inyectaran estiércol en el suelo, en vez de esparcirlo a través de los campos como lo habían hecho tradicionalmente. La razón fue que la inyección limitaría el escurrimiento y la liberación de amoníaco en el aire, protegiendo así los sistemas ecológicos más amplios. Sin embargo, los productores de leche en esta región eran escépticos; con campos pequeños y altos niveles de agua subterránea en la primavera, su tierra no era adecuada para la maquinaria pesada

CUADRO 1: Enfoques innovadores para el aprendizaje

En contraste con las soluciones y medidas tecnológicas desarrolladas por los agrónomos y recomendadas a los agricultores, la cooperativa NFW optó por diferentes formas de aprendizaje que dieron un papel central a la experiencia, valores y aspiraciones de los agricultores. Se obtuvieron y difundieron nuevos conocimientos con los agricultores a través de una amplia gama de métodos, incluyendo cursos de conservación de la naturaleza y manejo ambiental, y excursiones a otras granjas dentro y fuera de la región. Los métodos de aprender haciendo se combinan a menudo con pequeños grupos de estudio, en los que se intercambian experiencias y los agricultores discuten sus éxitos y fracasos. Otro método innovador es la investigación científica dirigida por los agricultores. Los agricultores plantean las preguntas, la investigación se lleva a cabo en sus propias fincas, y los resultados se discuten entre agricultores y científicos, así como dentro de las comunidades.

Gran parte de lo que se aprende en estos "laboratorios de campo" se sustenta en el conocimiento tradicional y a menudo casi "tácito". Para los agricultores, las características regionales, como cinturones y terraplenes de alisos, siempre han sido parte evidente de sus granjas. El conocimiento sobre los cultivos locales y las razas ganaderas también se ha transmitido a través de generaciones como una base para la agrobiodiversidad local. La cooperativa territorial de NFW aprovecha esta riqueza de conocimientos, la revalúa y también crea un sistema para difundirla aún más entre otros agricultores.

que se requiere para la inyección de estiércol. Los nutrientes también se perderían en las aguas subterráneas, en lugar de ser absorbidos por el suelo, lo que requeriría aumentar los fertilizantes químicos para mantener los pastos.

Los agricultores argumentaron que la inyección de estiércol mataría la vida del suelo, y que tenían una mejor idea: producir estiércol de mejor calidad. En 1995, la recién formada Cooperativa de la NFW acordó emprender un experimento con el gobierno para desarrollar métodos alternativos para reducir la infiltración (lixiviado) de nitrógeno. Sin embargo, por cambios en la política nacional en 1998 se ordenó que el experimento calificara como "investigación científica" para que la región mantuviera la exención permitiéndoles renunciar a la inyección de estiércol. Para cumplir con este requisito, la cooperativa buscó la colaboración con investigadores con mentalidad alternativa de la Universidad de Wageningen. Esto dio lugar a un experimento de manejo de nutrientes que incluyó a 60 agricultores y un pequeño grupo de científicos de varias disciplinas.

El experimento con la Universidad de Wageningen produjo una estrategia no convencional llamada *kringlooplandbouw*. El "cultivo en bucle cerrado", como se denomina en inglés (o en ciclo cerrado), tiene como objetivo maximizar el ciclo de nutrientes en la finca.[5] El punto de partida de la investigación fue el objetivo de mejorar la calidad del estiércol. Los agricultores de la NFW dieron a su ganado más alimentos fibrosos, como hierbas y menos proteína, como los concentrados de soja, típico de la agricultura industrial contemporánea. También mezclaban aditivos microbianos y paja de sus pastos con el estiércol. Esto produjo abonos más sólidos y de mayor calidad que mejoraron las funciones del suelo. La mayor relación carbono/nitrógeno dio lugar a menos pérdidas de nitrógeno en el ambiente. También se desarrollaron esparcidores de estiércol que eran adecuados para campos pequeños. Aunque los agricultores redujeron el uso de fertilizantes químicos, los rendimientos de hierbas y pastos comenzaron a aumentar debido a las mejoras en la biología del suelo por el abono más saludable.[6]

Visita de aprendizaje con representantes del Ministerio de Economía.
Foto de Noardlike Fryske Walden

Una encuesta de 2005 de los productores de leche en el NFW mostró que usaron 25 % menos de fertilizantes que sus homólogos convencionales.[7] Otros estudios sugieren que estos agricultores tienen un mayor retorno económico, porque los gastos de salud para el ganado son menores, los costos de fertilizantes se reducen y las vacas lecheras producen durante períodos de tiempo más largos. Aunque los agricultores tienen que invertir más tiempo y mano de obra en los sistemas agrícolas de ciclo cerrado que en la agricultura convencional, muchos agricultores de la NFW creen que vale la pena el esfuerzo adicional a medida que son compensados con más autonomía y bienestar.[8]

Actualmente, este enfoque se ha difundido. Con muchos expertos y agricultores que vienen a los bosques del norte de Frisia para aprender, la cooperativa ha asumido un papel educativo y regularmente organiza visitas guiadas y presentaciones.

CUADRO 2: Cultivo en ciclo cerrado

Actualmente, la agricultura en ciclo cerrado (*kringlooplandbouw*) abarca toda una gama de prácticas agroecológicas que se centran en hacer el mejor uso de los recursos locales. Mientras que la agronomía convencional divide la finca en entidades separadas, la agricultura en ciclo cerrado adopta una práctica circular y agroecológica que enfatiza el manejo integrado de diferentes partes del sistema: calidad del suelo, calidad de los piensos, calidad de los pastizales y salud animal (ver Tabla 1).

Por ejemplo, en la producción en ciclo cerrado, el ganado ya no recibe altas dosis de proteína. En cambio, se entiende que son pastadores y rumiantes que requieren más fibra y energía, es decir, más carbono y menos nitrógeno en su dieta. Esta dieta mejora la calidad del estiércol, que a su vez mejora el suelo, lo que conduce a pastos mejorados, una mejor salud del rebaño, y leche y carne de mayor calidad. La agricultura en ciclo cerrado también lleva a menores emisiones y menos lixiviación. Ayuda a cerrar el ciclo de fósforo, lo que es importante, dado que se espera que las reservas de fósforo se agoten y que el precio del mismo se vuelva muy caro dentro de 50-70 años. La demanda de soja para alimentar el ganado, a menudo asociada con la deforestación y el despojo de tierras en el Sur Global, también se reduce. Finalmente, la estrategia agroecológica crea ambientes más hermosos y biodiversos. El buen estiércol atrae moscas, escarabajos y larvas que alimentan a las aves silvestres.

Tabla 1. *Kringlooplandbouw* en comparación con las prácticas agrícolas convencionales

Principios	Prácticas	Resultados
Calidad de los piensos y salud animal	Producción de cultivos forrajeros propios, utilizando forraje de las reservas naturales, reduciendo el contenido de proteína cruda digestible del pienso.	Menos importaciones de piensos; vacas más saludables; hay menos ganado joven y las vacas viven más tiempo; mejora de la calidad de la leche y la carne.
Salud del suelo	Uso de maquinaria ligera; menos arado; siembra directa en el suelo; la alimentación de los hongos y las bacterias en el suelo con más carbono y menos nitrógeno.	Menos compactación, más materia orgánica, más vida del suelo; prevención de la mineralización de la materia orgánica, la pérdida de nitratos y la emisión de CO_2.
Calidad de los pastizales	Más pastizales permanentes; integración de hierbas en los pastizales.	Mejora de la salud de animales y suelos.
Eficiencia en el uso de nutrientes	Aplicación más frecuente de cantidad más pequeñas; el estiércol se separa de la orina en los establos; aplicación separada de la parte líquida y la sólida en la tierra.	Menor compactación y mejor estructura del suelo, menores niveles de fertilización, menor lixiviación, emisiones de amoníaco reducidas, (contiene más materia orgánica (C) con liberación más lenta de minerales).

Expansión e Institucionalización

La agricultura de ciclo cerrado se ha expandido más allá de los bosques frisones del norte y actualmente se practica en 1,000 de las 18,000 explotaciones lecheras de los Países Bajos.[9] Sus principios se han aplicado en una serie de otros grandes proyectos en otras cinco provincias.

La expansión, en este caso, fue más allá de la propagación horizontal de las prácticas agrícolas. A medida que el enfoque de ciclo cerrado creció, este ha sido reconocido e institucionalizado en una variedad de esferas, demostrando también exitosa expansión vertical. Ahora, el sindicato de agricultores convencionales en los Países Bajos también reconoce, promueve y defiende la agricultura de ciclo cerrado. Como resultado, los servicios empresariales y de asesoramiento han diseñado áreas de pienso adaptadas y menores dosis de fertilizantes minerales, y muchos médicos veterinarios examinan ahora el metabolismo de carbono/nitrógeno (C/N) en el estómago de las vacas y recomiendan mayores relaciones C/N en alimentos y forrajes para mejorar su salud. Los investigadores apoyan a los agricultores pioneros a escalas mucho más grandes que antes, y las provincias reconocen apoyar ahora este tipo de cultivo en vez de los que entran en conflicto con la conservación ambiental, y están considerando apoyar su expansión.[10]

La agricultura de cicuito cerrado también tiene una ventaja económica para los agricultores, ya que se utiliza cada vez más en la marca de productos regionales.[ii] Los procesadores de lácteos están considerando pagar a los agricultores precios más altos por la leche producida de acuerdo con los principios de la agricultura de ciclo cerrado.[11]

Subsidios Europeos para el Manejo Ambiental

Aunque los productores de leche de la NFW están experimentando resultados económicos positivos de la agricultura de ciclo cerrado, la cooperativa aún no está totalmente remunerada por su trabajo en el manejo cooperativo y agroecológico del ambiente. Reciben una compensación de la UE y del gobierno provincial por aproximadamente la mitad de la superficie que manejan, pero esto apenas paga el tiempo que deben dedicar a estas actividades. La mayor parte de los subsidios europeos disponibles para la conservación de la naturaleza se asignan a organizaciones ambientales, manteniéndose la tendencia entre los responsables políticos y las principales organizaciones campesinas a ignorar o marginar la idea de ambientes manejados por los agricultores. Recientemente, sin embargo, esto ha comenzado a cambiar. La cooperativa NFW, junto con otras tres cooperativas de los Países Bajos, negociaron un mejor apoyo financiero y, en 2015, la nueva Política Agrícola Común de la Unión Europea (2014-2020) estableció disposiciones para recompensar a los agricultores por servicios a la sociedad.

Lecciones para la Innovación Localmente Arraigada

La expansión de la estrategia agroecológica de la agricultura de ciclo cerrado no fue simplemente una cuestión de promover un conjunto de tecnologías para su implementación por parte de los agricultores. Más bien, evolucionó con el tiempo, ya que los propios agricultores experimentaron e idearon soluciones para responder a los desafíos locales y nacionales que habían crecido a partir de la expansión de la agricultura industrializada.[12] A medida que los agricultores

---

[ii] Esto puede verse, por ejemplo, en otra parte de los Países Bajos en la estrategia de comercialización de la asociación campesina de queseros CONO.

desarrollaron inicialmente soluciones al exceso de estiércol y contaminación de las fuentes de agua, llegaron a comprender mejor las interacciones positivas y las sinergias entre los diferentes elementos dentro de una estrategia de cultivo de ciclo cerrado. Es importante señalar que los agricultores crearon ellos mismos este espacio para la experimentación, inicialmente en oposición a las políticas gubernamentales. Lo hicieron movilizando a otros agricultores, articulando colectivamente sus problemas, imaginando un camino a seguir, arraigando los sistemas agrícolas en los ecosistemas locales, creando nuevas estructuras organizativas y convenciendo a las autoridades de que podrían alcanzar las metas políticas si se les permitiera hacerlo a su propia manera.

Las innovaciones y las soluciones se construyeron en base al conocimiento, las necesidades, los recursos y las aspiraciones de los agricultores. Esto aseguró que las innovaciones estuvieran enraizadas en el contexto cultural, económico y ecológico local. Los científicos contribuyeron a través de un compromiso a largo plazo con este proceso de aprendizaje, en lugar de presentar sus propias soluciones tecnológicas. El proceso ha generado muchas innovaciones, desde la gestión del suelo, estiércol y setos; a la mejora de los forrajes para el ganado; la creación de una nueva estructura cooperativa para la gestión integrada de la conservación de la naturaleza y la agricultura; a nuevas políticas, mercados e instituciones. Más importante aún, el proceso implicaba desafiar ideas profundamente arraigadas de cómo la agricultura debía trabajar para "alimentar al mundo", lo que había llevado a una fuerte dicotomía entre la naturaleza y la agricultura.

Los agricultores no fueron capaces de hacer esto solos, pero se organizaron y construyeron alianzas, lo que llevó a la articulación de un nuevo paradigma colectivo de la agricultura de ciclo cerrado basado en principios agroecológicos. Las alianzas forjadas con científicos y otras organizaciones han sido importantes para fortalecer el proceso y aprovecharlo para una mayor expansión e influencia. Al documentar el valor más amplio de estas prácticas para la sociedad, los agricultores y los científicos reforzaron su argumento para una mayor difusión de las innovaciones. Los agricultores también han construido y mantenido relaciones de trabajo con redes regionales, nacionales e internacionales, y con profesores universitarios que han defendido su causa a nivel ministerial.

Ahora, otros agricultores, ONGs y municipios de fuera de la región de los bosques del norte de Frisia se han inspirado en la agricultura de ciclo cerrado y han comenzado a experimentar por sí solos. Otros países europeos como Dinamarca han empezado a mostrar gran interés en aprender de esta experiencia. La cooperativa dirigida por los agricultores de los bosques frisones del norte ha desempeñado un importante papel de liderazgo en el crecimiento de enfoques agroecológicos eficaces a través de toda Europa.

Referencia

[1] Stuiver, Marian. 2008. "Regime Change and Storylines: A sociological analysis of manure practices in contemporary Dutch dairy farming." Wageningen: Wageningen University and Research Centre.

[2] Noardlike Fryske Walden. 2014. "Jaarverslag 2013." Burgum.

[3] de Rooij, S. 2010. "Endogenous initiatives as driving forces of sustainable rural development." In *Endogenous development in Europe*, edited by S. de Rooij, P Milone, J. Tvrdonava and P. Keating, 29. Compas: Leusden.

[4] Verhoeven, F.P.M., J.W. Reijs, J.D. Van Der Ploeg. 2003. "Re-balancing soil-plant-animal interactions: towards reduction of nitrogen losses." *NJAS Wageningen Journal of Life Sciences* 51(1-2):147-164.

[5] Stuiver, "Regime Change and Storylines." Op. Cit.

[6] Verhoeven. "Re-balancing soil-plant-animal interactions." Op. Cit.

[7] Sonneveld, M.P.W. , J.F.F.P. Bos, J.J. Schröder, A. Bleeker, A. Hensen, A. Frumau, J. Roelsma, D.J. Brus, A.J. Schouten, J. Bloem, R. de Goede and J. Bouma. 2009. "Effectiviteit van het Alternatieve Spoor in de Noordelijke Friese Wouden." Wageningen UR.

[8] De Boer, H.C., M.A. Dolman, A.L. Gerritsen, J. Kros, M.P.W. Sonneveld, M. Stuiver, C.J.A.M. Termeer, T.V. Vellinga, W. de Vries & J. Bouma. 2012. "Effecten van kringlooplandbouw op ecosysteemdiensten en milieukwaliteit." Een integrale analyse op People, Planet & Profit, effecten op gebiedsniveau, en potentie voor zelfsturing, met de Noardlike Fryske Wâlden als inspirerend voorbeeld. Wageningen Livestock Research Report.

[9] Holster, H.C, M. van Opheusden, A.L. Gerritsen, H. Kieft, H. Kros, M. Plomp, F. Verhoeven, W. de Vries., E. van Essen, M.P.W. Sonneveld, A. Venekamp. 2014. *Kringlooplandbouw in Noord-Nederland: Van marge naar mainstream.* Wageningen UR: Wageningen.

[10] Ibid.

[11] H. Holster et al. *Kringlooplandbouw.* Op. Cit.

[12] van der Ploeg, J.D. 2008. *The new peasantries: Struggles for autonomy and sustainability in an era of empire and globalisation.* London: Earthscan.

CONCLUSIÓN

La Innovación Agroecológica Apoyada por Groundswell

Steve Brescia

Groundswell International trabaja principalmente con contrapartes y comunidades rurales marginadas del Sur Global. Algunas de ellas son protagonistas de este libro. Para extraer lecciones de un conjunto más amplio de experiencias, incluimos capítulos que presentan el trabajo realizado por organizaciones aliadas de otros países, incluyendo Estados Unidos y Holanda, ambos representando contextos del Norte Global. Una razón por la cual ampliamos nuestro enfoque de esta manera e incorporamos aprendizajes y soluciones viables en contextos tan distintos, es que las dinámicas e impactos de nuestros sistemas agrícolas y alimentarios son cada vez más globales.

Pero las realidades del Sur y Norte Global son profundamente distintas. En el Sur, las comunidades de pequeños productores frecuentemente afrontan retos de vida o muerte relacionados al hambre, acceso a la tierra y al agua, desastres climáticos, migración y desplazamiento. Frecuentemente enfrentan sistemas políticos débiles o no democráticos, la falta de respeto a los derechos humanos, e incluso violencia y represión. Generalmente tienen un margen menor para sobrevivir y su vida es más vulnerable. Dados los ecosistemas deteriorados y frágiles que caracterizan a las comunidades de las/los pequeños productores, y el hecho que ahí se concentra la pobreza y el hambre mundial, se ha comprobado que las estrategias de producción agroecológica son muy efectivas y adecuadas para mejorar la vida campesina en estas regiones.

En los capítulos sobre el Norte Global, los productores y sus aliados también afrontan problemas reales en sus sistemas agrícolas y alimentarios, y responden creativamente con innovaciones técnicas e institucionales. En los casos particulares de Estados Unidos, Holanda, y otros lugares similares, generalmente lo hacen dentro de un contexto de clase media y democracias liberales. Los sistemas políticos y económicos tienden a ser más desarrollados y funcionales, se respetan más los derechos humanos y los agricultores tienen los recursos económicos y la flexibilidad para organizarse, movilizarse y buscar alternativas de formas que son casi imposibles en el Sur Global. En términos relativos, son menos vulnerables.

Estas diferencias tienen consecuencias para los productores trabajando en cada contexto, así como para los aliados y las organizaciones que los apoyan. Aun así, en los nueve casos y contextos analizados aquí, observamos algunos principios comunes para ampliar la agroecología entre los pequeños productores. Aquí presentaremos algunos de estos principios, extrayendo lecciones prácticas de las personas involucradas. El Anexo 1 presenta estrategias y metodologías para fortalecer y expandir la agroecología aprendidas de las experiencias narradas, las cuales pueden ser adaptadas a contextos diferentes por organizaciones campesinas y organizaciones que las apoyan.

Puntos de Partida

"Los retos que enfrentamos son que la lluvia es insuficiente y el suelo empeora", dijo Adjima Thiombiano, en el Capítulo 7. "Como la fertilidad del suelo ha disminuido, la producción también es menor. No tenemos tantos productos como en el pasado. En mi hogar somos 11 personas. Por supuesto que estamos preocupados. Si eres responsable de otros y no hay suficiente comida, te preocupas mucho".

Las/los pequeños productores, especialmente los más marginados económica y políticamente, generalmente tienen que resolver sus necesidades básicas inmediatas primero. Éstas incluyen necesidades de sobrevivencia como el acceso a la comida adecuada, ingreso, salud, vivienda y educación; y necesidades para sostener a sus familias, comunidades y culturas. Esto ocurre frecuentemente en un contexto de una cosmovisión tradicional que define lo que significa el "*buen vivir*" para ellos.[i] Por ejemplo, Elena Tenelma de Ecuador explica: "En cada hogar de nuestra comunidad tenemos semillas nativas preservadas de nuestros ancestros. Cuidar a nuestra *Pachamama*

---

[i] Esto no ignora la realidad de los productores del Norte Global quienes experimentan altos niveles de vulnerabilidad y marginación dada la marginación económica y la discriminación racial. Groundswell está en proceso de desarrollar estrategias en el terreno para trabajar en el contexto de Estados Unidos, sin embargo aún no están suficientemente desarrolladas para incluirlas en este libro. El libro citado presenta experiencias de agroecología en Estados Unidos desarrolladas por productores de color: Bowen, Natasha. *The Color of Food: Stories of Race, Resilience, and Farming*. Gabriola Island, British Colombia, Canada: The New Society Publishers, 2015; and Holt-Giménez, Eric and Yi Wang. "Reform or Transformation? The Pivotal Role of Food Justice in the U.S. Food Movement." Race/Ethnicity: Multidisciplinary Global Contexts, 5(2011):83-102.

(Madre Tierra) es algo muy importante".[2] Como cualquier persona, los pequeños productores cambian sus prácticas o estrategias cuando sienten que les beneficiará. Las políticas públicas y los incentivos pueden influir en sus decisiones. Para que la agroecología se profundice, se expanda y se desarrolle más ampliamente, los campesinos deben creer que es una mejor alternativa. Las trabas y los obstáculos tienen que desaparecer, y tienen que aumentar los factores que la posibilitan e incentivan.

Los puntos de partida de los pequeños productores varían según su contexto y sus condiciones de vida. Desde ahí, las vías hacia una producción agroecológica productiva son generalmente complicadas; raramente son pulcras o lineales. La relación de los pequeños productores con los insumos de la agricultura convencional (semillas híbridas y genéticamente modificadas, fertilizantes, pesticidas y herbicidas químicos) y con los mercados varía según el contexto. Los campesinos e indígenas del Sur Global frecuentemente mantienen prácticas históricas agroecológicas y de manejo de los recursos naturales . Sin embargo, en muchos casos combinan prácticas agroecológicas y convencionales. Durante décadas los insumos agroquímicos han sido promovidos por los ministerios de agricultura, subsidios gubernamentales, agronegocios, ONGs y filántropos. Por otra parte, algunas personas están regresando a la agricultura y tratando de recuperar conocimientos y prácticas deterioradas. Por ejemplo, hay quienes han obtenido tierra recientemente, se han mudado de áreas urbana a rurales, o han empezado a sembrar en zonas urbanas y semi-urbanas.

En muchos hogares se combinan diferentes estrategias: por ejemplo, la mujer puede producir agroecológicamente en una parcela cerca de casa que ella controla para producir el alimento familiar; mientras que el hombre utiliza prácticas convencionales en un terreno más grande para producir granos básicos, posiblemente bajo contrato para sembrar un monocultivo con insumos externos. Las familias frecuentemente combinan el trabajo agrícola con otros trabajos, que puede incluir trabajo temporal en plantaciones industriales. En cada caso, los campesinos y las comunidades deben evaluar de manera realista sus puntos de partida, sus retos y sus intereses para desarrollar un proceso de profundización o transición a la agroecología que tenga sentido para ellos.

Dentro de esta realidad compleja, existen oasis poderosos de agroecología y algunas de sus prácticas esenciales predominan entre las poblaciones.[ii] El reto es profundizar y expandir estos principios y prácticas agroecológicas para mejorar el bienestar sustancialmente. Lograrlo requiere construir

---

[ii] Por ejemplo, preservando y mejorando variedades de semilla local y con plantación diversificada.

puentes entre el trabajo de las organizaciones de base, movimientos sociales, y promotores de mejores políticas públicas. Es necesario construir alianzas fructíferas entre organizaciones campesinas y movimientos sociales, ONGs, científicos, gobiernos y negocios locales. Las fincas modelo y el trabajo aislado no serán suficientes.

Una Visión Orientadora

Además de la crítica al estatus quo, necesitamos una visión positiva que nos guíe al buscar expandir las soluciones agroecológicas y crear mejores alternativas para las generaciones actuales y futuras. A partir de las experiencias que han compartido mujeres y hombres en este libro, podemos vislumbrar algunos elementos claves de esta visión.

Nel, un campesino de la región semi-árida del noreste de Brasil, cuando regresó a su comunidad utilizó técnicas que aprendió siendo trabajador migrante en Sao Paulo para construir una mejor cisterna que almacena agua de lluvia. Su innovación fue efectiva, menos cara y satisfacía las necesidades de la población local—por ello se expandió. Esto contribuyó a un movimiento creciente para construir un millón de cisternas. También ha contribuido a un nuevo paradigma de "vivir con la región semi-árida", el cual enfatiza soluciones generadas por la población local sin esperar que vengan desde arriba. En Haití, Jean Luis, un campesino del Departamento Norte, tiene la visión de restaurar tierra montañosa para que la gente no tenga que migrar a urbes peligrosas. Trabaja para alcanzar esta visión apoyando la organización de asociaciones campesinas que unen a varios pueblos para restaurar los lazos sociales, el suelo y la subsistencia campesina. En Mali, los líderes de la asociación *Barahogon* tienen la visión de recuperar los conocimientos y roles tradicionales para regenerar los árboles en sus fincas y en los barbechos, para revertir el creciente ciclo de deforestación, desertificación y hambre. Su trabajo está contribuyendo a un movimiento más amplio para reverdecer el Sahel. En Estados Unidos, el científico Steve Gliessman y el agricultor Jim Cochran, empezaron a trabajar para resolver los problemas de plagas y enfermedades asociadas al monocultivo de fresas, y desarrollaron una visión para transicionar gradualmente a una producción agroecológica y a un sistema alimentario más justo.

En su conjunto, los casos presentados enfatizan la importancia de seguir innovando y avanzando hacia esa visión de un mejor futuro—y hacerlo de tal manera que las personas, las familias campesinas, las comunidades y la regeneración de los recursos naturales sean centrales. Esta visión se sustenta en los principios de voluntad y acción local, democracia auténtica y equidad.

Si lográramos esta visión en el futuro ¿cómo se vería en la práctica?

Primero, el contexto importará. Las personas y comunidades crearán sus propias visiones de "sociedades buenas" de acuerdo con el contexto y la cultura local. En los diferentes contextos podemos observar algunos principios y elementos comunes. Los campesinos tienen que innovar continuamente alrededor de principios y prácticas agroecológicas para desarrollar estrategias exitosas. El conocimiento local, las innovaciones y la voluntad deben ser fomentadas y no desplazadas. El desarrollo tecnológico importará en la medida en que esté centrado en la gente, sea apropiado y regenerativo. El aprendizaje de Campesino a Campesino y entre comunidades jugará un papel fundamental en la expansión de estos principios y prácticas. Dado el ritmo acelerado de perturbación provocada por el cambio climático, será importante encontrar formas para acelerar el ritmo campesino de innovación y expansión agroecológica. Los científicos, ministerios de agricultura y ONGs, junto con los campesinos, deben colaborar para alcanzar estas metas, en lugar de enfocarse en mandatos para distribuir paquetes tecnológicos estandarizados.

Los campesinos deben ser apoyados para continuar mejorando, preservando y distribuyendo variedades locales de semillas de calidad que son fundamentales para la producción de alimentos, la biodiversidad y la resiliencia ante el cambio climático. Los suelos, los bosques y las fuentes de agua deben ser administrados de manera sustentable y regenerativa—no de forma extractiva. Con el apoyo adecuado, las familias campesinas pueden producir y distribuir suficiente comida variada y saludable para que no haya hambre ni desnutrición. Haciéndolo, los campesinos deben poder ganar un ingreso suficiente para satisfacer sus necesidades y alcanzar sus aspiraciones. Las economías locales deben ser fortalecidas para que las comunidades rurales sean lugares donde la población pueda tener una vida saludable y satisfactoria, y donde la gente joven se quiera quedar.

Evidentemente los mercados importan mucho para los pequeños productores, las comunidades rurales, y los consumidores tanto urbanos como rurales. Éstos deberían ser fortalecidos respondiendo a principios económicos, políticos y sociales que enfaticen el buen funcionamiento de mercados locales y descentralizados compuestos por muchos campesinos, productores de alimentos, negocios locales (incluyendo empresas campesinas y cooperativas) y consumidores locales. La tendencia actual hacia la creciente concentración de poder de mercado y control en un número cada vez menor de corporaciones agroalimentarias globales, claramente contradice estos principios de manera dañina.

Para alcanzar esta visión, los gobiernos tienen que hacerse cada vez más democráticos, rendirle cuentas a los ciudadanos y respetar los derechos humanos. Se debe permitir y estimular a las familias campesinas para que participen como ciudadanos activos. Se ha de garantizar a la mujer igualdad de derechos, oportunidades y acceso a los recursos. Las sociedades deben asegurar una inversión pública suficiente en los servicios públicos rurales (salud, educación, infraestructura, etc.) para que las áreas rurales florezcan y provean los alimentos y el manejo sostenible de los recursos naturales sobre los que dependen las naciones. Para alcanzar la soberanía alimentaria las naciones deben tener el poder democrático para decidir cómo garantizar la producción de alimentos abundantes, saludables y culturalmente apropiados para sus ciudadanos.

¿Es realista esta visión o es una fantasía? Si no es realista ¿qué alternativa hay? Aunque para alcanzar esta visión tenemos mucho trabajo por hacer, la realidad es que existen millones de personas alrededor del mundo que ya trabajan diariamente para crearla.

Señales de Progreso

Durante los últimos 15 años ha habido un reconocimiento cada vez mayor de la necesidad de transformar nuestros sistemas agrícolas y alimentarios disfuncionales en sistemas agroecológicos productivos y sustentables. Hasta cierto punto esto se está reflejando en las principales instituciones y en acuerdos globales.

En septiembre 2014 la **Organización de las Naciones Unidas para la Alimentación y la Agricultura (FAO)** organizó el Simposio Internacional sobre Agroecología para la Seguridad Alimentaria y Nutrición. Le siguieron tres reuniones regionales de la FAO en 2015. En la reunión de América Latina y el Caribe (en Brasilia, Brasil, Junio 2015), las/los participantes acordaron las siguientes recomendaciones para apoyar la transición del sistema alimentario industrial hacia uno agroecológico:

> Para que la agroecología mejore los ingreso familiares y las economías nacionales es vital garantizar los derechos territoriales de los pequeños productores. . . Ante el cambio climático, se deben promover políticas públicas para estimular la agroecología y la soberanía alimentaria, definidas, implementadas y monitoreadas con la participación activa de los movimientos sociales y de grupos de sociedad civil, haciendo disponibles los recursos necesarios. Las/los participantes también solicitaron medidas institucionales que limiten los monocultivos, el uso de pesticidas químicos y la concentración de la tierra, con la meta de aumentar la

producción agroecológica de pequeños productores en la región. Otras demandaron fomentar las dinámicas territoriales de innovación social y tecnológica, creando o fortaleciendo la esencia interdisciplinaria de la agroecología ligándola a procesos educativos, de investigación y aprendizaje. También se propuso reconocer oficialmente la tradición ancestral, el conocimiento local, y la identidad cultural como las bases de la agroecología. Para logra esto, las instituciones públicas de investigación debieran respetar y valorar el conocimiento tradicional, promoviendo el intercambio de saberes en sus programas de investigación.[3]

En septiembre 2015, durante una Cumbre de la ONU de líderes mundiales, se adoptaron 17 **Objetivos de Desarrollo Sostenible** (SDGs, siglas en inglés) a ser alcanzados para 2030. El segundo objetivo es: "Terminar con el hambre, alcanzar la seguridad alimentaria y una mejor nutrición, y promover la agricultura sustentable". Uno de los ocho sub-objetivos es:

Para 2030, asegurar sistemas de producción alimentaria sustentables e implementar prácticas agrícolas resilientes que aumenten la productividad y la producción, que ayuden a preservar los ecosistemas, que aumenten la capacidad de adaptación al cambio climático, climas extremos, sequías, inundaciones y otros desastres, y que mejoren progresivamente la calidad de la tierra y el suelo.[4]

En diciembre 2015 se ratificó el **Acuerdo de Paris**, en el que 195 países adoptaron el primer acuerdo universal jurídicamente vinculante sobre el clima, con la meta de limitar el aumento promedio de temperatura global a menos de 1.5 grados Celsius. Pero a pesar de que la agricultura cubre casi la mitad de la tierra y emite al menos un tercio de los gases de tipo invernadero a nivel mundial, la alimentación y la agricultura quedaron fuera del acuerdo principal, el cual se enfocó especialmente en la energía y el transporte. A pesar de ello, los planes de la mayoría de los países para cumplir con el acuerdo global sí incluyen compromisos agrícolas. Para poder alcanzar las metas de los acuerdos de crear economías con baja producción de carbono y emisiones netas cero lo más pronto posible, así como para transicionar hacia un sector energético renovable, se necesita una transición paralela de los sistemas agrícolas y alimentarios que dependen de insumos derivados del petróleo hacia sistemas agroecológicos sustentables y locales que son intrínsecamente "renovables".

Estrategias Clave y Roles de Apoyo

Un denominador común de todos los casos aquí presentados es que fueron desatados por crisis que la gente estaba viviendo con sus sistemas agrícolas actuales. Las crisis fueron de diferente tipo y magnitud. En cada contexto la población trabajó para crear soluciones prácticas a los retos que enfrentaban. Este libro destaca una serie de estrategias y roles de apoyo para el trabajo con comunidades campesinas para desarrollar soluciones y expandir la transición hacia la agroecología.

La agroecología es una práctica, una ciencia y un movimiento. El trabajo y las estrategias relacionadas a estos tres aspectos son vitales e inter-dependientes. De manera similar, el crecimiento de la agroecología se pro-duce en tres niveles: profundidad, amplitud y verticalidad. Los ejemplos

TABLA 1:

INTERSECCIONES DE LA AGROECOLOGÍA

	PRÁCTICA	CIENCIA	MOVIMIENTO
EXPANSIÓN VERTICAL	Trabajo de abogacía de campesinos y ONGs para que se subsidie la composta orgánica y no los fertilizantes químicos en Ghana. • Descentralización del control del manejo de árboles en Mali.	Cambio en las regulaciones legales para el manejo de estiércol en Holanda.	Una campaña para que 250,000 familias coman alimentos sustentables y locales en Ecuador. • Abogacía por el derecho campesino a las semillas en Ghana, Brasil y Honduras.
EXPANSIÓN HORIZONTAL	Expansión de Campesino a Campesino en Haití. • Caravanas y visitas de aprendizaje para promover el FMNR en Mali.	Apoyo científico a la experimentación campesina para demostrar la efectividad de las variedades de semillas locales en Brasil.	Reverdeciendo el Sahel con FMNR en África Occidental
PROFUNDIDAD	Las cisternas de Nel en Brasil • Las innovaciones del FMNR en África Occidental • El fortalecimiento de sistemas de semillas locales en Ecuador.	Apoyo para la transición hacia la producción orgánica de fresas en Estados Unidos. • Innovación científica dentro del Polo Borborema en Brasil.	Una red de asociaciones campesinas promoviendo la agroecología en Haití. • Promoción de un movimiento agroecológico regional en Burkina Faso.

presentados en este libro destacan dos fuerzas positivas que son esenciales para la agroecología: la capacidad de innovación de las/los campesinos y de los consumidores, y el poder regenerativo de nuestros ecosistemas. Una lección básica es que las estrategias efectivas deben fortalecer y construir sobre estas fuerzas positivas, en lugar de desplazarlas o debilitarlas. Otra lección es la importancia de la colaboración entre distintos actores y organizaciones de manera sinérgica.

Una matriz nos puede ayudar a entender y organizar el entretejido de roles y a identificar dónde hay vacíos, complementariedades y oportunidades. En la Tabla 1, resaltamos un pequeño número de los ejemplos del libro, señalando algunas de las estrategias dentro de cada categoría.

La mayoría de las iniciativas y programas abordan algunos temas de mejor manera que otros, como se observó en los ejemplos incluidos en este libro. Este ejercicio de organización gráfica se puede aplicar para identificar vacíos, oportunidades de colaboración y sinergias a nivel territorial, nacional o regional.

Tejiendo el Nuevo Paradigma

Debemos continuar tejiendo estas estrategias y creando sistemas agrícolas y alimentarios agroecológicos, centrados en la gente, construidos desde la base. El proceso inicia con acciones e innovaciones hechas por las/los campesinos, como las presentadas en el libro, y se expande a través de los movimientos de Campesino a Campesino y de Campesino a Consumidor. Para que la agroecología prospere es crucial contar con políticas apropiadas que la apoyen. Sin embargo, como lo describe el líder agroecológico Pacho Gangotena de Ecuador (ver Capítulo 4), ni siquiera los gobiernos con buenas intenciones pueden hacer que la agroecología se construya de arriba abajo; "el cambio social en la agricultura…vendrá desde millones de familias campesinas que han comenzado a transformar todo el espectro productivo".

Así como las raíces tenaces de los árboles talados en paisajes Sahelianos de África Occidental sobreviven bajo la tierra y ahora empiezan a crecer y a sanar la tierra, la agroecología posee una sabiduría revitalizadora y raíces históricas profundas. Para que esta visión esperanzadora del futuro sea una realidad aún falta mucho por hacer. El poder creativo de las familias campesinas que innovan con la naturaleza, es una fuerza potente y benéfica que nos ayudará a caminar en esa dirección. Hemos decidido apoyar esa travesía.

Referencia

[1] Kerssen, Tanya. 2015. "Food sovereignty and the quinoa boom: challenges to sustainable re-peasantisation in the southern Altiplano of Bolivia," *Journal of Peasant Studies,* 36:489-507.

[2] Tenelema, Elena. 2012. Interview with EkoRural.

[3] As described by TWN. 2014. "FAO Regional Meetings on Agroecology Call for Policy Change to Support Transition." http://www.twn.my/title2/susagri/2016/sa507.htm.

[4] United Nations. 2014. "Open Working Group for Sustainable Development Goals." https://sustainabledevelopment.un.org/index.php?page=view&type=400&nr=1579&menu=1300.

[5] United Nations Framework Convention on Climate Change, Paris Climate Agreement, December 12, 2015. See: http://ec.europa.eu/clima/policies/international/negotiations/paris/index_en.htm.

[6] Owen, James. 2005. "Farming Claims Almost Half of Earth's Land, New Maps Show." *National Geographic News,* December 9.

[7] Gilbert, Natasha. 2012. "One-third of our greenhouse gas emissions come from agriculture." Nature, October 31.

ANEXO 1
Algunas Estrategias y Metodologías para Fortalecer y Expandir la Agroecología

Este anexo resume algunas estrategias y metodologías extraídas de los casos estudiados, las cuales pueden ser adaptadas, utilizadas y mejoradas para profundizar y expandir la agroecología. Deseamos que esto pueda contribuir al trabajo de las organizaciones campesinas, los movimientos sociales, las ONGs, los ministerios de agricultura, las organizaciones internacionales para el desarrollo y las agencias financiadoras que estén interesadas en estas metas.

Profundidad:

¿Cómo podemos apoyar a las/los campesinos que utilizan pocas técnicas agroecológicas para que construyan un sistema de producción más agroecológico?

1. **Experimentación dirigida por los Campesinos:**[1] Es esencial apoyar el proceso de experimentación campesina para desarrollar técnicas y estrategias agroecológicas apropiadas para cada contexto. Las ONGs, las/los científicos y las agencias gubernamentales pueden apoyar a través de "diálogos de saberes" entre conocimientos tradicionales, la ciencia popular y la ciencia formal. Algunas estrategias efectivas incluyen:
   - Identificar restricciones claves y factores limitantes.
   - Apoyar la experimentación en ciertas partes de las fincas para no poner en riesgo toda la producción.
   - Limitar el número de técnicas con las que se experimenta en un principio para que sean identificables los factores de éxito.
   - Permitir que los campesinos utilicen métodos y herramientas sencillas para medir y comparar los resultados de las innovaciones agroecológicas con las demás estrategias utilizadas.
   - Generar cambios positivos rápidos con resultados observables que produzcan un beneficio valioso para los hogares, así como

entusiasmo y motivación entre los campesinos. La posibilidad de lograr éxitos y motivar a las/los campesinos locales son pasos esenciales.

2. **Grupos de aprendizaje basados en el descubrimiento:** La experimentación es más efectiva cuando es parte de procesos de grupo, lo que además es más efectivo para la creación conjunta y para el intercambio de conocimiento. Se puede profundizar la construcción del conocimiento agroecológico a partir del conocimiento tradicional de los campesinos.

3. **Reemplazar alternativas convencionales por agroecológicas:** El punto de partida son las prácticas existentes de las/los campesinos. Algunas prácticas campesinas son agroecológicas, otras no. Algunos ejemplos comunes de prácticas no sustentables son: la roza y quema para limpiar tierras antes de sembrar, la falta de prácticas para la conservación de suelo y agua, y el permitir que los animales pasten libremente, pues esto dificulta que los campesinos extiendan la temporada para la producción agroecológica. Como alternativas, las/los campesinos pueden integrar al suelo los residuos vegetales después de la cosecha, usar plantas cobertoras o abono verde, utilizar barreras vivas o físicas, producir forraje y poner a los animales en corrales para aumentar la producción, y manejar de mejor forma el estiércol en la composta.

4. **Tecnologías fundacionales:** Evaluar y diseminar tecnologías que aborden retos enfrentados por muchos campesinos. Por ejemplo, mejorar la fertilidad del suelo con barreras para la conservación y abonos verdes/plantas cobertoras, integrando árboles a los sistemas de producción, o recolectando agua. Cuando funcionan, estas tecnologías posibilitan que se evalúen y adopten otras prácticas, como el aumento de la diversificación de los sistemas agrícolas.

5. **Innovaciones continuas para profundizar la transición hacia sistemas agroecológicos diversificados:** Adoptar una o dos técnicas generalmente no es suficiente para garantizar sistemas de producción regenerativos y resilientes. Se pueden desarrollar estrategias que permitan que las/los pequeños productores en determinados contextos agroecológicos puedan hacer una transición progresiva hacia sistemas de producción agroecológicos por me-

dio de una secuencia apropiada de cambios y una combinación de técnicas para manejar el suelo, las semillas, el agua, la biodiversidad, los animales, el almacenaje de las cosechas, el acceso a mercados, etc. Las/los campesinos tomarán sus propias decisiones en base a sus propias evaluaciones y percepciones sobre los costos y beneficios asociados con las prácticas por adoptar y sobre cuándo adoptarlas.[2]

6. **Desarrollo de liderazgo y de capacidades de las mujeres y los jóvenes, además de las de los hombres:** Apoyar la innovación y el desarrollo de las organizaciones locales para promover la agroecología y crear oportunidades de aprendizaje y desarrollo de habilidades prácticas y de liderazgo, sobre todo para quienes tradicionalmente han sido excluidos de esas oportunidades: campesinos, indígenas, mujeres y jóvenes. También es crucial desarrollar estrategias específicas para incluir y dar poder a la mujer en el desarrollo agroecológico. Esto es fundamental debido a múltiples factores: las mujeres tienen responsabilidades importantes en la producción agrícola; generalmente ellas son responsables de la alimentación y el funcionamiento familiar; las mujeres casi siempre permanecen conectadas a su tierra, sus familias y sus comunidades cuando los hombres migran por trabajo temporal; además, en muchos contextos y culturas las mujeres son privadas de poder, de capacidades para tomar decisiones y de oportunidades. De la misma forma, se deben crear estrategias específicas para la juventud que permitan que las/los jóvenes tengan un futuro viable en las comunidades rurales.

7. **Las actividades complementarias pueden posibilitar el éxito:** El profundizar, adoptar y expandir la agroecología exitosamente, usualmente requiere de actividades complementarias que funcionen armoniosamente con las estrategias agronómicas. Estas pueden incluir: grupos de ahorro y crédito que provean recursos para reducir el costo de inversiones claves; bancos comunitarios de semillas o de herramientas que permitan un acceso amplio a los recursos; recolección de agua; reserva de granos para reducir la dependencia de intermediarios y guardar granos localmente para consumirlos o venderlos cuando suben los precios; y actividades comunitarias de salud para prevenir enfermedades.

8. **Capacidad organizativa local:** Las actividades anteriores generalmente requieren capacidades organizativas locales por parte de las organizaciones comunitarias y campesinas, así como de los grupos de mujeres. Frecuentemente necesitan fortalecer su capacidad de coordinar procesos dirigidos por campesinos y de movilizar y administrar recursos locales. Además de las habilidades técnicas agroecológicas, es importante fortalecer las capacidades organizativas.

Expansión Horizontal

¿Cómo podemos apoyar la expansión de los principios y prácticas agroecológicas a muchos más campesinas/os y comunidades?

1. **Expansión de Campesino a Campesino:** Las/los campesinos que han desarrollado exitosamente sus habilidades de innovación agroecológica son los mejores profesores para otros campesinos, ya que ellos pueden compartir sus conocimientos en su mismo idioma y dentro de sus propios contextos culturales y ecológicos. Ellos usan ejemplos de sus propias fincas, así como su conocimiento y sus habilidades de comunicación para enseñar a otros. Es difícil que un productor que no tiene prácticas agroecológicas exitosas en su propia tierra pueda persuadir a otros para que las adopten.

2. **Aprendiendo en fincas y con comunidades:** Existen diversas estrategias de aprendizaje de campesino a campesino, como por ejemplo:
   - Organizaciones campesinas con promotores de agroecología. Los promotores campesinos pueden ser voluntarios o pueden recibir compensación, ya sea en especie, con trabajo o con dinero.
   - Un campesino exitoso invita a un grupo de campesinos a visitar su parcela y posteriormente ofrece apoyo y seguimiento a esos mismos campesinos.
   - Escuelas de campo, a través de las cuales los grupos de campesinas/os se comprometen sistemáticamente con acciones de aprendizaje para abordar retos mediante procesos regulares de reuniones, experimentación y análisis.
   - Visitas de campo en las que los campesinos aprenden de las experiencias exitosas de otras comunidades. Se facilita el diálogo participativo para el intercambio de ideas, el aprendizaje, y la identificación de prácticas que deseen probar en sus propias tierras y comunidades.

- Evaluaciones participativas en las cuales participan varios actores (representantes de diferentes comunidades, autoridades locales del ministerio de agricultura o de gobierno, científicos, etc.) y conjuntamente analizan experiencias agroecológicas.
- Estructuras organizativas como asociaciones inter-comunitarias, grupos de mujeres, comités agrícolas comunitarios, o grupos de ahorro y crédito que pueden funcionar como espacios para el aprendizaje continuo.

3. **Trabajar con movimientos sociales más amplios:** La colaboración sistemática con asociaciones o grupos campesinos y de mujeres organizados de poblaciones diversas puede acelerar el aprendizaje y la expansión de las prácticas agroecológicas.

4. **Estrategias geográficas y territoriales:** Al tratar de expandir las innovaciones agroecológicas en un territorio que comparte características agrícolas, ecológicas y culturales, puede ser valioso crear una estrategia intencional para la expansión geográfica de la agroecología. Esto puede incluir identificar a comunidades "líderes" que ocupen una posición estratégica, y que luego puedan llevar y expandir las estrategias efectivas a un conjunto más amplio de comunidades aledañas. De igual manera, en estas comunidades se pueden identificar campesinas/os muy motivados e innovadores para que sean los promotores y experimentadores iniciales que después puedan compartir con otros. Este tipo de estrategia multiplicadora puede ser utilizada por organizaciones campesinas y organizaciones aliadas para promover la expansión de la agroecología de manera rápida y barata.

5. **Comunicaciones:** Los medios alternativos de comunicación como las radios que transmiten información en el idioma local, los videos populares, el teatro comunitario, los concursos premiando a "la/el mejor campesino", las ferias tradicionales, o las ferias comunitarias de semillas, pueden ayudar a difundir información y motivar a las personas.

6. **Fortaleciendo la capacidad organizativa de las organizaciones campesinas y de sus redes:** Las capacidades organizativas de las organizaciones campesinas son esenciales para dirigir procesos de experimentación, innovación, y expansión de las prácticas agroecológicas. Las ONGs pueden apoyar – procurando evitar crear dependencias – negociando estrategias de colaboración con las or-

ganizaciones campesinas para facilitar y fortalecer sus capacidades en administración, asuntos metodológicos y técnicos, a nivel local, inter-comunitario, o de redes de trabajo más amplias. Las herramientas para la autoevaluación de capacidades pueden ayudar a identificar áreas de apoyo y colaboración.

7. **Masa crítica:** Si una masa crítica de 35 a 40% de los campesinos de una comunidad prueban y adoptan principios y prácticas agroecológicas como resultado de procesos formales dirigidos por la comunidad, y si consideran estos cambios benéficos, frecuentemente ocurre un efecto multiplicador que logra alcanzar a la mayoría de los hogares interesados de la comunidad.

8. **Posibilitando la transición a largo plazo:** Suele ser necesario un período de transición de 1 a 3 años, así como la inversión de tiempo y trabajo, para que las/los campesinos perciban los beneficios prolongados y cada vez mayores de la producción agroecológica. El proceso de aprendizaje y el costo asociado con la transición pueden ser apoyados por grupos de ahorro y crédito que provean crédito con bajos intereses; grupos tradicionales de trabajo compartido (ej, *kombit* en Haiti, *minga* en Ecuador, etc.) para apoyar trabajo intensos como la construcción de curvas de nivel; bancos comunitarios de semillas y bancos de herramientas, administrados con estrategias de préstamos rotativos para reducir el costo y aumentar el acceso a estos bienes; reservas locales de granos para mejorar los ingresos de las/los campesinos que generalmente son capturados por los intermediarios; y reservas comunitarias de agua o pozos. Las estrategias como estas pueden fortalecer el capital social y permitir que las/los campesinos movilicen y administren los recursos locales.

Expansión Vertical

¿Cómo podemos apoyar la creación de un contexto político, institucional y de mercado que posibilite la agroecología?

1. **Creando alianzas, vinculando estrategias de expansión horizontal y vertical:** El vincular procesos agroecológicos fuertes liderados por campesinos y comunidades a otras organizaciones campesinas regionales o nacionales, a organizaciones de mujeres, o a redes de

soberanía alimentaria que buscan cambiar políticas públicas, hace que todas las partes se refuercen mutuamente. Frecuentemente, el trabajo técnico comunitario no está adecuadamente vinculado al trabajo de promoción de políticas públicas favorables. Por su parte, el trabajo político no siempre está basado adecuadamente en la experiencia de las/los pequeños productores. Ninguna de las dos cosas es efectiva en aislamiento.

2. **Documentación:** Documentar la evidencia sobre la efectividad de las estrategias agroecológicas, en comparación con los paquetes de tecnología convencional, por ejemplo, es una herramienta importante para ejercer una mayor influencia.

3. **Crear políticas favorables a nivel comunitario, territorial, regional, nacional e internacional:** Frecuentemente es más fácil que las asociaciones campesinas comunitarias y locales logren cambios en las políticas públicas y regulaciones a nivel local y territorial. Esto puede involucrar utilizar leyes que descentralizan la toma de decisiones y los presupuestos, así como negociar para que los campesinos tengan mayor poder de decisión sobre el manejo de la tierra y los recursos naturales. Se pueden desarrollar relaciones y colaboraciones constructivas con funcionarios del gobierno local y del ministerio de agricultura. Después se pueden documentar los modelos locales exitosos y usar la documentación para promover y expandir la agroecología a nivel nacional e internacional.

4. **Llevar a políticos y a líderes de opinión al campo:** Organizar "caravanas" o visitas de campo para políticos, medios de comunicación y líderes de opinión pública para que visiten ejemplos de producción agroecológica bien desarrollados que demuestran su impacto potencial. Idealmente esto no incluiría mostrar únicamente asuntos agrícolas técnicos, sino también cambios en las regulaciones locales y programas gubernamentales que han permitido su éxito y que podrían aplicarse en otros lugares.

5. **Las políticas públicas son necesarias, pero no son suficientes:** Aun cuando existen políticas de apoyo fuertes, como por ejemplo el apoyo para la soberanía alimentaria y la agroecología en la constitución de Ecuador, esto no es suficiente para expandir la agroecología. Los propulsores de la agricultura industrial continuarán defendiendo sus intereses y tendrán más acceso a los legislado-

res que los campesinos. Incluso suponiendo un ambiente político muy favorable, la agroecología no se puede imponer desde arriba, pues depende de la voluntad, innovación y las práctica continuas de las/los campesinos de desarrollarla y expandirla en sus propios contextos.

6. **Fortalecer los mercados locales:** El tener vínculos fuertes a los mercados locales y a cadenas de valor cortas puede incentivar la producción agroecológica. Esto se puede lograr por medio de políticas gubernamentales que les garanticen un mercado a las/los pequeños productores agroecológicos, como por ejemplo las compras locales de alimentos para programas alimentarios escolares; a través de contratos entre productores y negocios locales, como los hoteles; por medio de procesos de certificación y etiquetado participativos que identifiquen los productos agroecológicos e informen a los consumidores; o a través de mercados alternativos, como las canastas comunitarias de Ecuador que vinculan a familias campesinas y a consumidores directamente. Las campañas de comunicación creativas pueden crear consciencia y apoyo entre los consumidores, estimulándolos a invertir su presupuesto en alimentos locales y sanos y en las comunidades locales que los producen, en vez de invertir en alimentos importados promocionados como mejores pero que a menudo son inferiores en términos de nutrición.

7. **Reformar las universidades agrícolas y los programas de extensión agrícola:** Generalmente, los agrónomos y los extensionistas son los técnicos que más interactúan con las/los campesinos en nombre de agencias gubernamentales y no gubernamentales, promoviendo ciertos paquetes tecnológicos y estrategias de producción. Muy pocos tienen formación en prácticas y principios agroecológicos, ni en técnicas para apoyar prácticas de experimentación y de expansión de innovaciones de campesino a campesino. Los programas universitarios y los sistemas de extensión deberían ser reformados para crear una nueva generación de profesionales que expandan los procesos y alternativas agroecológicas.

8. **El costo verdadero de la comida y de la producción agrícola:** Desarrollar políticas y principios que reflejen de manera transparente y veraz el costo de la producción convencional vs. la agroecológica para informar a las sociedades.

Referencia

[1] Ver: Bunch, Roland. 1985. *Two Ears of Corn.* Oklahoma City: World Neighbors.

[2] Uphoff, Norman, ed. 2002. *Agroecological Innovations: Increasing Food Production with Participatory Development.* London: Earthscan.

ANEXO 2
Literatura sobre Agroecología

La siguiente es una lista incompleta de la creciente bibliografía en inglés sobre agroecología. Se han escrito muchos informes, libros y artículos más por científicos y practicantes de diversos países alrededor del mundo, incluyendo los aquí citados.

Libros

Titulo	Organización/ Editorial	Autor	Fecha de Publicación
Agroecology: The Ecology of Sustainable Food Systems	CRC Press	Gliessman, Stephen R.	2006
Agroecology: The Science of Sustainable Agriculture, 2nd edn.	Westview Press	Altieri, Miguel A.	1995
Two Ears of Corn: A Guide to People-Centered Agricultural Improvement, 3rd edn.	World Neighbors	Bunch, Roland	1995

Reportes y Artículos

Título	Organización/Editorial	Autor	Fecha	Enlace electrónico (pdf)
Agroecology: The Bold Future for Africa	AFSA & TOAM	AFSA	2015	http://afsafrica.org/agroecology-the-bold-future-for-africa/
The Future of Food: Seeds of Resilience, A Compendium of Perspectives on Agricultural Biodiversity from Around the World	Global Alliance for the Future of Food	Frison, Emile et al.	2016	http://futureoffood.org/wp-content/uploads/2016/09/Future_of_Food_Seeds_of_Resilience_Report.pdf
From Uniformity to Diversity: A paradigm shift from industrial agriculture to diversified agroecological systems	International Panel of Experts on Sustainable Food Systems (IPES)	Frison, Emile et al.	2016	http://www.ipes-food.org/images/Reports/UniformityToDiversity_FullReport.pdf
Building, Defending and Strengthening Agroecology: A Global Struggle for Food Sovereignty	Centre for Agroecology, Water and Resilience, ILEIA and Coventry University	Anderson, Colin et al.	2015	http://www.agroecologynow.com/wp-content/uploads/2015/05/Farming-Matters-Agroecology-EN.pdf
Agroecology: Putting Food Sovereignty into Action	Why Hunger	Why Hunger	2015	http://www.whyhunger.org/uploads/fileAssets/6ca854_4622aa.pdf
From Vulnerability to Resilience: Agroecology for Sustainable Dryland Management	Planet@Risk	Van Walsum, Edith et al.	2014	https://planet-risk.org/index.php/pr/article/view/46/154

Título	Organización/ Editorial	Autor	Fecha	Enlace electrónico (pdf)
Scaling-Up Agroecological Approaches: What, Why and How	Oxfam-Solidarity Belgium	Parmentier, Stéphane	2014	http://www.fao.org/fileadmin/templates/ agphome/scpi/Agroecology/Agroecology_ Scaling-up_agroecology_what_why_and_ how_-OxfamSol-FINAL.pdf
Family Farmers: Feeding the world, caring for the earth	Food & Agriculture Organization of the United Nations (FAO)	FAO	2014	http://www.fao.org/docrep/019/mj760e/ mj760e.pdf
The Transnational Institute at Voedsel Anders	Voedsel Anders/Food Otherwise Network	Sandwell, Katie et al.	2014	http://groundswell.wpengine.netdna-cdn. com/wp-content/uploads/va_report_final. pdf
Agroecology: What it is and what it has to offer	IIED	Silici, Laura	2014	http://pubs.iied.org/14629IIED/
Final report: The transformative potential of the right to food	United Nations General Assembly	De Schutter, Olivier	2014	http://www.srfood.org/images/stories/pdf/ officialreports/20140310_finalreport_en.pdf
Confronting Crisis: Transforming lives through improved resilience	Concern Worldwide	Concern Worldwide	2013	https://doj19z5hov92o.cloudfront.net/ sites/default/files/media/resource/ confronting_crisis_resilience_report.pdf
Smallholders, food security and the environment	International Fund for Agricultural Development (IFAD) & United Nations Environmental Programme	International Fund for Agricultural Development (IFAD)	2013	http://groundswell.wpengine.netdna-cdn. com/wp-content/uploads/smallholders_ report-1.pdf

Reportes y Artículos *(continuación)*

Título	Organización/Editorial	Autor	Fecha	Enlace electrónico (pdf)
The Law of the Seed	Navdanya International	Shiva, Vandana et al.	2013	http://www.navdanya.org/attachments/lawofseed.pdf
Trade and Environment Review 2013: Wake up before it is too late: Make agriculture truly sustainable now for food security in a changing climate	United Nations Conference on Trade and Development (UNCTAD)	Hoffman, Ulrich, et. al.	2013	http://unctad.org/en/publicationslibrary/ditcted2012d3_en.pdf
Agricultural Transition: A different logic	The More and Better Network	Hilmi, Angela	2012	http://www.utviklingsfondet.no/files/uf/documents/Rapporter/Agricultural_Transition_en.pdf
Nourishing the World Sustainably: Scaling Up Agroecology	Ecumenical Advocacy Alliance	Prove, Peter and Sara Speicher, Editors	2012	http://groundswell.wpengine.netdna-cdn.com/wp-content/uploads/Nourishing-the-World-Sustainably_ScalingUpAgroecology_WEB_-copy.pdf
Seed Freedom: A Global Citizens' Report	Navdanya	Shiva, Vandana et al.	2012	http://www.navdanya.org/attachments/Seed%20Freedom_Revised_8-10-2012.pdf
Ending the Everyday Emergency: Resilience and children in the Sahel	Save the Children, World Vision, and members of the Sahel Working Group	Gubbels, Peter	2012	http://www.wvi.org/agriculture-and-food-security/publication/ending-every-day-emergency

Título	Organización/ Editorial	Autor	Fecha	Enlace electrónico (pdf)
Escaping the Hunger Cycle: Pathways to Resilience in the Sahel	Sahel Working Group	Gubbels, Peter	2011	http://reliefweb.int/sites/reliefweb.int/files/resources/Pathways-to-Resilience-in-the-Sahel.pdf
Smallholder Solutions to Hunger, Poverty and Climate Change	Food First and ActionAid International	Shattuck, Annie and Eric Holt-Giménez	2011	https://foodfirst.org/publication/smallholder-solutions-to-hunger-poverty-and-climate-change/
Agriculture: Investing in Natural Capital	United Nations Environment Programme	Herren, Hans R.	2011	http://web.unep.org/greeneconomy/sites/unep.org.greeneconomy/files/field/image/2.0_agriculture.pdf
Sustainable Intensification of African agriculture	International Journal of Agricultural Sustainability	Pretty, Jules et al.	2011	http://www.tandfonline.com/doi/abs/10.3763/ijas.2010.0583
Report submitted by the Special Rapporteur on the right to food	United Nations General Assembly	De Schutter, Olivier	2010	http://www2.ohchr.org/english/issues/food/docs/A-HRC-16-49.pdf
Synthesis Report: Agriculture at a Crossroads	International Assessment of Agricultural Knowledge, Science and Technology for Development (IAASTD)	McIntyre, Beverly D. et al.	2009	http://www.unep.org/dewa/agassessment/reports/IAASTD/EN/Agriculture%20at%20a%20Crossroads_Synthesis%20Report%20(English).pdf

Reportes y Artículos *(continuación)*

Título	Organización/ Editorial	Autor	Fecha	Enlace electrónico (pdf)
Nyéléni Declaration on Food Sovereignty	Vía Campesina	Vía Campesina	2007	https://viacampesina.org/en/index. php/main-issues-mainmenu-27/food-sovereignty-and-trade-mainmenu-38/262-declaration-of-nyi
Agroecological Approaches to Agricultural Development, Background paper for the World Development report 2008	World Bank	Pretty, Jules	2006	https://openknowledge.worldbank. org/bitstream/handle/10986/9044/ WDR2008_0031.pdf;sequence=1
Soil Recuperation In Central America: Sustaining Innovation After Intervention	International Institute for Environment and Development (IIED)	Bunch, Roland and Gabinò López	1995	http://pubs.iied.org/pdfs/6069IIED.pdf

SOBRE LOS AUTORES
Y LAS CONTRAPARTES

Autores

Miguel Altieri es profesor de agroecología en la Universidad de California, Berkeley. Ha sido catedrático universitario desde 1981 y tiene mucha experiencia expandiendo iniciativas locales de agricultura sustentable exitosamente en África, América Latina y Asia. Actualmente es asesor del programa GIAHS (Sistemas Importantes del Patrimonio Agrícola Mundial, siglas en inglés) de la FAO. Es autor de más de 230 publicaciones y numerosos libros incluyendo *Agroecología y la Búsqueda de una Agricultura Verdaderamente Sustentable*. Obtuvo su licenciatura en Agronomía en la Universidad de Chile y un Doctorado en Entomología de la Universidad de Florida.

Cantave Jean-Baptiste es un agrónomo haitiano con más de 30 años de experiencia apoyando el desarrollo rural, la agricultura, la sustentabilidad y las organizaciones campesinas. Es director ejecutivo de la organización *Partenariat pour le Développement Local* (PDL) en Haití. Tiene un título de la Facultad de Agronomía y Medicina Veterinaria de la Universidad Estatal de Haití. Habla inglés, creole haitiano, español y francés.

Fatoumata Batta es la coordinadora regional de Groundswell para África Occidental. Ella es una de las co-fundadoras de Groundswell y fundadora de la *Association Nourrir Sans Détruire* (ANSD), contraparte de Groundswell en Burkina Faso. Fatou tiene más de 30 años de experiencia trabajando con comunidades rurales. Obtuvo su Maestría en Salud Pública en la Universidad de Tulane en Nueva Orleans. Hizo su licenciatura en el Instituto de Educación Técnica en Paris y completó un diplomado en desarrollo participativo en el Instituto Internacional Coady de la Universidad St. Francis Xavier.

Daniel Banuoku es el director ejecutivo de CIKOD (Centro para el Conocimiento Indígena y el Desarrollo Organizativo, siglas en inglés), una ONG con sede en Ghana. Es miembro fundador de la Coalición Africana para la Responsabilidad Corporativa en África y representa a África en la

Convención Internacional de los Pueblos sobre Minería. Es miembro y presidente de la Asamblea de Ambiente, Agricultura y Seguridad Alimentaria del Distrito de Lawra. Daniel se graduó de la *University for Development Studies* con una especialidad en Administración de Recursos Ambientales y Naturales. También estudió en el Instituto Internacional Coady de la Universidad St. Francis Xavier en Canadá.

Million Belay es el fundador y director de MELCA-Etiopía, una ONG que trabaja agroecología, aprendizaje intergeneracional, conservación del bosque y mejoramiento de las estrategias de subsistencia con comunidades locales y población indígena. Million jugó un papel importante en la creación y en las actividades de la Red de Biodiversidad de África (ABN, siglas en inglés), y es el cofundador y coordinador de la Alianza para la Soberanía Alimentaria en África (AFSA, siglas en inglés). En 2008 ganó el Premio Nacional Héroe Verde para Etiopía y Addis Abeba. También fue nominado para el Premio Internacional Héroe del Bosque en 2011. Tiene un doctorado en educación, una maestría en turismo y conservación y una licenciatura en biología.

Ross Mary Borja es la directora ejecutiva de la ONG ecuatoriana EkoRural. Antes de asumir el cargo en EkoRural, Ross fue especialista en monitoreo y evaluación de programa (PME, siglas en inglés) con Vecinos Mundiales Andes, en donde desarrolló un sistema de PME global que fue implementado en Ecuador y Perú. Tiene una licenciatura en economía de la *Universidad Católica del Ecuador* en Quito y una maestría en sociología rural del Programa de Desarrollo Comunitario y Rural de la Universidad de Cornell. Ross ha escrito y contribuido a numerosas publicaciones profesionales.

Tsuamba Bourgou es el director ejecutivo de la *Association Nourrir Sans Détruire* (ANSD) en Burkina Faso. Ha participado en proyectos y programas de desarrollo rural desde 1993. Tiene mucha experiencia fortaleciendo las capacidades organizativas de los campesinos y de sus organizaciones en relación a la planificación y el manejo de proyectos, así como sobre cómo compartir sus experiencias con otros. Antes de trabajar con ANSD, Tsuamba facilitó el proceso de planificación y administración de varios programas incluyendo aquellos del Consejo Regional de Sindicatos del Sahel (CRUS, siglas en inglés), el de la Asociación Tin Tua en la región este de Burkina Faso, y en el de Vecinos Mundiales en Burkina Faso, Mali y Níger. Tsuamba Bourgou estudió lingüística y tiene una especialidad en educación para adultos.

Steve Brescia es cofundador de Groundswell International y ha sido su director ejecutivo desde 2009. Steve tiene más de 30 años de experiencia apoyando el desarrollo rural centrado en las personas, el cambio social y el trabajo político de base en América Latina, África y Asia. Anteriormente trabajó con Vecinos Mundiales apoyando primero programas en Centro América, México y Haití, y posteriormente a nivel global. Después del golpe de estado de 1991 en Haití apoyó la restauración de la democracia constitucional. Además trabajó como consultor de la Fundación Interamericana (IAF, siglas en inglés) apoyando programas en Perú, Bolivia y Ecuador. Tiene una maestría en Desarrollo Internacional de *American University.*

Pierre Dembélé es secretario ejecutivo de la ONG Sahel Eco, la cual promueve la agroecología, el desarrollo económico local y el manejo sustentable de los recursos naturales en las regiones de Mopti y Ségou en Mali. Es ingeniero eléctrico y tiene más de 10 años de experiencia en desarrollo sostenible, cambio climático y energía tanto a nivel comunitario como político. Pierre también coordina la red de trabajo de la sociedad civil de Mali, la cual ha trabajado el tema del cambio climático durante cuatro años.

Edwin Escoto es el presidente fundador de *Vecinos Honduras* y actualmente es el coordinador de programa y proyecto. Es ingeniero agrónomo con más de 10 años de experiencia en desarrollo rural sostenible tanto a nivel comunitario como regional en Centro América incluyendo en Honduras, Guatemala y Nicaragua. También fue coordinador de la Organización de Naciones Unidas de Agricultura y Alimentación (FAO) por cuatro años, siendo responsable técnico y de todas las demás actividades en las áreas rurales de El Paraíso, Honduras.

Drissa Gana es coordinador de proyecto de la ONG Sahel Eco en Mali. Es agrónomo con más de 20 años de experiencia en agroforestería, agroecología, manejo intercomunitario del bosque, manejo sustentable del suelo y agua, y en el desarrollo de cadenas de valor alrededor de bosques no maderables. Desde 2003 hasta la fecha Drissa coordina varios proyectos de desarrollo local.

Steve Gliessman es Profesor Alfred E. Heller de Agroecología del Departamento de Estudios Ambientales de la Universidad de California, Santa Cruz (UCSC) donde ha enseñado desde 1981. Obtuvo su doctorado en ecología en la Universidad de Santa Bárbara y fue el director fundador del Programa de Agroecología de UCSC (actualmente el Centro para

Agroecología y Sistemas Alimentarios Sustentables). En 2008, Gliessman se convirtió en el jefe de redacción de la revista *Journal of Sustainable Agriculture*, la cual es conocida internacionalmente. También fundó y dirige el Programa Comunidad y Agroecología (PICA, siglas en inglés), un programa experiencial de vida y aprendizaje en la UCSC. Junto con su esposa Robbie Jaffe, creo también la Red de Agroecología Comunitaria (CAN, siglas en inglés). Adicionalmente, dirige el Grupo de Investigación de Agroecología de UCSC. Es autor del libro *Agroecology: The Ecology of Sustainable Food Systems*, así como de otros libros y artículos.

Peter Gubbels es uno de los cofundadores de Groundswell International y el director de aprendizaje mediante acciones y de apoyo en África Occidental. Tiene 34 años de experiencia en desarrollo rural, 20 de ellos viviendo y trabando en África Occidental. Peter es coautor del libro *From the Roots Up: Strengthening Organizational Capacity through Guided Self-Assessment*. Peter estudió producción y administración agrícola, tiene un título honorífico en historia de la *University of Western Ontario* y una maestría en desarrollo rural de la *University of East Anglia* en Gran Bretaña.

Bernard Guri es el fundador y director ejecutivo del Centro para el Conocimiento Indígena y el Desarrollo Organizativo (CIKOD, siglas en inglés). Tiene más de 25 años de experiencia en desarrollo y es el Presidente de la Alianza para la Soberanía Alimentaria en África (AFSA). Bern tiene una licenciatura en Agricultura de la Universidad de Ghana, un diploma en desarrollo rural y una maestría en política del desarrollo alternativo del *Institute for Development Studies* de Holanda. Actualmente está haciendo un doctorado en la *University of Cape Coast* en Ghana.

Henk Kieft ha trabajado con distintas ONGs en varios países. Por ejemplo, trabajó en la evaluación de la asistencia holandesa de fertilizantes para Mali, creó el Programa Forestal de Madera Combustible en Kenya y dirigió un proyecto de la Unión Europea llamado "Estableciendo Centros Demostrativos de Agricultura Sustentable y Estudios de Mercado" en Bulgaria, Hungría y Rumania. Asesoró a la Red Rural Holandesa y a la Comisión Europea sobra las Alianzas Europeas de Innovación, así como a programas de Producción Láctea de Ciclo Cerrado en otras provincias holandesas. Recientemente, Henk se enfocó en tecnologías emergentes basadas en influencias electromagnéticas en plantas y animales, y en la necesidad de desarrollar la intuición para manejar sistemas agroproductivos complejos.

Attje Meekma actualmente preside la Cooperativa Territorial de los Bosques Frisianos del Norte de Holanda. Junto con su esposo y dos hijos maneja una granja lechera de 105 hectáreas. Bajo su manejo, el tiempo de pastoreo del ganado se ha ampliado, el uso de antibióticos se ha reducido fuertemente y se ha integrado el manejo de paisaje y de pájaros a la finca. De 2002 a 2010 ella fue miembra y después presidenta del consejo municipal de Dantumadiel, en donde ocupó varios puestos entre ellos los relacionados a política de tierras, agricultura y sostenibilidad. En reconocimiento a su trabajo durante este período, se le nombró miembra distinguida de la orden real holandesa de Oranje Nassau.

Pedro J. Oyarzún tiene amplia experiencia en investigación y desarrollo rural en América Latina y Europa. Además de hacer investigación en el Centro Internacional de la Papa, dirigió proyectos complejos de extensión agrícola, mejoramiento agroecológico y, especialmente, fortalecimiento de las organizaciones de pequeños productores y seguridad alimentaria. Ha sido consultor internacional de CGIAR en Ecuador, Bolivia y Perú. Actualmente trabaja con EkoRural como asesor de agricultura sustentable y subsistencia rural. Ha escrito numerosos artículos científicos en publicaciones internacionales y ha contribuido a la diseminación de la información y a publicaciones pedagógicas. Tiene un doctorado en ciencias agronómicas y ambientales de la Universidad de Wageningen.

Paulo Petersen es agrónomo y director de una prominente ONG brasileña llamada *Agricultura Familiar e Agroecologia* (AS-PTA). Además es vicepresidente de *Aba-Agroecologia*, la Asociación Brasileña de Agroecología y redactor jefe de *Agriculturas: experiencias em agroecologia*, una revista comprometida con la promoción de procesos de innovación agroecológica.

Leonardo van den Berg es cofundador de *Toekomstboeren*, una organización campesina de Holanda que es parte de La Vía Campesina. También ha trabajado como editor, periodista e investigador de ILEIA. Actualmente, Leonardo está haciendo un doctorado en la Universidad de Wageningen. Su investigación es sobre cómo la agroecología transforma las fronteras entre la naturaleza, la ciencia y la sociedad. Leonardo también es miembro del comité coordinador de *Voedsel Anders*, la plataforma de agroecología y soberanía alimentaria de Holanda, y es el coordinador de la delegación holandesa del Foro Europeo Nyeleni de Soberanía Alimentaria.

Organizaciones Participantes

AS-PTA: **aspta.org.br**

Association Nourrir Sans Détruire (ANSD): www.groundswellinternatio-nal.org/where-we-work/burkina-faso

Community Agroecology Network (CAN): canunite.org

Centre for Indigenous Knowledge and Organizational Development (CIKOD): www.cikodgh.org

EkoRural: ekorural.org

Groundswell International: www.groundswellinternational.org

ILEIA: www.ileia.org

Northern Frisian Woodlands: **www.noardlikefryskewalden.nl**

Partenariat pour le Développement Local (PDL): www.groundswellinternational.org/where-we-work/haiti

Sahel Eco: www.sahel.org.uk/mali.html

University of California at Berkeley Agroecology Department: food.berkeley.edu/food-and-agriculture-related-programs-at-uc-berkeley

University of California at Santa Cruz Agroecology Department: casfs.ucsc.edu

Vecinos Honduras: www.vecinoshonduras.org

Wageningen University: www.wur.nl/en/wageningen-university.htm